Egon Ohlrogge

Angewandte Radarkunde

Praxis
für die Berufs-
und
Sportschifffahrt

DSV-Verlag

Impressum

Egon Ohlrogge
Angewandte Radarkunde
ISBN 3-88412-353-X
1. Auflage

© 2001 by DSV-Verlag
Herausgeber: Peter Kampe
Alle Rechte vorbehalten. Nachdruck, Vervielfältigung, Kopie einschließlich elektronischer Medien – auch auszugsweise – nur mit schriftlicher Genehmigung des Verlages

DSV-Verlag GmbH
Gründgensstraße 18, 22309 Hamburg, Tel. 040/63 20 09-18, Fax 040/63 20 09-25

Layout & Grafik: machArt, Hamburg
Druck: Neue Stalling, Oldenburg

Printed in Germany

Vorwort

Das vorliegende Buch ist weitgehend das Ergebnis langjähriger Ausbildung von Kapitänen sowohl im Fahrtbereich Nordeuropas als auch in der weltweiten Fahrt, aber auch von Freizeitskippern, die „mehr" über Radar und ARPA wissen wollten. Dabei konnte ich immer wieder feststellen, dass die Bearbeitung des Themas „Radarkunde" in Verbindung mit dem Einsatz von elektronischer Radarbildauswertung für den Praktiker an Bord eine spezielle methodische und didaktische Aufbereitung erforderte.

Anwender dieses exzellenten Navigations- und Kollisionsvermeidungssystems sind im Allgemeinen physikalisch nur wenig vorgebildet. Trotzdem ist es notwendig, die Funktionsweise dieser hoch spezialisierten elektronischen Geräte von der theoretischen Seite her zu erklären, damit sie wenigstens in den Grundzügen verstanden wird, denn wann immer elektronische Geräte zum Einsatz kommen, die Anwendungsmöglichkeiten mit ihren Leistungsgrenzen müssen dem Betreiber bekannt sein, damit es nicht zu Fehleinstellungen, Fehlinterpretationen und daraus resultierenden Fehleinschätzungen kommt. Die Verkehrs- und Schiffssicherheit darf aufgrund mangelnder Kenntnisse in der Bedienung und Funktionsweise der Elektronik niemals gefährdet sein.

Aber was nützt das beste Fachbuch, wenn es mit so viel Theorie überfrachtet ist, dass der bildungswillige Radarbenutzer es nach wenigen Seiten wieder aus der Hand legt, weil er im Verständnis überfordert wird. Dann ist genau das Gegenteil dessen erreicht, was der Sinn einer solchen Publikation sein sollte.

Bei der Zusammenstellung des Buches habe ich mich deshalb von der Vorstellung leiten lassen, nur so viel Theorie wie nötig und so viel praktische Wissensinhalte wie möglich zu verarbeiten. Nach dieser Lektüre soll niemand ein Radargerät bauen können. Er soll die Funktionsweise aber weitgehend verstanden haben.

Es ist mir bewusst – und ich bitte die absoluten Radarexperten um Nachsicht –, dass deshalb nicht alles so fundiert dargestellt wurde, wie man es hätte darstellen können. Auch ist vieles stark vereinfacht erläutert worden, um ein besseres Verständnis zu erzielen.

So wie lange Vorträge die Zuhörer ermüden, sind die Leser auch bei zu viel Text in einer Publikation schnell überfordert und gelangweilt. Deshalb habe ich mich bemüht, die Problematiken mit möglichst vielen Grafiken und Schaubildern aufzubereiten und nur dort Text einzufügen, wo er zur Überleitung bzw. zur Erläuterung unabdingbar ist.

Ich wünsche mir, dass dieses Buch sowohl dem Berufsnautiker als auch dem Skipper an Bord seiner gut ausgerüsteten Yacht eine wertvolle Hilfe ist und dass er aufgrund des erarbeiteten nötigen Hintergrundwissens sein wertvolles Radar- und ARPA-Gerät optimal einsetzen kann.

Für Verbesserungen, Korrekturen und Anregungen, die das Verständnis z. B. mit noch einfacheren Darstellungen und Beschreibungen fördern, bin ich jederzeit dankbar.

Egon Ohlrogge

Radarkunde

Inhaltsverzeichnis

1	Einleitung	9
2	Historischer Rückblick	11
3	Das Radargerät	13
3.1	Grundsätzliches	13
3.1.1	Begriff	13
3.1.2	Aufgabe des Radars	13
3.1.3	Arbeitsweise – vereinfachte Darstellung –	13
3.1.4	Laufzeiten der Impulse	13
3.1.5	Zentimeterwellen	14
	X-Band (3 cm) und S-Band (10 cm)	15
	X- und S-Band im Vergleich	15
	Absorptions- und Streuverluste	16
3.1.6	Die Radarkeule (Strahlungsdiagramm)	17
	Räumliches Strahlungsdiagramm ohne Nebenzipfel	17
	Vertikales Radarkeulenmuster	18
	Wirkung der Mehrwegeausbreitung	19
3.1.7	Grafische Darstellung der Echoimpulsleistung	20
3.2	Das Radargerät	21
3.2.1	Hauptteile	21
3.2.1.1	Stromversorgung	22
3.2.2	Sende- und Empfangsprinzip	23
3.2.2.1	Das Sendeprinzip	24
3.2.2.2	Das Empfangsprinzip	25
3.2.3	Blockschaltbild eines Radarempfängers	26
3.2.4	Wärmerauschen und Verstärkung	26
3.2.5	Das Magnetron	28
3.2.6	Die Radarbildröhre	30
	Aufbau	30
	Gefährdung durch Röntgen-/radioaktive Strahlung	37
3.2.7	Interswitched Systems (Kombination mehrerer Radaranlagen)	37
3.3	Die Radarantenne	38
3.3.1	Antennentypen	38
3.3.2	Antennen-Kenndaten	40
3.3.3	Gefährdung durch Hochfrequenzstrahlung	43
3.3.4	Antennenhöhe und Radarkimm	44
3.3.5	Antennenhöhe und Nahbereich	46
3.4	Die Entstehung des konventionellen Radarbildes	48
3.4.1	Beschreibung und grafische Erläuterung	48

3.4.2	Radarzieldarstellung auf dem Bildschirm	52
3.4.3	Messbereich und Impulslänge	52
3.4.4	Impulslänge im Vergleich	54
3.5	**Das Yachtradar**	**54**
3.5.1	Begriff	54
3.5.2	Generelle Beschreibung	54
3.5.3	Neuentwicklung: 3-D-Darstellung	55
3.6	**Das Tageslicht-Radar (raster-scan)**	**56**
3.6.1	Vor- und Nachteile	56
3.6.2	Bildentstehung	57
3.6.3	Digitale Umwandlung von Polar- in kartesische Koordinaten	59
3.6.4	Aufbau eines Raster-Scan-Radarbildes	60
3.6.5	Korrelationsverfahren	61
3.7	**Bedienungshilfen**	**65**
3.7.1	Bedienungssymbole/Bedeutung	65
3.7.2	Allgemeines	66
3.7.3	Wichtige Bildeinstellelemente	67
	Die Abstimmung (tuning)	67
	Die Verstärkung (gain)	67
	Die Helligkeit (brilliance)	68
	Nahechodämpfung (anticlutter sea)	68
	Regenenttrübung (anticlutter rain)	69
	Adaptive Störunterdrückung (anticlutter auto)	69
3.7.4	Navigationslinien	69
	Synthetische Karten (Video Maps)	70
	Parallel-Indexing (P.I.)	70
3.8	**Darstellungsarten**	**71**
3.8.1	Allgemeines	71
3.8.2	Relativdarstellungen (relative motion)	72
3.8.2.1	Unstabilisierte Darstellung	72
	Vorausbezogene Relativdarstellung (head-up)	72
3.8.2.2	Stabilisierte Darstellungen	74
	Nordstabilisierte Relativdarstellung (north-up)	74
	Kursstabilisierte Relativdarstellung (course-up)	76
	Darstellung der charakteristischen Merkmale	79
3.8.3	Absolutdarstellungen (true motion)	80
	Nordstabilisierte Absolutdarstellung (north-up)	81
	Kursstabilisierte Absolutdarstellung (course-up)	82
	True Motion: moving origin/fixed origin	84
	Boden- und Seestabilisierung	84
3.8.4	Darstellung der charakteristischen Merkmale im Vergleich	87
3.8.5	Seeamts-/Oberseeamtsspruch zur Wahl der richtigen Darstellungsart	88

4	Radarziele		90
	4.1	Grundsätzliches	90
	4.2	Rückstrahleigenschaften	90
	4.2.1	Grundsätzliche Rückstrahleigenschaften	90
	4.2.2	Rückstrahleigenschaften wichtiger Radarziele	92
	4.2.3	Radarreflektoren	94
	4.2.4	Das Racon-Prinzip	98
	4.3	Die Auflösung	99
	4.3.1	Grundsätzliches	99
	4.3.2	Die Nahauflösung	100
		Nahauflösung in Abhängigkeit von der Impulslänge	100
		Nahauflösung in Abhängigkeit von der Antennenhöhe	101
	4.3.3	Die radiale Auflösung	101
	4.3.4	Die azimutale Auflösung	103
	4.4	Störungen des Radarbildes	106
	4.4.1	Echomehranzeigen	106
		Mehrfachechos durch Reflexion	106
		Indirekte Echoanzeigen durch Reflexion	107
		Seitenzipfel-Fehlechos (Schlitzantenne)	107
		Seitenzipfel-Fehlechos (Parabolantenne)	108
		Fremde Radarsender	109
		Unterdrückung (Interference Rejection)	110
		Echoanzeigen auf der zweiten Ablenkspur	110
		Fehlechos durch Überwasser-Stromkabel	111
	4.4.2	Echowenigeranzeigen	113
		Radarschatten	113
		Interferenz	113
		Seegangsreflexe	114
		Regen- und Wolkenechos	114
	4.4.3	Radarziel-Falschdarstellung durch Rollbewegungen	115
	4.4.4	Reichweiten	117
		Normale Reichweite	117
		Super-Refraktion	117
		Sub-Refraktion	118
		Ducting – Höhenduct	119
		Skip-Effekt	120
5	Deutung relativer Radarbilder		121
	5.1	Das Wegedreieck	122
	5.1.1	Stillliegendes Eigenschiff – stillliegender Gegner	123
	5.1.2	Eigenschiff und Gegner mit konstantem Kurs/konstanter Fahrt	123
	5.1.3	Eigenschiff ändert Kurs	126
		Auswirkung einer Kursänderung auf Gegner-Radarschirm	127
		Kritische Kursänderungen	128

5.1.4	Eigenschiff ändert Fahrt	130
5.1.5	Ermittlung eines Manövers zur Meidung des Nahbereichs	131
5.1.6	Keine Relativkursänderung trotz Kurs- und/oder Fahrtänderung	131
5.2	**Deutung relativer Radarbilder**	135
5.2.1	Zusammenstellung	135
	Allgemeines	135
	Auswirkungen eigener Manöver auf die Relativbewegung	136
5.2.2	Deutung einer Gegnerannäherung (relativ) an einem Beispiel	136

6 ARPA ... 138

6.1	**Allgemeines**	138
6.2	**IMO-Essentials**	139
6.2.1	Ausrüstungspflicht mit Radar und ARPA	139
6.2.2	Mindestanforderungen an die ARPA-Ausbildung	139
6.2.3	IMO: Genauigkeitsanforderungen an ARPA	141
	IMO-Test-Szenarium Nr. 1	144
	IMO-Test-Szenarium Nr. 2	145
	IMO-Test-Szenarium Nr. 3	146
	IMO-Test-Szenarium Nr. 4	147
6.3	**Zusammenstellungen**	148
6.3.1	Überblick über die ARPA-Funktionen	148
6.3.2	Zusammenstellung der Alarme (Beispiel)	149
6.4	**Einige zu beachtende ARPA-Besonderheiten**	150
6.4.1	ARPA-Fehler (Auflistung)	150
6.4.2	Filterung von Zieldaten	151
	Nachlauffehler bei Kursänderungen	152
6.4.3	Zielverlust bei schnellen Radarziel-Manövern	153
6.4.4	Einfluss von Fahrt- und Kursfehlern	154
	Fehlereinfluss auf numerische Daten	154
	Vektorenanzeige bei inkorrekter Fahrteingabe	155
	Vektorenanzeige bei inkorrekter Kurseingabe	156
6.4.5	Zielvertauschung	157

7 Anlagen ... 160

7.1	**Das Wellenspektrum der Navigation**	160
7.2	**Dezimal- und Binärsystem im Vergleich**	162
7.3	**Frequenzbänder**	163

8 Verwendete Abkürzungen ... 164

9 Stichwortverzeichnis ... 165

10 Literaturverzeichnis ... 168

1 Einleitung

Radar, dieses englische Kurzwort ist heutzutage das Synonym für die Erfassung sowie Orts-, Entfernungs- und Richtungsbestimmung von ortsfesten und beweglichen Gegenständen. Es ist ein Funkmessverfahren, welches aus unserem täglichen Leben nicht mehr wegzudenken ist. Dabei werden wir uns seiner Vorteile entweder oft nicht bewusst, denken nur an seinen Einsatz bei der Wettererkennung oder ärgern uns über diese Technik, wenn wir wieder einmal auf der Straße aufgrund zu schnellen Fahrens in eine Radarkontrolle – der Volksmund bezeichnet sie auch als Radarfalle – geraten sind. Aber auch dem Laien ist bekannt, dass wir ohne Radar z. B. in der Luftraum- oder Verkehrsüberwachung große Sicherheitsdefizite und eine hohe Unfallhäufigkeit zu beklagen hätten.

Die seefahrtgebundene Navigation erkannte bereits Anfang der 50er Jahre mit der Freigabe von Radar für die zivile Handelsschifffahrt sehr schnell die großen Vorteile eines Verfahrens, welches es erlaubte, insbesondere bei unsichtigen Wetterlagen, gegnerische Schiffe im freien Seeraum zu orten.

Allerdings wurde man sich auch sehr schnell der spezifischen Gefahren bewusst, die durch die falsche Bedienung eines solchen Gerätes entstehen konnten oder die durch eine Fehlinterpretation der jeweiligen Radarbilder heraufbeschworen wurden. So genannte Radar-Kollisionen, d. h. Kollisionen, die ohne das Hilfsmittel Radar nicht geschehen wären, sorgten für intensive Diskussionen darüber, wie man diese für die Zukunft vermeiden könnte.

Glücklicherweise sah man bereits damals nicht die Lösung im Einsatzverbot dieser Anlagen (einige wenige Stimmen sprachen sich dafür aus), sondern einzig darin, den Radar-Benutzern eine fundierte Ausbildung abzuverlangen, in der intensiv die richtige Auswertung der Radarbilder gelehrt wird, in der insbesondere auch auf die besonderen Möglichkeiten von Fehlbeurteilungen anhand von Beispielen aufmerksam gemacht wird.

Das Radarzeichnen, auch als Plotten bezeichnet, war und ist auch heute noch fester Bestandteil der Lehrpläne maritimer Ausbildungsstätten. Außerdem schreiben die Kollisionsverhütungsregeln 1972 (KVR) in den Regeln 7 (b) und 19 (d) das Plotten zur Ermittlung von Nahbereichslagen und der Kollisionsverhütung ausdrücklich vor. Die IMO empfiehlt ihren Mitgliedsstaaten in ihrer Entschließung Nr. A.482 ebenfalls die Unterweisung in der Radarbildauswertung und im Plotten.

Mit der Weiterentwicklung der konventionellen Radaranlagen zu ARPA-Geräten wurde dem Nautiker dann spätestens Anfang der 80er Jahre eine EDV-gestützte Plottmöglichkeit zur Verfügung gestellt, die das leidige manuelle Radarzeichnen, ob nun in einer separaten Plottspinne oder mittels Fettstift auf einem Radaraufsatz, überflüssig machte. Allerdings war dieses Verfahren so komfortabel angelegt, dass auch hier die Gefahr so genannter ARPA-Kollisionen befürchtet wurde. Glücklicherweise haben sich diese Bedenken nicht bewahrheitet, wahrscheinlich auch deshalb, weil die IMO (International Maritime Organisation) frühzeitig die Bedienung solcher Geräte von einer vorherigen intensiven Spezialausbildung abhängig machte.

Radar- bzw. ARPA-Geräte sind nicht mehr aus der Seefahrt wegzudenken, da sie nicht nur für den Kollisionsschutz, sondern vorwiegend auch für die Navigation eingesetzt werden.

Aufgrund sinkender Anschaffungspreise – eine ähnliche Entwicklung wie bei den Heimcomputern – wird deshalb auch die Ausrüstung von seegängigen Yachten mit Radar immer erschwinglicher.

Da kein Radar- und/oder ARPA-Ausbildungszertifikat vorgeschrieben ist, rühren oft die einzigen Radarkenntnisse des Skippers entweder von der Einweisung des Fachhändlers oder der autodidaktischen Durcharbeitung des Radarhandbuchs her. Der Erwerb des „Amtlichen Sportbootführerscheins -See-", der einzig bei mehr als 3,68 kW an der Propellerwelle vorgeschrieben ist, setzt keinerlei Radarkenntnisse voraus.

Im Interesse einer sicheren Seeraumüberwachung und Navigation muss auch der Radar- und ARPA-Anwender in der Sportbootschifffahrt fundiertes Wissen über die Zusammenhänge, die Arbeitsweise sowie über Leistungsgrenzen und -risiken in die Praxis einbringen.

2   Historischer Rückblick

Nachdem es erstmals um die Jahrhundertwende gelungen war, drahtlose Funksignale – also elektromagnetische Wellenzüge – über längere Strecken u. a. zwischen England und Frankreich (1899) sowie England und Neufundland (1901) zu übertragen, kamen schon früh Überlegungen auf, ob man diese elektromagnetischen Wellen nicht wie bei der Schallortung ebenfalls zur Rückstrahlung bei Zielen einsetzen könnte.

Die Theorie der Funkmesstechnik basierte auf den bereits 1886 von dem gebürtigen Hamburger Heinrich Hertz (1857 – 1894) gewonnenen Erkenntnissen, dass Funkwellen von bestimmten Gegenständen reflektiert werden. Der Hochfrequenztechniker Christian Hülsmeyer (1881 – 1957) erhielt dann 1905 ein deutsches Patent (Nr. 165546) auf sein 1904 entwickeltes „Telemobiloskop", einem Vorläufer der Funkmesstechnik. Dieses Patent wurde international als das grundlegende Radarschutzrecht angesehen, das sich aber nach dem verlorenen 1. Weltkrieg insbesondere im angelsächsischen Sprachraum nicht mehr durchsetzen ließ.

Auch der in England lebende gebürtige Italiener und Nobelpreisträger (1909) Guglielmo Marconi (1874 – 1937) sagte bereits 1922 voraus, dass die Rückstrahlung von Zielen durch die Funkmesstechnik grundsätzlich möglich sein werde.

Insbesondere mit der Entwicklung immer schnellerer maschinengetriebener Fracht- und Passagierschiffe war es für die Schiffsführungen zum Problem geworden, ihre Geschwindigkeit auch bei unsichtigen Wetterlagen zu halten. Für die Kriegsmarinen kam hinzu, dass sie gerne auch bei Nacht ihre Gegner „gesehen" hätten.

Die Interessenlage für ein elektromagnetisches Reflexionsgerät war somit im besonderen Maße gegeben. Aber es dauerte noch bis 1934, ehe man in mehreren Ländern, darunter auch in Deutschland, mit der Entwicklung derartiger Verfahren begann. Voraussetzung war der mittlerweile erfolgte Fortschritt in der Herstellung von Geräten, die in der Lage waren, impulsmodulierte Radiowellen zu senden, zu empfangen und ihre Laufzeit zu messen.

Aufgrund der starken militärischen Aufrüstung Deutschlands wurde der Weiterentwicklung der Idee eines funkreflektierten Luftwarnsystems in Großbritannien hohe Priorität zugemessen. Unter der Leitung von Watson-Watt führte man an der Küste von Essex in Bawdsey Versuche durch, welche die Erwartungen der Techniker übertrafen. Die erste entwickelte Anlage war nicht nur sehr unförmig, sondern erforderte auch hohe Antennentürme, die auf Schiffen natürlich nicht eingebaut werden konnten.

1939 war man dann so weit, dass der erste Prototyp eines „Radars" auf dem Kreuzer „Sheffield" installiert werden konnte.

Mit Kriegsausbruch wurden die Anstrengungen weiter verstärkt. Ziel der Entwicklung war es, Objekte mit geringer Ausdehnung, auch Flugzeuge, bei erhöhter Peilgenauigkeit zu erkennen. Deshalb experimentierte man mit immer kürzeren Wellenlängen. Das Problem lag allerdings in der Erzeugung dieser im Zentimeterbereich liegenden Wellen.

Für die englische Kriegsführung war es ein Glücksfall, der aber viele deutsche Seeleute das Leben kosten sollte, dass gerade in dieser kritischen Entwicklungsphase es dem Physiker Randall an der Universität Birmingham 1940 gelang, eine besondere Röhre zu entwickeln, das Hohlraum-Magnetron. Diese revolutionierende Erfindung gestattete es ab 1943, Objekte von der Größe eines U-Boot-Sehrohrs auf kleine und mittlere Entfernungen zu orten. Die „Bismarck" und „Scharnhorst" sowie die deutsche U-Boot-Flotte sollten durch die Erfindung des Radars schmerzliche Erfahrungen machen.

In der Nachkriegszeit entwickelte man dieses wichtige Funkmessverfahren nun permanent weiter. Mithilfe der Erfindung von Transistoren, (Halbleiter-)Dioden, gedruckten Schaltkreisen, dem Einsatz von Mikroprozessoren, der Evolution im EDV-Bereich u. a. wurde so die Produktion von Geräten ermöglicht, die unter Integration höherer Anforderungsstandards an die verschiedenen Einsatzprofile bis hin zum Raster-Scan-Farbradar mit angeschlossenem Computer (dem so genannten ARPA-Gerät) immer störunanfälliger wurden.

3 Das Radargerät

3.1 Grundsätzliches

3.1.1 Begriff

Der Begriff **RADAR** ist zusammengezogen aus folgenden Anfangsbuchstaben:

RAdio **D**etecting **A**nd **R**anging* oder
RAdio **D**irectionfinding **A**nd **R**anging

* Diese Definition ist die heutzutage gebräuchlichste.

3.1.2 Aufgabe des Radars

Die Aufgabe des Radars an Bord eines seegehenden Fahrzeugs ist im ungekürzten Begriff weitgehend enthalten:

> Innerhalb eines bestimmten Abstandsbereichs sollen um das Schiff herum Objekte (Radarziele) geortet werden (detecting), die die vom Sender (Radarantenne) ausgestrahlten Wellen reflektieren, deren Richtung erkannt und deren Entfernung (ranging) gemessen wird.

Radarziele (targets) sind alle Ziele, die Radarwellen reflektieren.

3.1.3 Arbeitsweise – vereinfachte Darstellung

Das Radargerät kann in seiner Wirkungsweise mit einem Echolot verglichen werden, denn auch beim Radar werden Wellen (allerdings Funkwellen, d. h. elektromagnetische Wellen, und nicht Schallwellen wie beim Echolot) in sehr kurzen Impulsen in vorwiegend horizontaler Richtung ausgesandt (abgestrahlt), die, falls sie auf ein Ziel treffen, einen kleinen Teil ihrer Energie als Echowelle reflektieren, also zum Empfänger „zurückschicken". Auch hier wird wie beim Echolot die Laufzeit der Wellenimpulse vom Zeitpunkt des Aussendens bis zum Empfang der Echowellen gemessen.

Daraus und aus der Ausbreitungsgeschwindigkeit der Funkwellen (= *Lichtgeschwindigkeit c*) ergibt sich der Abstand des Radarziels.

3.1.4 Laufzeiten der Impulse

Die Fortpflanzungsgeschwindigkeit des Lichtes (Lichtgeschwindigkeit) und damit von elektromagnetischen Wellen beträgt nahezu:

$$c = 300.000 \text{ km/sec.}$$

Da bei einem Erdumfang von 40.000 km ein elektromagnetischer Wellenimpuls in einer einzigen Sekunde ca. $7\frac{1}{2}$ mal um die Erde herumlaufen würde, die Reichweite eines Radargeräts aber nur auf maximal 96 nautische Seemeilen ausgelegt ist, bezieht man die Lichtgeschwindigkeit nicht auf eine Sekunde, sondern auf eine Mikrosekunde (µs):

1 Sekunde (sec) = 1.000.000 Mikrosekunden (µs)

$$c = \frac{300.000 \text{ km}}{1.000.000 \text{ µs}} = 0{,}300 \text{ km} = \mathbf{300 \text{ m}}$$

Die Lichtgeschwindigkeit beträgt also 300 m/µs. Da aber bei See-Radaranlagen im Gegensatz zu Flussradars nicht in Metern oder Kilometern, sondern in Seemeilen gemessen wird, muss die Lichtgeschwindigkeit auf die Seemeile (1 sm ≙ 1.852 m) pro Mikrosekunde umgerechnet werden:

300 m : 1852 m = 0,162 sm;   **c = 0,162 sm/µs**

Berechnet man die Laufzeit für 1 Seemeile (1 / 0,162), so benötigt ein Radarimpuls für diese Strecke insgesamt ca. 6,17 µs. Mit diesem Wert ist man nun in der Lage, die Laufzeiten der von der Antenne abgestrahlten elektromagnetischen Wellenimpulse zum Radarziel und wieder zurück zur Antenne zu berechnen.

*Beispiele: Ein Radarziel im Abstand von 1 sm zur Radarantenne hat danach eine Impulslaufzeit von 2 x 1 sm x 6,17 µs = **12,4 µs**.*
*Bei einem Radarziel mit dem Abstand von 12 sm ergibt sich eine Impulslaufzeit von 2 x 12 sm x 6,17 µs = **148,1 µs**.*

Laufzeitformel: t = 2d / c   **Abstandsformel: d = c x t / 2**

3.1.5 Zentimeterwellen

Bei der Entwicklung der Funkmesstechnik experimentierte man lange Zeit mit unterschiedlichen Wellenlängen bzw. Frequenzen, bis man sich auf die 3-cm- und die 10-cm-Welle verständigte, die, wenn auch mit gewissen Differenzierungen, die Forderung nach stabiler, geradliniger und möglichst verlustfreier Ausbreitung bei allen Wetterlagen sowie guten Reflexionseigenschaften erfüllte.

Das Radar ist damit sowohl bei unsichtigen Wetterlagen als auch bei Tag und Nacht jederzeit einsetzbar. Weil die Impulse gerichtet abgestrahlt werden, kommt es hier auch nicht zum gefürchteten Dämmerungs- und Nachteffekt.

Die in der Radartechnik der zivilen Schifffahrt (auch in der Sportschifffahrt) verwendeten elektromagnetischen Wellen von 3 cm Länge (genauer das Wellenband von 3,16 – 3,22 cm) entsprechen einer Frequenz von f = ca. 9.400 MHz.

Die Frequenzen (s. Anlage 7.3, S. 163) von 225 MHz bis 56.000 MHz (133,3 cm bis 0,536 cm Länge) sind in insgesamt sieben Frequenzbänder aufgeteilt, die mit Buchstaben (P, L, S, X, K, Q und V) bezeichnet werden. Somit fällt die 3-cm-Welle in das X-Band, welches den Wellenlängenbereich von 5,77 – 2,75 cm abdeckt.

X-Band – 3-cm-Welle

Des Weiteren – oft in der Berufsschifffahrt bei Zweitanlagen eingesetzt – finden Geräte mit abgestrahlten Wellenlängen von 10 cm Länge (genauer das Wellenband von 9,68 – 10,34 cm), entsprechend einer Frequenz von f = ca. 3.000 MHz in der zivilen Schifffahrt Verwendung.

Die 10-cm-Welle fällt in das S-Band, welches den Wellenlängenbereich von 19,3 – 5,77 cm abdeckt.

S-Band – 10-cm-Welle

X-Band und S-Band – im Vergleich

Merkmale	Wirkungen
Radarziel/-reflexion	Die Echoanzeige eines Radarziels bestimmter Größe ist beim X-Band aufgrund geringerer Absorption besser als beim S-Band.
Peilauflösung	Bei einer bestimmten gegebenen Antennenspannweite ist die horizontale Bündelung der Strahlungskeule bei S-Band-Anlagen ca. 3,3-mal so groß wie bei X-Band-Anlagen, d. h., beim X-Band ist sie besser: $$\text{horizontale Bündelung (in Grad)} = \frac{K \times \text{gesendete Wellenlänge (in m)}}{\text{Antennenspannweite (in m)}}$$ ($K_{onstante}$ = 70 bei zivilen Marineradars)
vertikale Struktur d. Strahlungskeule	Die vertikale Keulenstruktur der S-Band-Antenne ist ca. 3,3-mal so grob wie beim X-Band bezogen auf die gleiche Antennenhöhe.
Radarkimm	Die Radarkimm ist bei der S-Band-Sendung aufgrund der längeren Wellenlänge geringfügig weiter entfernt als bei einer X-Band-Sendung.
Seegangsreflexe-Ortungen	Die unerwünschten Ortungen von Meereswellen/Seegang sind beim S-Band weniger ausgeprägt als beim X-Band. Somit ist die Wahrscheinlichkeit der Erkennung erwünschter Radarziele aufgrund der Seegangssättigung größer.
Niederschlags-Ortungen	Die Wahrscheinlichkeit, erwünschte Radarziele in einem Niederschlagsgebiet (z. B. Regen) zu empfangen, ist beim S-Band höher als beim X-Band.
Dämpfung im Niederschlagsgebiet	S-Band-Sendungen bewirken eine geringere Dämpfung in Niederschlagsgebieten als X-Band-Sendungen.

Absorptions- und Streuverluste
(Verlustberechnung bezogen auf ein Durchlaufen des Sendeimpulses von 12 sm)

Beim Vergleich des Einsatzes einer X-Band- mit einer S-Band-Anlage wurde aufgrund empirischer Versuche (ein Sendeimpuls durchlief eine Strecke von 12 sm) ermittelt, mit welchen Verlusten (Dämpfung) beim abgestrahlten Radarimpuls durch Absorption zu rechnen ist. Die Dämpfung entsteht dadurch, dass die Moleküle von den Radarimpulsen angeregt werden und ihnen dabei Energie entzogen wird.

Im Ergebnis wurde deutlich, dass die Absorptionsverluste sowohl bei 3-cm- als auch bei 10-cm-Impulsen vernachlässigbar klein erscheinen. Deshalb hat man auch diese Wellenlängen beim Radar gewählt.

Verluste durch Absorption

	Wasserdampfmoleküle	Sauerstoffmoleküle
X-Band	0,40 %	3,5 %
S-Band	0,04 %	3,5 %

Anders stellen sich allerdings die Verluste im Vergleich dar, wenn man die Streuung der Radarimpulse an den Niederschlagspartikeln betrachtet. Hier schneidet die S-Band-Anlage weitaus besser ab. Das X-Band-Gerät hat im Nebel, aber insbesondere bei starkem Regen, hohe Streuverluste. Die Ortungsqualität der S-Band-Geräte ist hier eindeutig den X-Band-Geräten überlegen.

Verluste durch Streuung

	Regen 1,25 mm/h	Regen 25 mm/h	Nebel (30 m Sicht)
X-Band	5,8 %	94,2 %	40,0 %
S-Band	0,2 %	3,7 %	4,9 %

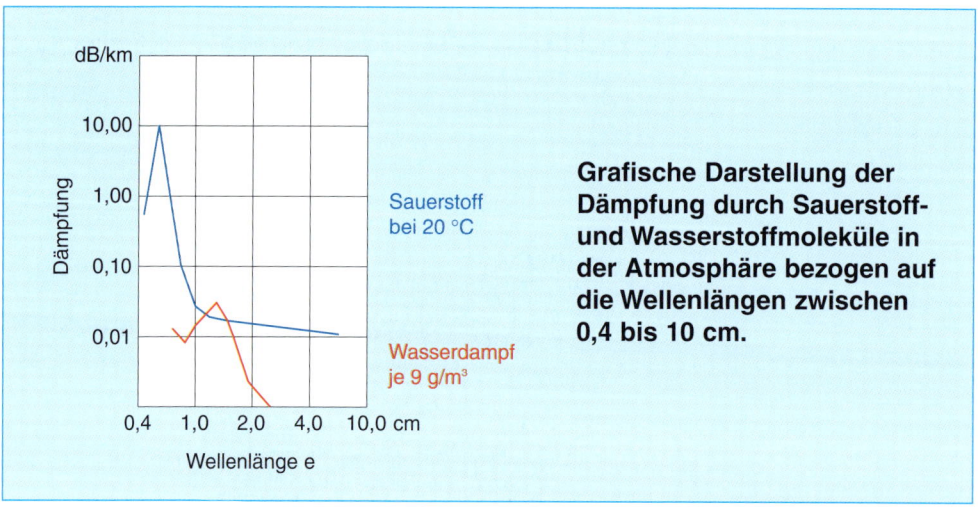

Grafische Darstellung der Dämpfung durch Sauerstoff- und Wasserstoffmoleküle in der Atmosphäre bezogen auf die Wellenlängen zwischen 0,4 bis 10 cm.

3.1.6 Die Radarkeule

Räumliches Strahlungsdiagramm ohne Nebenzipfel

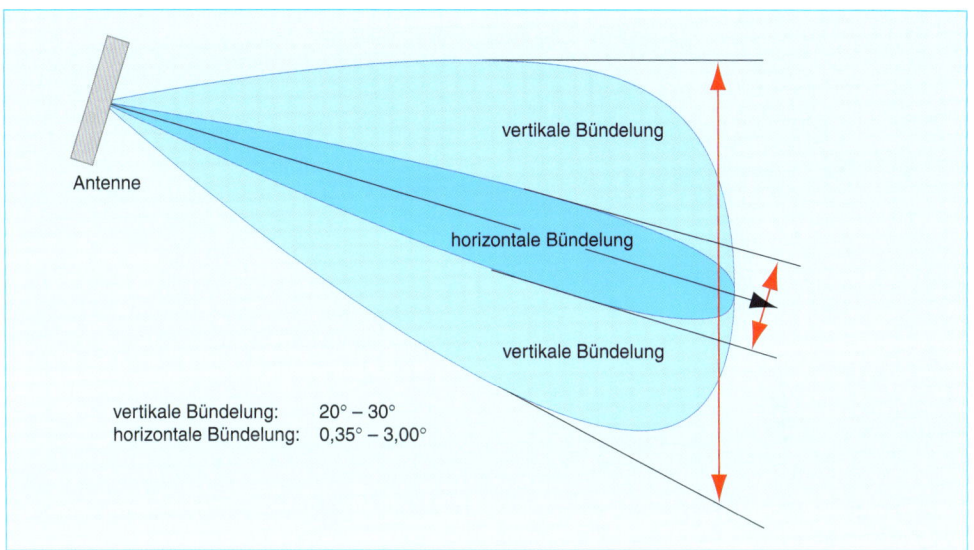

Horizontale Bündelung
Die Strahlung einer Radarantenne muss in der horizontalen Ebene möglichst scharf gebündelt sein, damit z. B. zwei nebeneinander stehende Radarziele in gleicher Entfernung zur Antenne, aber in unterschiedlicher Peilung, auf dem Bildschirm getrennt angezeigt werden (azimutale Auflösung; s. Kapitel 4.3.4). Dieses ist für den Radarbeobachter im Nahbereich des Schiffes von höherem Interesse als auf größeren Entfernungen.

Die horizontale Bündelung wird bei Schlitzantennen dadurch erreicht, dass man die Schlitze so einschneidet und anordnet, dass sich vor der Antenne durch Interferenz eine scharf gebündelte Gesamtstrahlung ergibt.

Die Strahlbreite der Impulse hängt vom Verhältnis der abgestrahlten Länge der Wellen zur Antennenspannweite ab. So erreicht man z. B. bei gleicher Antennenspannweite mit einer X-Band-Anlage (3 cm) eine bessere Bündelung als bei einer S-Band-Anlage (10 cm).

> **Anmerkung:**
> *Im Allgemeinen setzt man bei größeren Entfernungen die S-Band-Anlage ein, da man hier keine gute Auflösung, sondern eine ausreichende Rückstrahlung benötigt.*

Vertikale Bündelung
In der vertikalen Ebene muss die Bündelung dagegen viel geringer sein, damit bei Schiffsbewegungen noch Strahlungsenergie reflektiert werden kann.

Radarkunde

Vertikales Radarkeulenmuster durch Reflexion der Strahlungsenergie an der Wasseroberfläche (Entstehung):

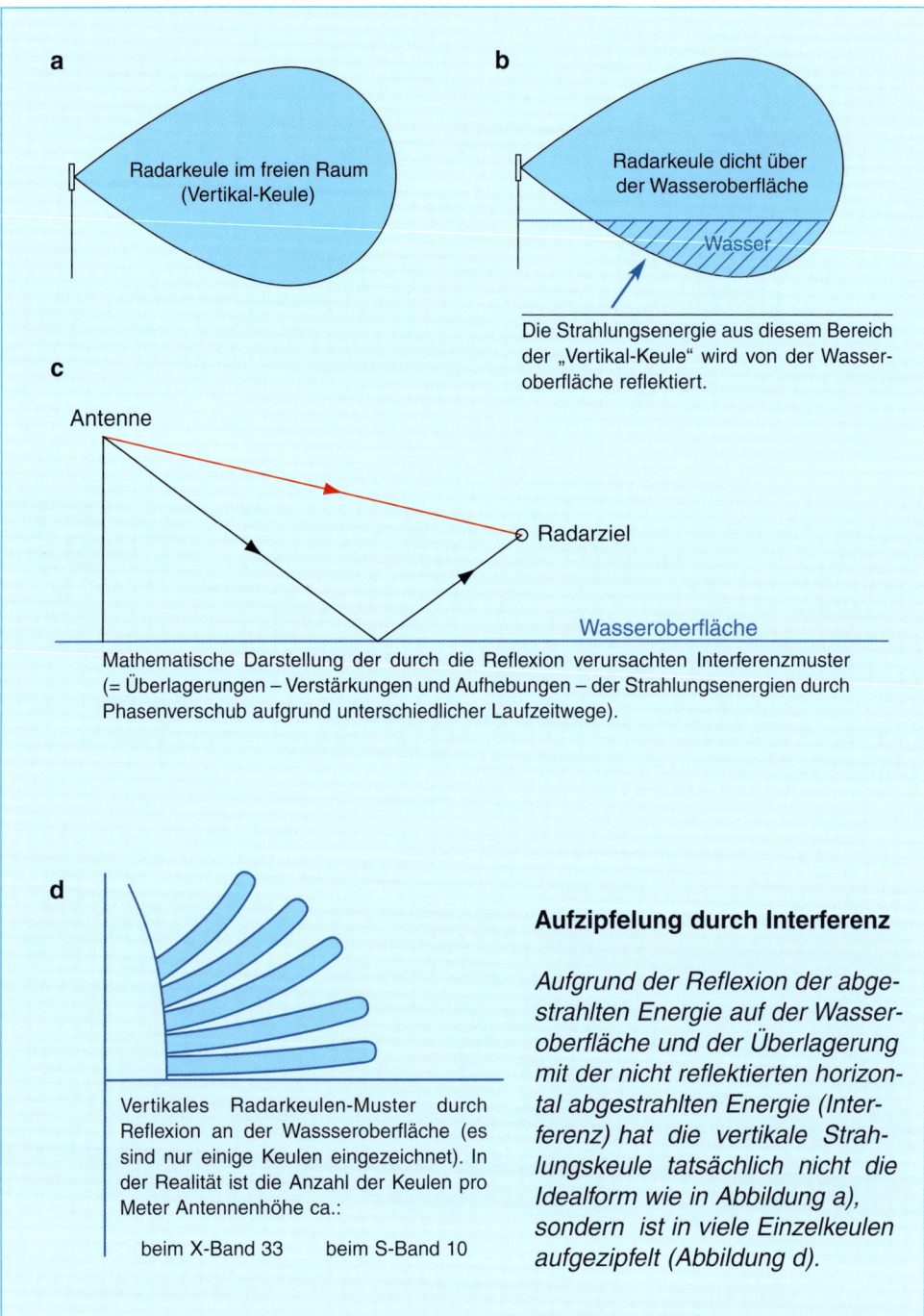

Wirkung der Mehrwegeausbreitung

Betrachtet man die „Aufzipfelung durch Interferenz" genauer, so erkennt man aus der folgenden Abbildung die Wirkung dieser Mehrwegeausbreitung im Vergleich einer X-Band- mit einer S-Band-Anlage (es ist in der Zeichnung nur die jeweils unterste Keule der beiden Bänder der vorgehend beschriebenen Aufzipfelung dargestellt).

Prämisse: Abstand zum Radarziel 2 sm
Antennenhöhe 25 m
Glatte See
Unterster Zipfel dargestellt

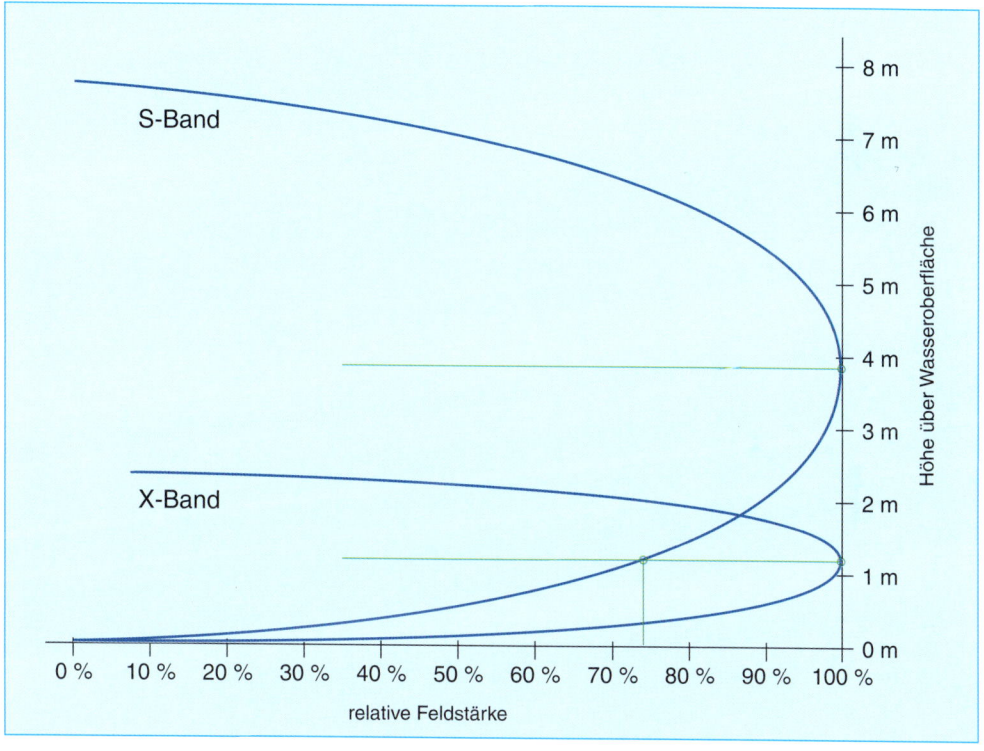

Die Abbildung zeigt, dass ein ca. 1,20 m hohes Radarziel mit einer X-Band-Anlage optimal erfasst würde (relative Feldstärke = 100 %), das gleiche Radarziel mit einer S-Band-Anlage aber nur ca. 74 % der relativen Feldstärke erreicht, also eine geringere Ortungsqualität hätte und später erfasst würde. Ein 3,80 m hohes Radarziel würde dagegen in diesem Beispiel besser von einer S-Band-Anlage geortet, durch die X-Band-Anlage wegen der Aufzipfelung u. U. gar nicht.

Fazit:
X-Band-Anlagen eignen sich wesentlich besser zur Erfassung niedriger Radarziele.

Radarkunde

3.1.7 Grafische Darstellung der Echoimpulsleistung

Elektromagnetische Wellenimpulse können sich nur fortpflanzen, wenn sie mit Energie ausgestattet sind. Ebenso kann auf der Radarbildröhre das reflektierte Radarziel nur zur Anzeige kommen, wenn an der Radarantenne noch vom Radarziel reflektierte Energie aufgenommen wird, die höher ist als das „normale" Energiepotenzial der elektronischen Bausteine (Wärmerauschen).

In der Naturlehre gilt nun aber folgender Lehrsatz:

Die Echoimpulsleistung (P_E) nimmt umgekehrt proportional zur 4. Potenz der Objektentfernung (e) ab. $P_E = 1/e^4$

In der Abbildung ist diese Erkenntnis grafisch dargestellt (**der Radarimpuls verdünnt sich in der Realität natürlich nicht so quadratisch wie in der Zeichnung!!**). Im Beispiel würde danach bei einer Radarzielentfernung von nur 4 sm an der Antenne nur noch $1/256$ der ursprünglich abgestrahlten Energie für den Empfang zur Verfügung stehen.
Theoretische Darstellung des Lehrsatzes:

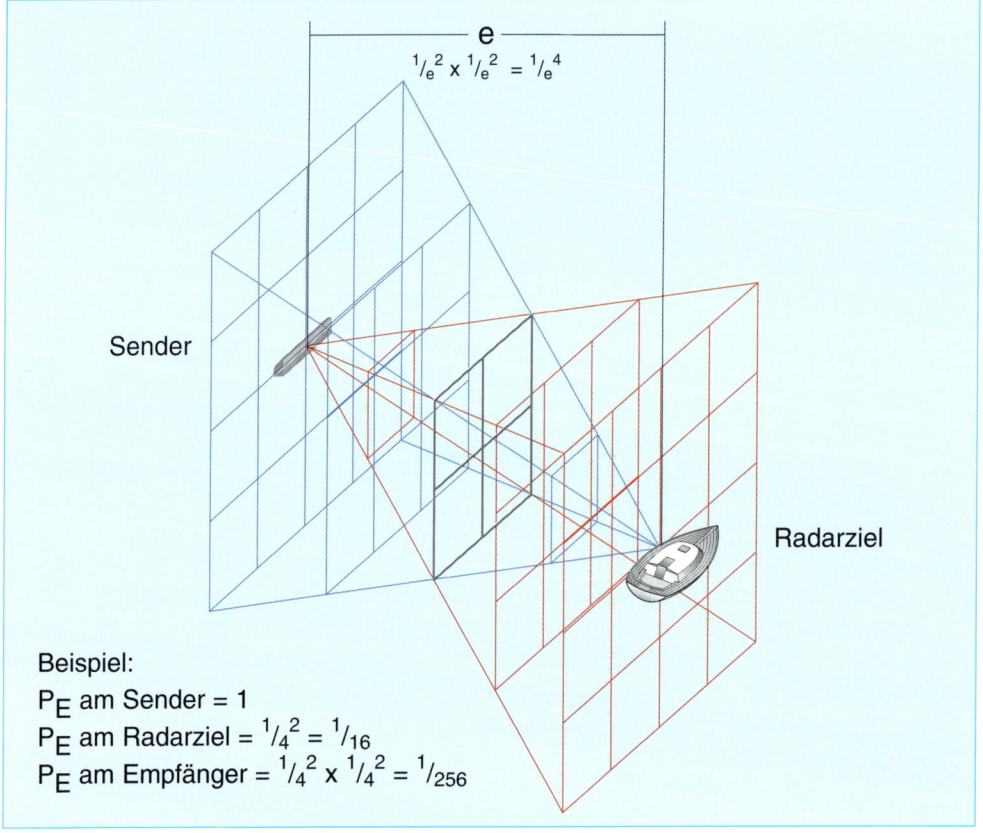

Beispiel:
P_E am Sender = 1
P_E am Radarziel = $1/4^2 = 1/16$
P_E am Empfänger = $1/4^2 \times 1/4^2 = 1/256$

3.2 Das Radargerät

3.2.1 Hauptteile einer Bordradaranlage

Hauptteile einer Bordradaranlage:
1. Sender
2. Drehantenneneinheit
3. Empfänger
4. Bild-(Sicht-)Gerät
5. Stromversorgungseinheit

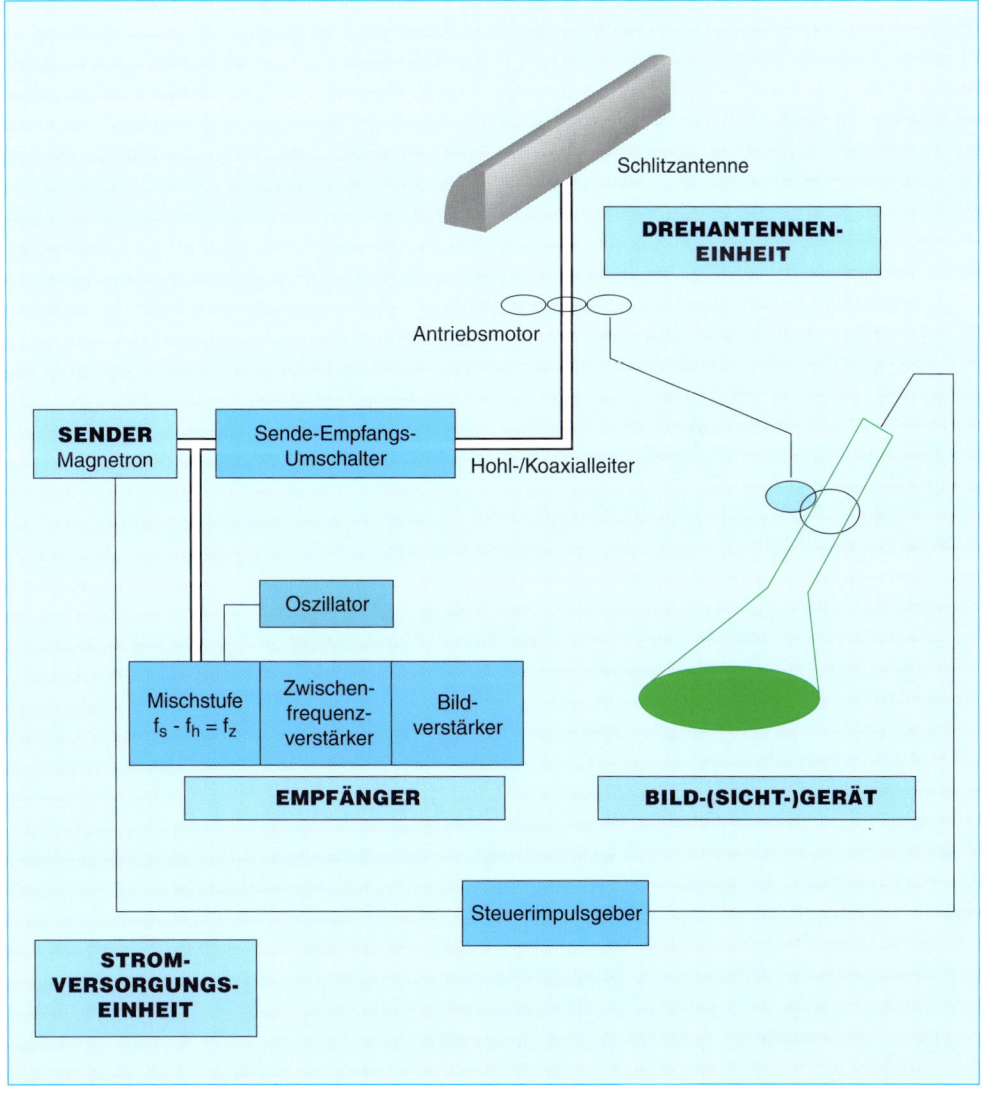

3.2.1.1 Stromversorgung
Berufsschifffahrt
Laut SOLAS 74 Kapitel II Regel 40 bis 42 ist an Bord von Fahrzeugen der Berufsschifffahrt eine Hauptstromquelle vorzusehen, die sicherstellt, dass alle für die normalen Betriebs- und Lebensbedingungen erforderlichen Hilfseinrichtungen betrieben werden können – und welche die für die Sicherheit wesentlichen elektrischen Einrichtungen in Notfällen einsatzfähig erhält. Diese Hauptstromquelle sind im Allgemeinen eigenständige Generatoren bzw. der Wellengenerator, dessen Leistung bei Ausfall der Hauptmaschine innerhalb von 45 Sekunden durch einen Bereitschaftsgenerator selbsttätig übernommen werden muss (Schiffssicherheitsverordnung). Außerdem ist eine unabhängige Notstromquelle vorgeschrieben.

Die Stromversorgung der gesamten Bordelektrifizierung und somit auch der Radaranlage(n) ist demnach sichergestellt und unproblematisch.

Sportschifffahrt
Ganz anders stellt sich die Situation dagegen auf Sportbooten, insbesondere Segelyachten dar. Platz-, Gewichts-, Kapazitäts-, Ausrüstungs- und Finanzierungsprobleme sind miteinander in Einklang zu bringen. Die Stromquelle muss auf die Spannung (V) der Radaranlage Rücksicht nehmen bzw. umgekehrt. Der maximale Stromverbrauch in Watt (W) ist u. U. eine kritische Größe.

Diese Publikation kann nur einen kurzen Abriss über die Möglichkeiten der Stromversorgung unter Einbeziehung des Betriebs eines Yachtradars geben. Wer sich intensiver mit der Materie auseinander setzen will, sei auf die in mehreren Publikationen vorliegende weiterführende Literatur zu diesem Thema verwiesen.

a) Batterien
Batterien sind nach wie vor die Stromquelle Nummer eins auf Yachten. Sie sollen bei großer Kapazität klein, leicht, wartungsfrei, voll recyclingfähig und in jedem Hafen austauschbar sein, eine lange Lebensdauer haben sowie nach Möglichkeit eine geringe Selbstentladung aufweisen. Außerdem müssen sie mit flexiblen Lademöglichkeiten ausgestattet sein. Die Spannung sollte – wenn man die Wahl hat – möglichst 24 V statt 12 V betragen, da hier Vorteile bei der Stromübertragung bestehen.

Der Handel bietet zwischenzeitlich Batterien an, welche die oben genannten Vorteile in sich vereinigen. Insbesondere so genannte Trockenbatterien sind hier zu empfehlen.

Der Hilfsmotor bzw. auf Motoryachten der Hauptmotor muss selbstverständlich wegen des Motorenstarts über die Batterie mit der Batteriespannung harmonieren.

Die Nachladung des Stromspeichers kann im Hafen am Schlengel über die Landanschluss-Steckdose durchgeführt werden. Während der Fahrt mit Motor wird automatisch ständig Strom über einen Schiffsmotor-angetriebenen Drehstromgenerator an die Batterie abgegeben. Motoryachten haben deshalb auch bei höherem Leistungsverbrauch über Radargerät, Kühlschrank, Fernseher usw. keine Sorgen mit einer Stromverknappung.

Bei Segelyachten dagegen kann der Radarbetrieb schnell die Batterie leeren, wenn man nicht zwischendurch immer wieder den Motor anwerfen will.

Aber störungsfreie **Batterie-Nachladungen** beim Segeln sind zwischenzeitlich möglich

1. durch den Aufbau und Betrieb eines Windgenerators,
2. durch die Nutzung von Sonnenenergie (Solargeneratoren), die auch bei diesigem Wetter für eine Erhaltungsladung ausreicht und
3. durch Außenbord-Propeller-Generatoren (ab 3 Knoten Fahrt).

b) Wechselstrom-Aggregate
Eine sehr gute Alternative bietet sich durch die Integration eines kleinen dieselbetriebenen Wechselstrom-Aggregats an, welches das gesamte Bordnetz mit 220-V-Wechselspannung versorgen kann. Bei fester Installation auf größeren Yachten sind sie wegen ihrer doppelt-elastischen Lagerung und ihrer schalldichten Abschottung so gut wie lärm- und vibrationsfrei.

Für kleinere Yachten sind tragbare Stromerzeuger am Markt, die bei entsprechender Ausstattung mit einer Schallschluck-Haube ebenfalls kaum Belästigung erzeugen. Fachmännische Installation dieser Geräte ist wegen der 220-V-Wechselspannung allerdings obligatorisch.

3.2.2 Sende- und Empfangsprinzip

Nachfolgend wird anhand je eines Schaubildes stark vereinfacht sowohl das Sende- als auch das Empfangsprinzip einer Radaranlage dargestellt.

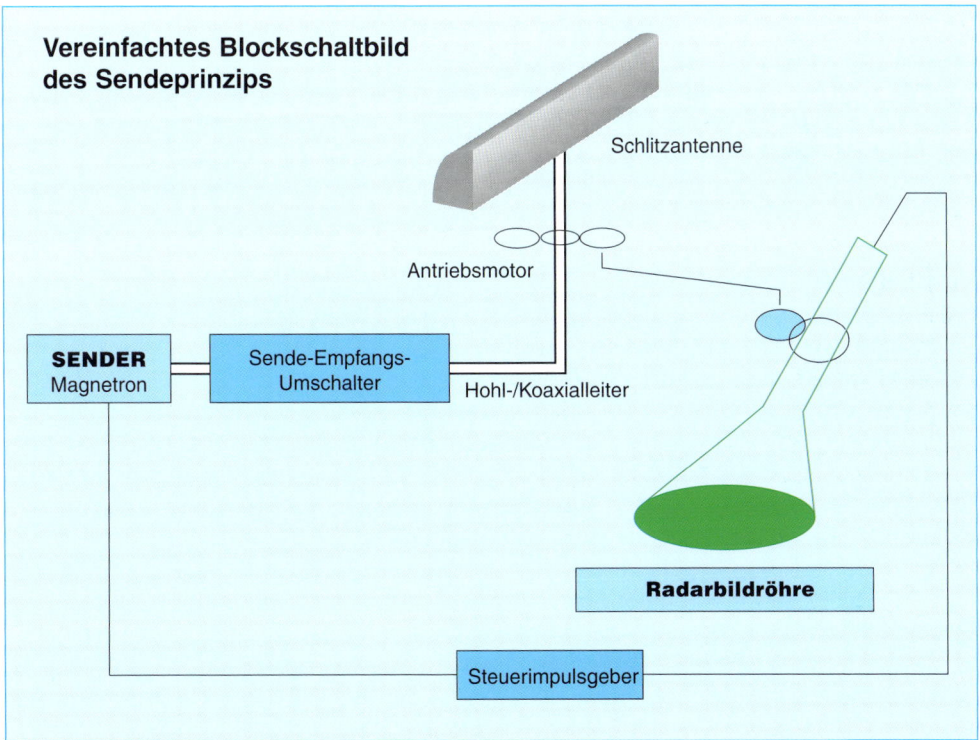

3.2.2.1 Das Sendeprinzip
Sender (transmitter)
Der Sender erzeugt in regelmäßiger Folge (Impulsfolgefrequenz) cm-Wellen-Impulse mit sehr hoher Leistung. Dazu dient eine besondere Elektronenröhre, deren wirksame Teile sich im starken Feld eines Dauermagneten befinden und deshalb als Magnetron (Kapitel 3.2.5) bezeichnet wird.

Die Dauer der erzeugten Impulse (Impulslänge) ist unvorstellbar kurz und liegt je nach geschaltetem Messbereich (range) und Gerätetyp zwischen 0,06 µs und 1,3 µs (Mikrosekunden).

Hohlleiter (wave guide) oder Koaxialleiter
Der Hohlleiter/der Koaxialleiter nimmt die im Magnetron erzeugten hochfrequenten Impulse auf und leitet sie mit verhältnismäßig geringen Verlusten über den auf Sendung stehenden Sende-Empfangs-Umschalter (Duplexer) weiter zur Radarantenne.

Als Wellenleiter werden seit einigen Jahren statt der Hohl- auch Koaxialleiter eingesetzt.

Über größere Entfernungen (z. B. wenn die Radarantenne sich bei einem Großschiff auf der Back und das Sichtgerät auf der Brücke achtern befindet) ist der Energieverlust des Impulses in einem Wellenleiter allerdings zu groß, sodass sich dann der Sender direkt unter der Antenne befindet.

Sende-Empfangs-Umschalter (Duplexer)
Aufgabe des Sende-Empfangs-Umschalters ist es, die Sende-Impulse „zur richtigen Zeit" abzustrahlen und anschließend die reflektierten Impulse entsprechend dem geschalteten Messbereich entweder passieren zu lassen oder den Empfang zu sperren: Z. B. ist bei einem geschalteten Messbereich von 12 sm und einer Impulsfolgefrequenz von 1000 Hz (Impulsabstand 1000 µs) der Umschalter nur ca. 148 µs auf Empfang geschaltet, dagegen ca. 852 µs gesperrt, damit die Radarziele nicht zur Anzeige kommen können, die weiter als 12 sm entfernt sind (s. „Das Empfangsprinzip").

Drehantenne (Scanner):
Die Drehantenneneinheit besteht heutzutage in der Handelsmarine überwiegend aus einer Schlitzantenne und einem Antriebsmotor, der die Antenne mit gleich bleibender Geschwindigkeit um ihre vertikale Achse dreht, sowie einem der Drehantenne angeschlossenen Wechselstromgeber, der die Drehbewegung der Antenne winkeltreu auf die elektronischen Ablenkspulen am Bildgerät überträgt. Die Drehgeschwindigkeit der Antenne liegt im Allgemeinen zwischen 20 und 30 U/min; aufgrund der zunehmenden Schiffsgeschwindigkeiten (High-Speed-Katamarane) erhalten diese Schiffe aber Anlagen mit höheren Umdrehungsgeschwindigkeiten.

Bei der Schlitzantenne endet der Hohlleiter/Koaxialleiter in einem horizontalen, am Ende geschlossenen Teil, in dessen Seitenfläche an genau vorausberechneten Stellen Querschlitze bestimmter Lage und Neigung eingeschnitten sind. Die vom Sender in diesen Teil des Hohlleiters/Koaxialleiters geschickten cm-Wellen treten dann aus den Schlitzen aus. Die Anordnung der Schlitze gewährleistet, dass die Wellenimpulse im Raum vor dem Strahler eine durch Interferenzen horizontal scharf gebündelte Gesamtstrahlung erzeugt. Je größer die Antennenspannweite, desto besser gelingt diese horizontale Bündelung. Außerdem ist sie vom Verhältnis der gesendeten Wellenlänge zur Antennenbreite abhängig.

Horizontales Strahlungsdiagramm / Radarkeule:
Das Strahlungsdiagramm besteht aus einer horizontal scharf (1°– 2°) und vertikal schwach (20°– 30°) gebündelten Hauptkeule sowie Nebenkeulen – auch Seitenzipfel (side-lobes) genannt –, die bei einer Schlitzantenne weitgehend unterdrückt werden (s. auch Kapitel 3.1.6).

3.2.2.2 Das Empfangsprinzip
Empfänger (receiver)
Nachdem ein sehr kleiner Energieanteil des reflektierten Wellenimpulses über die aufnehmende Drehantenne durch den Hohlleiter/Koaxialleiter über den auf Empfang stehenden Sende-Empfangs-Umschalter dem Radarempfänger zugeleitet worden ist, wird diese Empfangsfrequenz in einer Mischstufe mit einer Hilfsschwingung (in einem Oszillator erzeugt) überlagert, d. h. so gemischt, dass Schwebungen viel niedrigerer Frequenz – der Zwischenfrequenz – entstehen, mit der das Radargerät ein optimales Bild erzeugen kann. Dieses Mischungsverhältnis wird bei modernen Geräten automatisch hergestellt, bei etwas älteren Geräten kann man es über den Bedienknopf „Abstimmung/tuning" manuell beeinflussen.

Die mit dem Echosignal modulierten (Impuls-Modulation) Zwischenfrequenzschwingungen werden im Zwischenfrequenzverstärker ausgiebig verstärkt und dann am Ausgang demoduliert. Aus jedem Echosignal wird ein Spannungsimpuls hergestellt, der dann im Bildverstärker (video amplifier) weiter verstärkt wird, um anschließend der Bildröhre zugeführt zu werden.

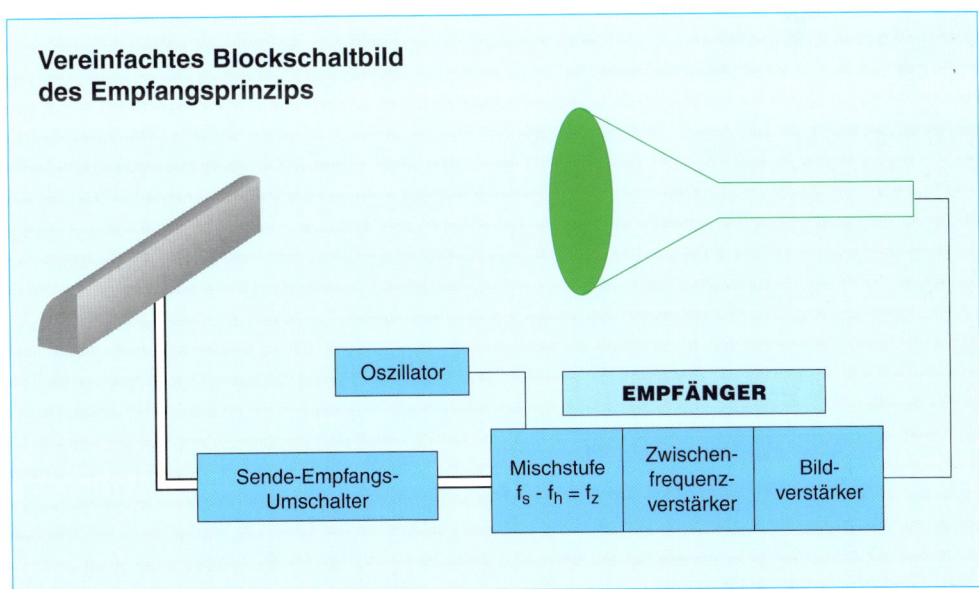

Bild-(Sicht-)gerät

Das ***Bildgerät (display unit)*** (s. Kapitel 3.2.6) besteht hauptsächlich aus der **Radarbildröhre (radar tube, C.R.T.)**. Sie ist eine auf die besonderen Bedürfnisse ausgerichtete modifizierte Braunsche Röhre. Der Radar-Bildschirm ist im Allgemeinen mit zwei übereinander liegenden Schichten belegt. Die innere Schicht wird durch den auftreffenden Elektronenstrahl zum Aufleuchten gebracht, während die zweite, dem Beobachter zugewandte Schicht dadurch angeregt wird und längere Zeit nachleuchtet (konventioneller Radarschirm).

Solange kein Echosignal eintrifft, ist der Elektronenstrahl der Bildröhre durch eine negative Gitterspannung nahezu gesperrt (die negative Gitterspannung kann mittels eines Bedienungsknopfes – der Helligkeit/brilliance – verändert werden, d. h., der Bildschirm kann insgesamt heller oder dunkler eingestellt werden). Trifft dagegen ein Echoimpuls ein, wird das Gitter entsperrt, und der sich auf dem Wege vom Mittelpunkt zum Rand befindliche Elektronenpunkt leuchtet auf, wodurch man das Radarziel in Entfernung und Richtung (Drehantenne → synchron laufender Sweep) ortet (genauere Beschreibung s. Kapitel 3.4 – Die Entstehung des konventionellen Radarbildes –).

Steuerimpulsgeber (trigger circuit)

Im Sender und Empfänger einer Radaranlage laufen eine ganze Reihe von elektrischen Vorgängen ab, die in ihrem zeitlichen Ablauf äußerst genau miteinander synchronisiert sein müssen. Dieses besorgt der ***Steuerimpulsgeber (trigger circuit)***. Er führt den betreffenden Anlageteilen jeweils im richtigen Augenblick Spannungsstöße – die Steuerimpulse – zu, die in ihnen die elektrischen Vorgänge auslösen.

3.2.3 Blockschaltbild eines Radarempfängers

Siehe schematische Darstellung auf Seite 27.

3.2.4 Wärmerauschen und Verstärkung

Bei Temperaturen über dem absoluten Nullpunkt gibt es in jedem elektrischen Leiter bzw. elektrischen Gerät eine Zufallsbewegung von Elektronen, die vom jeweiligen Wärmegrad abhängig ist. Somit gibt es auch eine Zufallsbewegung von elektrischen Ladungen. Diese „Ladungsbewegungen" erzeugen einen Effekt, den man als Wärmerauschen (engl.: thermal noise) bezeichnet. Der Effekt ist gleichmäßig über das volle Frequenzspektrum verteilt und tritt somit auch im Empfänger eines Radargeräts auf, und zwar am Ausgang der Verstärkerstufe.

Obwohl dieses „Geräusch-Signal" bei seiner Entstehung ein sehr niedriges Niveau hat, verstärkt sich seine Amplitude um einen Faktor von einer Million, wenn es durch eine Reihe von Verstärkerstufen, wie bei einem Kaskadenverstärker (Mehrstufenverstärker), läuft. Damit ist es dann leider auch stark genug, um auf dem Radarschirm als gut erkennbares Signal (feinkörnige Hintergrundsprenkelung) angezeigt zu werden. Durch Herunterregelung der Verstärkung (gain) ist diese Erscheinung kompensierbar.

Der Begriff „Geräusch" wird benutzt, weil das Phänomen zuerst in Audio-Systemen (Lautsprechern, Earphones u. a.) als Hintergrund-Geknatter (-Geknister) auftrat, was

3 Radargerät

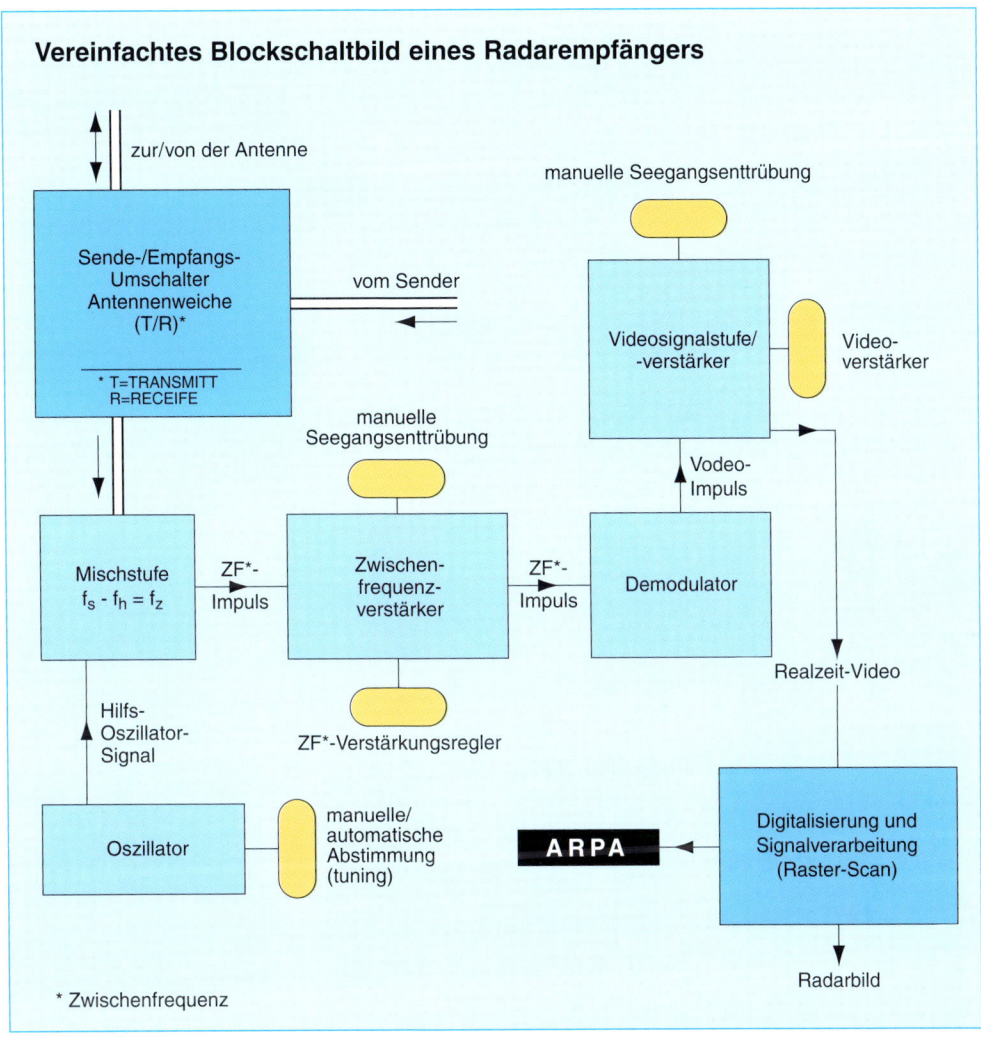

das Hören von leisen (richtigen) Sprach- oder Musiksignalen erschwere. Auf Bildschirmen stellt sich dieses Phänomen visuell als eine feinkörnige Hintergrundsprenkelung dar (s. o.).

Da der Beobachter versuchen muss, die „richtigen" Radarzielechos gegenüber dem Hintergrund zu unterscheiden, ist die Niveaustärke des Wärmerauschens, welches in der 1. Stufe des Verstärkers entsteht, von fundamentaler Bedeutung, und zwar deshalb, weil das System die Fähigkeit hat (und auch haben muss), noch schwächste Echos anzuzeigen.

Wenn die Energie eines reflektierten Radarziels schwächer ist als das Rauschen, welches in der 1. Verstärkerstufe erzeugt wird, kann es auf dem Radarschirm nicht abgebildet werden, da die nachfolgenden Verstärkerstufen nur noch den Rauschpegel weiter erhöhen, der das empfangene schwache Signal überlagert.

Wenn jedoch das empfangene Signal anfänglich stärker ist als der intern erzeugte Rauschpegel in der Eingangsstufe des Empfängers, so werden die nachfolgenden Verstärkerstufen diese Differenz (zwischen Signalstärke und Rauschpegel) vergrößern, womit das Radarziel auf dem Bildschirm auch angezeigt wird.

Das auf dem Schirm dargestellte Rauschniveau (die feinkörnige Hintergrundsprenkelung) und die damit einhergehende Wahrscheinlichkeit, dass schwache Radarziele angezeigt werden, ist auch davon abhängig, wie der Beobachter die Verstärkung (gain) einregelt.
Wenn die Verstärkung zu schwach eingestellt ist, werden schwache Echos verloren gehen, da sie nicht angezeigt werden können (sie liegen unterhalb des Rauschniveaus).
Wenn dagegen die Verstärkung zu hoch eingestellt ist, können schwache Echos ebenfalls nicht erkannt werden, weil der helle Hintergrund (die „Wärmerausch-Echos") sie überdecken.
Die „richtige" Einstellung der Empfänger-Verstärkung ist somit äußerst wichtig. Empfohlen wird, wie folgt vorzugehen:

- auf größeren Messbereich (range) schalten
- Verstärkung so einstellen, dass Hintergrund leicht griesig

Jetzt wird das Wärmerauschen gerade eben noch angezeigt und der/die Radarbenutzer(in) ist bei dieser Einstellung sicher, dass jedes Realecho, welches eine größere Eingangsfeldstärke hat als das intern erzeugte Wärmerauschen, auch wirklich zur Anzeige kommt.
Somit wird weder durch eine zu hohe Einstellung der Verstärkung ein schwaches Radarziel in der Hintergrundsprenkelung überdeckt, noch wird durch eine zu schwache Verstärker-Einstellung ein schwaches Radarziel gar nicht erst zur Anzeige gebracht.

Dass im Laufe der Reise die Grundeinstellungen, also auch die Verstärker-Einstellung, laufend überprüft wird, ist obligatorisch.

3.2.5 Das Magnetron

Das 1939 in Großbritannien entwickelte Magnetron ist eine Elektronenröhre, in der sehr kurze Energie-Impulse, d. h. hochfrequente Schwingungen, entstehen.
Wie in jeder Röhre, die auch als Diodenröhre (di [grch.] ... zwei: Kathode – Anode) bezeichnet wird, erzeugt die Kathode Elektronen, welche mit extrem hoher Geschwindigkeit zur Anode beschleunigt werden. Das „Magnetron" hat die Form eines Zylinders, der aus Kupfer gefertigt ist und als **Anode** dient. In diese sind sehr präzise Hohlräume (Resonanzkammern) in Form von Löchern und Spalten geschnitten. Die **Kathode** ist säulenförmig in der Mittelachse des Zylinders angeordnet. – Entlang der Zylinderachse erzeugt ein als Festmagnet ausgebildeter Hufeisenmagnet ein extrem energiereiches Feld.

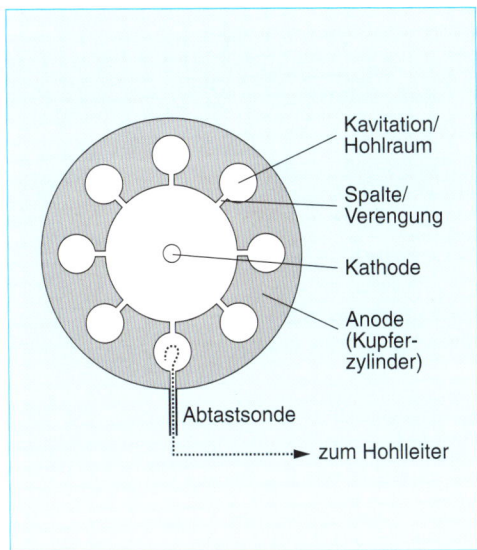 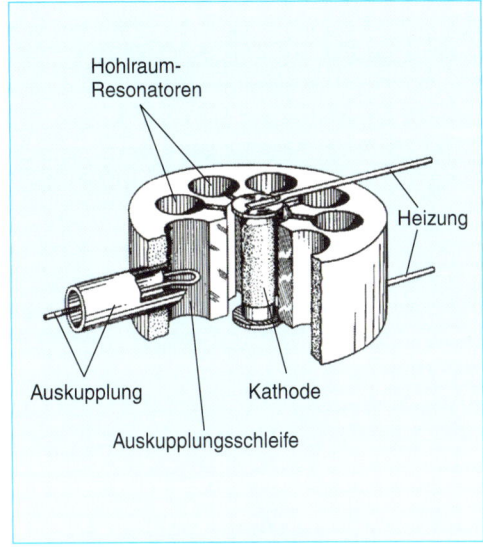

Wird die Kathode durch einen Steuerimpuls des Steuerimpulsgebers (s. Kapitel 3.2.2) angeregt, würden normalerweise – falls kein Magnetfeld vorhanden wäre – die Elektronen radial auf geradem Weg von der Kathode zur Anode strömen.

Da aber das durch einen Dauermagneten verursachte Magnetfeld rechtwinklig zu dem durch den Kathodenpuls erzeugten elektrischen Feld steht, werden die Elektronen auf ihrem direkten Weg zur Anode abgelenkt.

Aufgrund der in die Kupferanode geschnittenen Löcher und Spalten erreichen viele Elektronen deshalb schließlich die Anode nur nach einer komplexen Schwingungsreise durch diese Resonanzkammern (Hohlräume), in deren Verlauf ihre Wege alternativ zu und von der Anode getrieben werden und ihre Geschwindigkeit sich wechselseitig erhöht und ermäßigt. Die Bewegung jedes einzelnen Elektrons wird außerdem durch die elektromagnetische Wirkung der Millionen von anderen Elektronen beeinflusst, die sich mit hoher Geschwindigkeit in seiner Nähe bewegen.

Zusammenfassend ist zu sagen, dass sich durch den gleich- und regelmäßigen Wechsel der Elektronengeschwindigkeit in der Röhre (hervorgerufen durch die sehr präzise geschnittenen Resonanzräume) eine gleichmäßige Schwingung des elektromagnetischen Feldes erzielen lässt. Wenn das mit hinreichend hoher Frequenz geschieht, ist sie für die Ausstrahlung in den Raum geeignet. – Mithilfe dieses insgesamt äußerst komplexen Effekts wird somit der Radarimpuls erzeugt, der dann in den Hohlleiter ausgekoppelt und der Antenne zugeleitet wird. Die Frequenz des Radarimpulses (S-Band/X-Band) bestimmt sich durch die Form der Magnetron-Röhre.

Von dem Energiepaket, das dem Magnetron über den Modulator zugeführt wird, benötigt man weniger als die Hälfte für die Steuerung der Schwingungen in der Röhre während der Sendung. Der größte Teil der Energie wird in Wärme umgewandelt, und zwar in einer so großen Menge, dass sie über die Kühlrippen der Magnetron-Baugruppe abgeführt werden muss. Das bedeutet aber leider auch, dass die Magnetron-

Temperatur während der Aufwärmphase nach dem erstmaligen Einschalten des Radarsenders sehr schnell ansteigt (normalerweise in $^1/_2$ Stunde) mit der Folge, dass die Größe der eingeschnittenen Resonanzräume aufgrund der Wärmeausdehnung des Kupferzylinders (Anode) zunimmt. Dadurch wird wiederum die Frequenz der erzeugten Sende-Impulse beeinflusst. Die ausgestrahlte Impulsfrequenz ist während dieser Zeit von der fortschreitenden Änderung/Ausdehnung abhängig.

In Bezug auf die Abstimmung des Empfängers hat das Konsequenzen. Systeme, die sich an den „IMO Performance Standards" orientieren (und es ist davon auszugehen, dass das alle Radarhersteller machen), haben deshalb eine Stand-by-Einstellung, während der das Magnetron mittels einer konventionellen Heizröhre warm gehalten wird, solange das Magnetron für die Impulserzeugung nicht aktiv ist.

Wenn dann das System wieder auf Senden geschaltet wird, reduziert sich die konventionelle Erwärmung der Heizröhre, bis die natürliche „Arbeitswärme" des Magnetrons erreicht ist.

3.2.6 Die Radarbildröhre

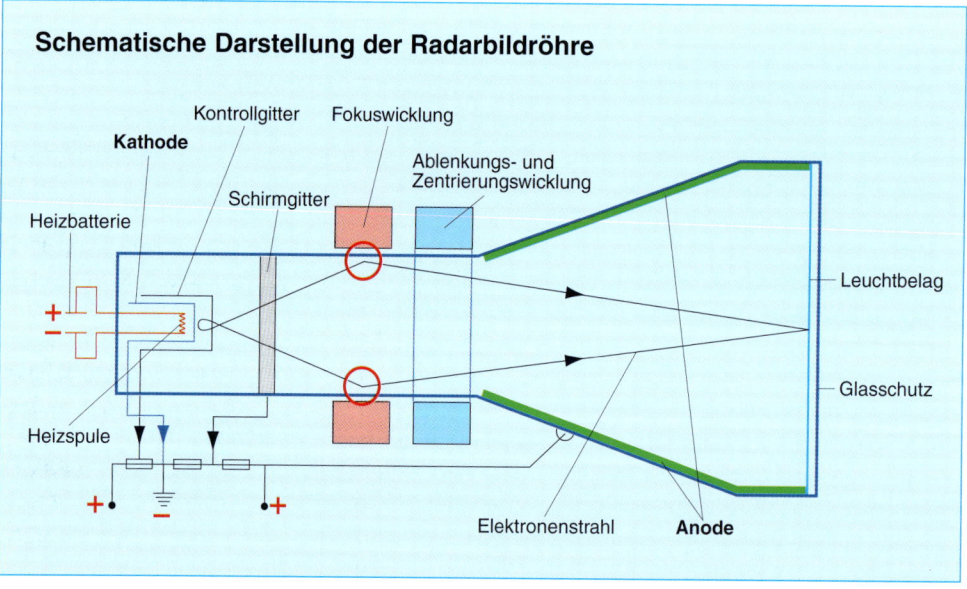

Die Radarbildröhre ist eine Kathodenstrahlröhre, die als eine luftleere, schmale Glasröhre ausgebildet ist, deren eines Ende sich trichterförmig zu einem Bildschirm erweitert. Am anderen, engeren Abschluss der Röhre werden die Elektronen erzeugt (**Kathode**) und zu einem schmalen Strahl gebündelt, der auf den Bildschirm trifft und dort einen Leuchtpunkt (**spot**) erzeugt, dessen Helligkeit, Größe und Position durch manuelle Einstellungen des Radarbedieners verändert werden kann.

Die Funktionsweise der Radarbildröhre, d. h. die Erzeugung und Kontrolle der Leuchtpunkte auf dem Bildschirm, kann am besten dargestellt werden, wenn man die Radarbildröhre in drei Hauptkomponenten untergliedert:

- Das Elektronenstrahlsystem, welches den Elektronenstrahl erzeugt.
- Der belegte Bildschirm, auf dem durch das Aufprallen der Elektronen die Leuchtpunkte der Radarziele und Fehlechos entstehen.
- Das Ablenksystem, das die Positionierung des Elektronenstrahls auf dem Bildschirm steuert.

Das Elektronenstrahlsystem
Ein Elektron ist das Elementarteilchen, welches eine negative elektrische Ladungseinheit transportiert. Das Elektronenstrahlsystem ist eine Anordnung von zylindrischen Metallkomponenten, die als Elektroden bezeichnet werden.
Diese Elektroden sind längs der Röhrenachse positioniert. Sie haben je nach Anordnung unterschiedliche Funktionen.
- Die Elektrode „**Kathode**" löst die Elektronenherstellung aus. Daher wird die Radarbildröhre auch als Kathodenstrahler bezeichnet, da sie die Elektronen emittiert.
- Die Elektrode „**Fokuswicklung**" bündelt die Elektronen zu einem schmalen Strahl, welcher dann auf den Bildschirm „abgefeuert" wird.
- Die Elektrode „**Anode**" zieht die Elektronen durch ihre hohe Spannung, d. h. durch ihre sehr hohe positive Ladung, zur Kathode. Dabei erreichen die Elektronen Geschwindigkeiten von tausenden von Kilometern pro Stunde.
- Die Stärke des Elektronenstroms wird durch eine Elektrode kontrolliert, die man als „**Kontrollgitter**" bezeichnet, auch kurz „das Gitter" genannt.

Die Kathode ist ein Metallzylinder, der am Ende in Richtung Bildschirm geschlossen und auf der Außenseite mit Oxyd belegt ist. Dieses emittiert aufgrund seiner Atomstruktur bei relativ geringem Wärmeniveau Elektronen von der Oberfläche.
Die Emission der Elektronen durch den Metallzylinder wird dadurch unterstützt, dass die Kathode aufgeheizt wird, indem elektrischer Strom durch Drahtglühfäden – der **Heizspule** – geschickt wird, welche innerhalb des Kathodenzylinders platziert sind.

Die von der Kathode emittierten Elektronen erzeugen in Kathodennähe eine Wolke, die als **Raumladung** bezeichnet wird. Wenn sich diese Wolke aufbaut, wird die Kathode bezogen auf diese Raumladungswolke durch den Verlust der negativen Ladung positiv, weshalb einige Elektronen zum Zurückfließen tendieren. Jedoch wird bei einer bestimmten Temperatur ein dynamischer Gleichgewichtszustand erreicht, in welchem so viele Elektronen die Wolke verlassen, wie ihr zufließen, und daher eine Raumladung von konstanter Population das Kathodenende umgibt.
Die Elektronen werden durch die hohe Spannung zwischen Kathode und Anode von der Wolke weggezogen und in Richtung Bildschirm beschleunigt: Es entsteht der Elektronenstrahl.

Aufgabe einer Bildröhre ist es ja, elektrische Signale (die reflektierten Radarimpulse) auf einem Bildschirm dem menschlichen Auge sichtbar zu machen. Somit werden die Reflexionsechos von Radarzielen – nachdem sie vom Empfänger verstärkt wurden – der Kathode als ein Puls negativer Polarisation zugeleitet. Das führt zu einem Anstieg der Intensität des Elektronenstrahls, und es kommt damit zu einem hellen Aufleuchten des Leuchtpunkts auf dem Schirm.

Das **Kontrollgitter** vor der Kathode hat eine zylindrische Form, dessen eines Ende, mit Ausnahme einer kleinen Öffnung, geschlossen ist. Diese kleine Öffnung engt den Elektronenstrahl, der sich entlang bzw. nahe der Röhrenachse bewegt, so ein, dass beim Passieren dieser Öffnung ein konvergierender (konvergent: in einem Punkt zusammenlaufend) Elektronenstrahl entsteht. Das Kontrollgitter oder ein nachgeschaltetes zweites Gitter kann mit einer durch den Radarbediener veränderbaren negativen elektrischen Spannung belegt werden. Seine Voltzahl liegt um einige Zehnergrade niedriger als bei der Kathode.

Nach dem Prinzip „gleiche Ladungen stoßen sich ab" kann die Intensität der durchfließenden negativen Elektronen über die Veränderung der angelegten negativen Spannung gesteuert werden (**Bildhelligkeit/brilliance control**), d. h., dadurch kann die Helligkeit der Anzeige auf dem Bildschirm bestimmt werden.

Wie bereits erwähnt, wird der Elektronenstrom dadurch erzeugt, dass ein Spannungszustand zwischen Kathode (negativ) und Anode (positiv) aufgebaut wird. Um eine bessere Fokussierung zu erzielen, werden in Bildröhren oft mehrere Anoden (Fokuswicklungen) hintereinander geschaltet.

Wenn wir einmal von zwei Anoden ausgehen, so werden diese über die Stromversorgung mit mehreren hundert Volt im Unterschied zur Kathode positiv geladen. Durch die Wechselwirkung zwischen den unterschiedlich geladenen Partikeln (Ladungen ziehen sich gegenseitig an, oder sie stoßen sich gegenseitig ab) erfahren die Elektronen, welche sich frei im Raum um die Kathode bewegen, eine starke Anziehungskraft und beschleunigen sich in Richtung der positiv geladenen Oberfläche der Anode.

Sie erreichen die Anoden mit extrem hoher Geschwindigkeit, und diejenigen, die sich in der Nähe der Röhrenachse befinden, schießen in Form einer schmalen Keule durch die enge Öffnung der Anode(n), die die „elektrische Linse" bildet (s. Abbildung unten).

Die Elektronen geraten nun in den Einflussbereich der Endanode, welche als leitende Innenbeschichtung den konisch konstruierten Röhrenteil auskleidet. Diese

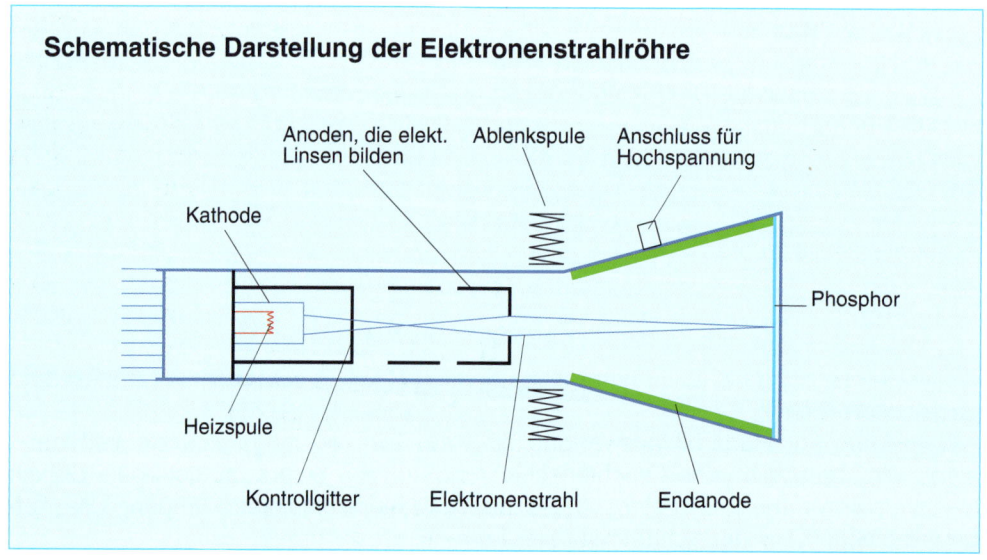

Anode enthält eine positive Ladung von mehreren zehntausend Volt bezogen auf die Kathode, was die Beschleunigung der Elektronen in Richtung Bildschirm mit extrem hoher Geschwindigkeit bewirkt.

Durch das Aufprallen eines kontinuierlich fließenden Stroms von negativ geladenen Partikeln – den Elektronen – auf den Bildschirm müsste dieser sich eigentlich negativ aufladen. Dass dieses nicht geschieht, erreicht man dadurch, dass der Überschuss an freien Elektronen durch die Endanode abgesogen und über die Stromversorgung an die Kathode zurückgeführt wird. Somit bildet die **CRT** (*cathode ray tube/Elektronenstrahlröhre*) einen permanenten elektrischen Kreislauf: Außerhalb der Röhre wird der Strom über Kabel vom Bildschirm zur Kathode abgeleitet, während im Vakuum der Röhre der Elektronenstrom von der Kathode zur Endanode „fließt".

Die Radarbildröhre muss einen Elektronenstrahl erzeugen, der auf dem Bildschirm einen sehr eng abgegrenzten Spot erzeugt, wie ein scharf gespitzter Zeichenstift, damit sich die Radarziele realitätsgetreu abbilden. Das setzt voraus, dass der Elektronenstrahl auf dem Bildschirm in einem Punkt konvergiert (zusammenläuft). Der Hauptstrom der Elektronen fließt zwar in der Mittelachse der Röhre zur Endanode. Aber es gibt doch eine gewisse Streuung. Diese Ausreißer „diszipliniert" man dadurch, dass man der zweiten Anode eine ein kleines bisschen positivere Ladung gibt als der ersten Anode, wodurch die sich außerhalb der Mittelachse bewegenden Elektronen in den Elektronenhauptstrom gedrängt werden. Die Größenordnung dieser Kraft ist um so stärker, je größer der Abstand des „Ausreißers" von der Mittelachse ist.

Zusätzlich zur wichtigeren Funktion, nämlich den Elektronenstrahl in Richtung Bildschirm zu beschleunigen, haben die erste und zweite Anode somit eine fokussierende Rolle analog einer optischen Linse.

Die korrekte Fokussierung sollte vom Service regelmäßig kontrolliert werden.

Der Bildschirm (konventionell)
Die Funktion des Bildschirms ist es, auf den Elektronenstrahl derart zu reagieren, dass ein kleiner engabgegrenzter Lichtfleck (*spot of light*) dort entsteht, wo er vom Elektronenstrahl getroffen wird. Im Gegensatz zu Fernsehschirmen, die ein fast weißes Licht mit geringer Nachleuchtdauer abstrahlen, sind Radarbildschirme farbig (z. B. grün oder orange) und haben eine längere Nachleuchtzeit aufzuweisen. Dieses wird dadurch ermöglicht, dass die Innenseite des Bildschirmglases mit einer Leuchtbeschichtung belegt ist, welche die Eigenschaft besitzt, Licht sofort für einen kleinen Zeitraum zu emittieren, d. h. aufleuchten zu lassen, wenn es mit Elektronen bombardiert wird. Dieses Aufleuchten, die *Fluoreszenz*, dauert nur Mikrosekunden und reicht für eine Bildauswertung nicht aus.

Die Helligkeit des aufleuchtenden Elektronenpunkts ist abhängig von der Stärke des aufprallenden Elektronenstrahls unabhängig von seiner Beschichtung. Kräftigere Radarziele erzeugen somit in Abhängigkeit von der Sättigungsgrenze des Empfängers und der Beschichtung (welche eine maximale Lichtemissions-Kapazität hat) auch hellere Echos.

Damit nun zur Radarbildauswertung eine ausreichend lange Zeit zur Verfügung steht, wird zusätzlich eine Leuchtbeschichtung auf den Schirm aufgetragen, die ein Nachleuchten ermöglicht („*Phosphoreszenz*"). Dieser kombinierte Vorgang des Auf- und Nachleuchtens bezeichnet man als „*Lumineszenz*".

Die Herstellung der richtigen Leuchtbeschichtung stellte an die Naturwissenschaftler hohe Anforderungen, wobei Kompromisse eingegangen werden mussten.

Das längere Nachleuchten ermöglicht es, kräftige Radarziele mindestens ein bis zwei Antennenumdrehungen auf dem Schirm zu beobachten. Dadurch erhöht sich für den Radarbeobachter die Wahrscheinlichkeit, auch schwache Echos zu entdecken. Außerdem erzeugen sich bewegende Radarziele in diesem Fall gut erkennbare Nachleuchtschleppen, die den Beobachter in der frühzeitigen Beurteilung von Kollisionssituationen mit anderen Schiffen unterstützen können.

Ein zu lang anhaltendes Nachleuchten dagegen „konserviert" das „alte" Bild zu lange, z. B., wenn der Messbereich geändert oder wenn die Darstellungsart gewechselt wird.

Die Leuchtmasse hat übrigens nur eine begrenzte Lebensdauer, da die ununterbrochene Materialanregung durch die Elektronen die Empfindlichkeit des Belags fortschreitend zerstört. Dieses wird als *Kathodenröhrenbrand* (*CRT burn*) bezeichnet.

Die IMO Performance Standards empfehlen bestimmte Minimaldurchmesser für Radarbildschirme bzw. die Radarbildröhren:

Schiffsgröße	Bildschirm-durchmesser	Durchmesser Kathodenstrahlröhre
> 500 BRZ – 1 600 BRZ	180 mm	9 Zoll (229 mm)
> 1 600 BRZ – 10 000 BRZ	250 mm	12 Zoll (305 mm)
> 10 000 BRZ :	340 mm	16 Zoll (406 mm)

Das Ablenksystem

Das Ablenksystem hat die Aufgabe
- zum richtigen Zeitpunkt die rotierende Leuchtspur (sweep) zu erzeugen, die für den Aufbau eines Radarbildes notwendig ist,
- den Leuchtpunkt (spot) zum richtigen Zeitpunkt in der richtigen Richtung über den Schirm zu bewegen.

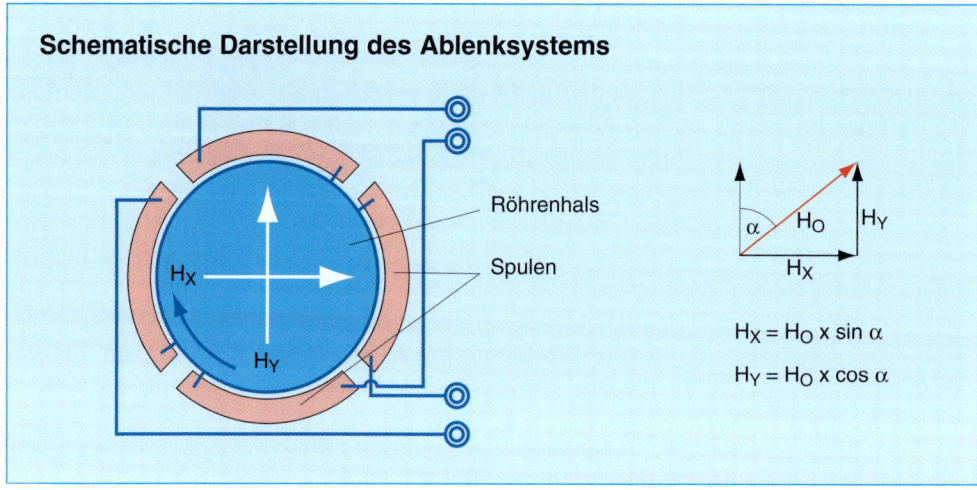

Schematische Darstellung des Ablenksystems

Röhrenhals
Spulen

$H_X = H_O \times \sin \alpha$
$H_Y = H_O \times \cos \alpha$

Die Ablenkung wird in Radargeräten, die für die Handelsschifffahrt zum Einsatz kommen, durch elektromagnetische Effekte bewirkt. Dazu ordnet man um den Röhrenhals zwei Spulenpaare fest an. Sind sie energiefrei, also nicht aktiv, so ruht der Spot im Schirmmittelpunkt (wenn dieser nicht am Gerät durch die Center-Shift-Einstellung verschoben wurde). Nun wird eine Stromspannung an die Ablenkspulen gelegt, der den Spulenkern magnetisiert und polarisiert.

Die gewünschte Richtung des Magnetfeldes erreicht man durch eine vektorielle Überlagerung der beiden im rechten Winkel zueinander stehenden, von den Spulen erzeugten Felder HX und HY (s. Abbildung).

Wie groß ist nun aber der Auslenkeffekt des Spots auf dem Bildschirm durch das erzeugte Magnetfeld?

Diese Größe ist von der Stärke des magnetischen Ablenkungsfeldes abhängig. Es gibt einen bestimmten maximalen Wert, welcher den Leuchtpunkt vollständig bis zum Bildschirmrand ablenkt. Bei der Darstellung des Radarbildes entsteht eine einzelne Ablenkspur dadurch, dass der Leuchtpunkt vom Bildschirmmittelpunkt zum Rand des Bildschirms in einem bestimmten Zeitraum mit konstanter Geschwindigkeit abgelenkt wird, einem Zeitraum, der dem jeweils geschalteten Messbereich entspricht (z. B. Laufzeit von der Impulsaussendung bis zur Grenze des geschalteten 12-sm-Messbereichs 148,2 µs [hin und zurück = 24 sm x 6,173 µs]). Die Auslenkzeit des Spots ist also vom jeweils geschalteten Messbereich abhängig.

Auslenkzeiten eingestellter Messbereiche	eingestellter Messbereich	Auslenkdauer
	0,5 sm	6,2 µs
	1,5 sm	18,5 µs
	3,0 sm	37,0 µs
	6,0 sm	74,1 µs
	12,0 sm	148,2 µs
	24,0 sm	296,3 µs
	48,0 sm	592,6 µs
	96,0 sm	1185,3 µs

Diese Auslenkung erreicht man dadurch, dass die an den Spulen angelegte Spannung von null auf den jeweiligen Maximalwert kontinuierlich während der Zeitdauer der Zeitauslenkung (z. B. 148,2 µs) ansteigt. Nach dem Erreichen der Maximalauslenkung fällt die Spannung schlagartig auf null ab, wodurch der Leuchtpunkt zurück in den Bildschirmmittelpunkt fliegt. Während dieses „Zurückfliegens" wird die Leuchtpunkthelligkeit automatisch auf null reduziert (Zurücknahme des *bright-up*-Impulses). Die Zeitbeziehung zwischen der Ablenkungsstärke, dem Auslösungsimpuls (*trigger*) und dem bright-up-Impuls wird für einen geschalteten 12-sm-Messbereich nachfolgend dargestellt. Als Prämisse wird eine Impulsfolgefrequenz von $f = 1250$ Hz zugrunde gelegt, d. h., es werden pro Sekunde 1250 Radarimpulse durch die Antenne abgestrahlt. Somit haben die einzelnen Impulse einen Impulsabstand von 800 µs (1.000.000 µs : 1250 Impulse).

Die oben dargestellte Auslenkperiode wird aufgrund ihrer grafischen Darstellungsform auch als Sägezahnstrom/-spannung bezeichnet. Die Schaltung, mit welcher dazu die Wellenform der korrekten Zeitdauer und ihrer Steigung in Abhängigkeit des vom Radarbeobachters gewählten Messbereichs erzeugt wird, nennt man Zeitablenkungsgenerator (*time base generator*).

Damit das gesamte Radarbild über 360° aufgebaut wird, muss die Ablenkspur synchron zur Radarantenne auf dem Bildschirm rotieren. D. h., wenn z. B. die Radarantenne einen Impuls in einem Winkel von 20° zur Kielrichtung des Schiffes (= SP 20°) abstrahlt, muss die Ablenkspur ebenfalls in einem Winkel von 20° zur Vorausanzeige (*heading marker*) verlaufen, damit das reflektierte Radarziel korrekt abgebildet wird. (Unter der Vorausanzeige versteht man einen parallel zur Kielrichtung recht voraus laufenden radialen Strich auf dem Bilschirm.) Die entsprechende Justierung des Ablenkungsspulensystem wird in modernen Anlagen automatisch durchgeführt.

Es kann des Öfteren von Interesse sein, den Ausgangspunkt der Ablenkspur aus dem Bildschirm-Mittelpunkt z. B. nach unten zu verschieben, um einen größeren Vorausbereich beobachten zu können. Moderne Radargeräte erlauben eine Verschiftung des Punktes bis zu 75 % des Schirmradius. Dazu sind am Röhrenende zwei feste Spulen im rechten Winkel so zueinander angeordnet, dass die eine Spule eine horizontale und die andere eine vertikale Einstellungsverschiebung des Bildmittelpunkts ermöglicht. Diese Verschiebung kann der Radarbeobachter entweder über zwei einander zugeordnete Bedienungsknöpfe (*display control*), die als „shift-control" oder als „centring-control" wirken, oder über den Joystick bzw. Rollerball durchführen.

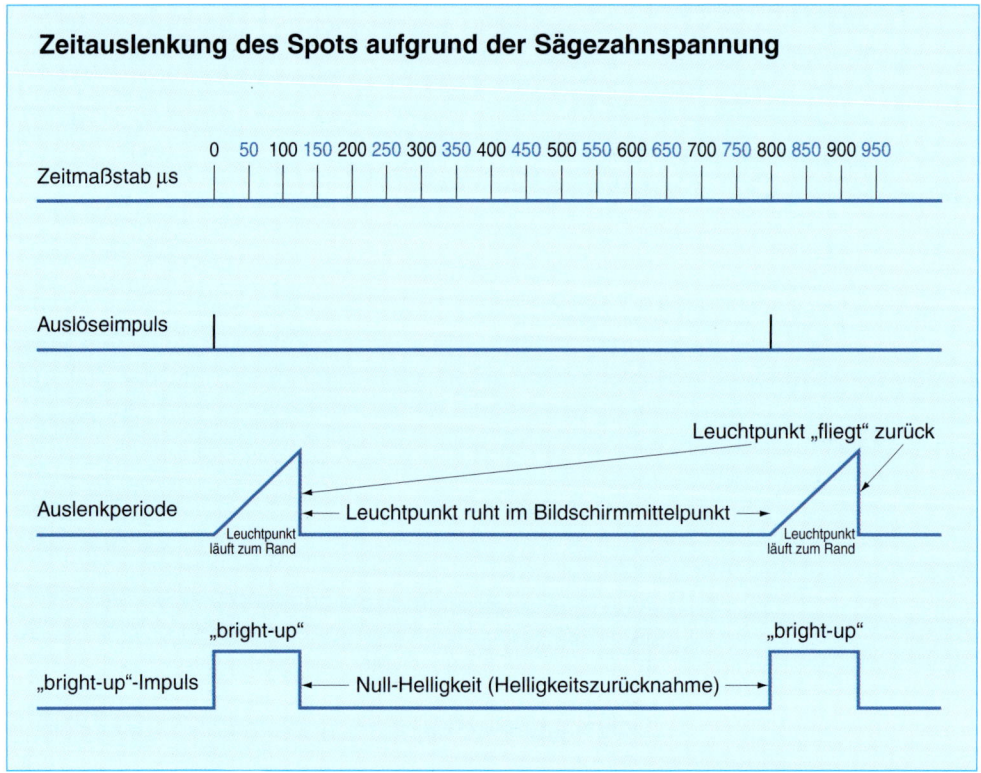

Gefährdungen durch Röntgen-/radioaktive Strahlung

Das Magnetron ist eine Röhre mit einem sehr hohen Spannungspotenzial. Solche Kathodenstrahler emittieren in dem Moment Röntgenstrahlung, wo die von der Kathode erzeugten Elektronen auf die Anode prallen. Da das Magnetron durch das Radargehäuse abgeschirmt wird, ist diese Strahlung für den Radarbeobachter bei geschlossenem Gehäuse nicht relevant. Vorsicht aber beim Öffnen: Gerät vorher außer Betrieb setzen!

Die Radarbildröhre dagegen erzeugt nur eine äußerst geringe Röntgenstrahlung, die am Bildschirm für den Nutzer vernachlässigbar klein ist.

Im Gegensatz zu bestimmten Röhren im Land-Labor-Bereich enthalten Schiffs-Radaranlagen keine radioaktiven Substanzen.

3.2.7 Interswitched Systems (Schaltung mehrerer Radaranlagen)

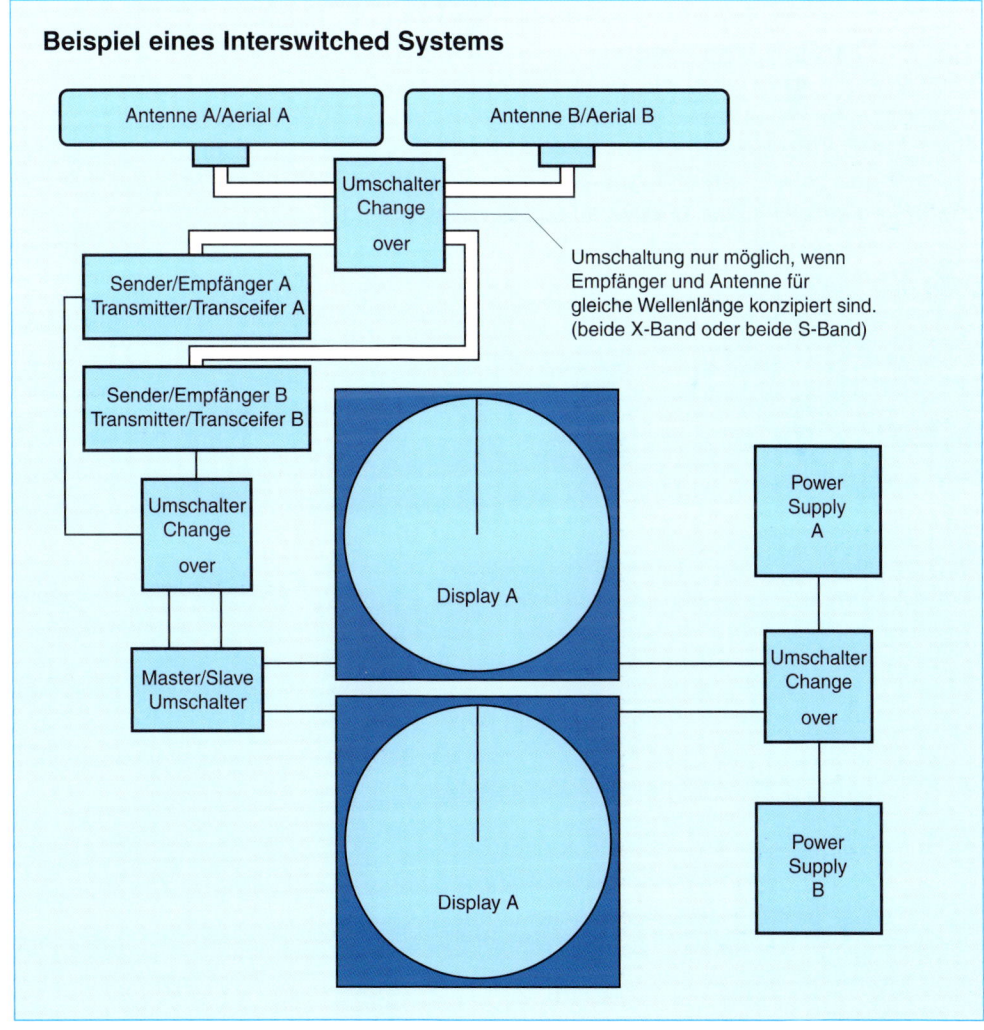

Es ist in der Gegenwart nichts Ungewöhnliches, dass Seefahrzeuge der Berufsschifffahrt mit mindestens zwei Radaranlagen ausgerüstet sind. Oft auch deshalb, um die unterschiedlichen Vorteile einer X-Band- und S-Band-Anlage auszunutzen. Die IMO-Performance-Standards schreiben für Schiffe über 10.000 BRZ sowieso die Ausstattung mit zwei Radargeräten vor.

Um eine hohe Verfügbarkeit und Flexibilität zu erreichen, werden die Anlagen miteinander verschaltet, d. h. z. B., dass jeder Radarbildschirm auf jede Antenne geschaltet werden kann, oder dass beide Schirme wie Monitore mit dem gleichen Bild belegt werden. Sollte einmal ein Anlagenteil wegen eines Defektes ausfallen, kann dieses „überbrückt" werden, u. a. auch das Teil durch den Service in Stand gesetzt werden.

Umschaltungen können im Allgemeinen nicht beim Betrieb der Anlagenteile durchgeführt werden, sondern dazu müssen die Radaranlagen abgeschaltet sein oder sich zumindest in der „Stand-by"-Stellung befinden.

3.3 Die Radarantenne

Antennen haben bei Funkübertragungssystemen (z. B. Radar) die Aufgabe, Leistungen leitungsgebundener Schaltungen (Sender) in den freien Raum überzuleiten (zu senden) und umgekehrt Leistungen aus dem Raum aufzunehmen (empfangen) und in die Schaltungen (Empfänger) einzuleiten. Dazu benutzt man – je nach Funktion – ganz unterschiedliche Antennen. Bei der maritimen Radartechnik ist es notwendig, relativ stark gebündelte Energie in Rundstrahlcharakteristik horizontal in den Raum zu strahlen und wieder aufzunehmen.

3.3.1 Antennentypen

Anders als z. B. in der Marine (wo bestimmte Himmels- oder Seeabschnitte intensiv abgesucht werden müssen) ist es in der Seeschifffahrt wichtig, ein 360°-Panoramabild vom gesamten Seeraum, der das Fahrzeug umgibt, zu erhalten.

Aufgabe einer Radarantenne ist es, sowohl die abgestrahlten Radarimpulse zu senden, als auch die äußerst schwachen Reflexionsimpulse wieder aufzunehmen und dem Empfänger zuzuleiten. Außerdem muss der gesendete Energieimpuls horizontal scharf gebündelt abgestrahlt werden, damit auf dem Schirm ein gut aufgelöstes Bild entsteht. Die vertikale Bündelung soll dagegen einen größeren Winkel umfassen, damit auch bei Roll- und Stampfbewegungen des Schiffes die relevanten Radarziele noch von den Impulsen erfasst werden können.

Um diese Erfordernisse erfüllen zu können, wurden im Laufe der Zeit verschiedene Antennenformen entwickelt und ständig verbessert.

Die Parabolantenne

In der Anfangsphase waren es weitgehend Antennen parabolischen Zuschnitts mit einem so genannten Hornstrahler (mit Kunststoff verschlossene Enderweiterung des Hohlleiters) im Brennpunkt des „Parabolspiegels", der die Impulse gegen einen Parabolreflektor „warf", von dem diese dann gebündelt in den Raum abstrahlten. Die Parabolantennen wurden zum Beispiel bei S-Band-Antennen als Gitterantennen konstruiert. Decca entwickelte die „half cheese"-Antenne mit untereinander befindlicher getrennter Sende- und Empfangseinheit. Bis in die jüngste Zeit wurden kompakte Parabolantennen benutzt.

Aufgrund ihrer Vorteile setzte sich dann aber immer mehr die Schlitzantenne durch, die zz. in der Schifffahrt fast nur noch Verwendung findet.

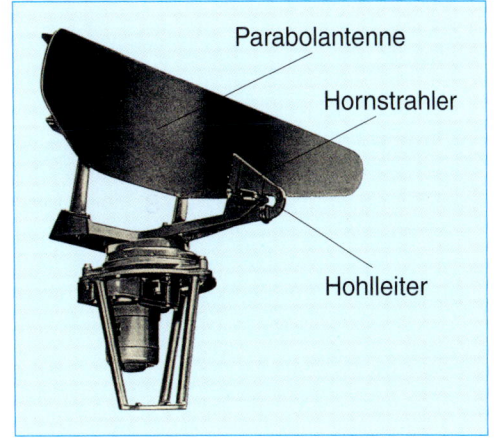

Die Schlitzantenne

Bei ihr kommt ein grundsätzlich anderes Verfahren zur Anwendung: Der senkrecht über eine Kupplung in die Antenneneinheit geführte Hohlleiter wird am Ende verschlossen in die Horizontale überführt. In diesen horizontalen Hohlleiterteil schneidet man in seine Seitenfläche an genau vorausberechneten Stellen (Abstand ca. eine Wellenlänge) vertikale Querschlitze bestimmter Neigung.

Die Schlitze sind so geschnitten, dass die abgestrahlten Wellenimpulse vor der Antenne eine durch Interferenz (Überlagerung) scharf gebündelte Strahlungskeule ergeben. Die vertikale Bündelung wird mithilfe eines Horns erreicht, in das der Schlitzstrahler eingebettet ist. Damit keine Feuchtigkeit in die Schlitze eindringen kann – was u. a. zu unangenehmen Streuungen führen könnte –, wird die Schlitzantenne mit einer Kunststoffabdeckung versehen, welche aber die hochfrequenten Energieimpulse passieren lässt.

Die Vorteile einer Schlitzantenne liegen heutzutage vorwiegend in der guten Bündelungsfähigkeit bei minimaler Nebenstrahlung (so genannte Seitenzipfel/sidelobes).

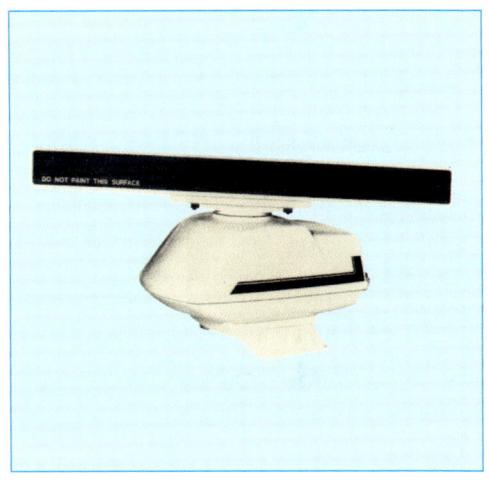

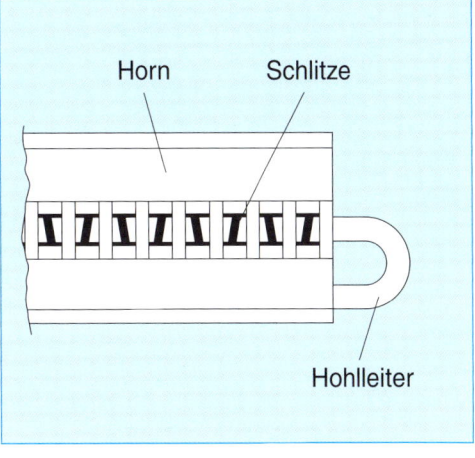

Die Radom-Antenne

Segelyachten rüsten sich im Allgemeinen wegen ihres stehenden und laufenden Guts mit so genannten Radom-Antennen (Abk. für engl. **ra**dar **dom**e, dt. Radar-Kuppel) aus. Es handelt sich dabei um Kunststoffgehäuse, welche die drehende Antenne schützen, die elektromagnetischen Radarimpulse aber weitgehend ungedämpft passieren lassen. Die Außenabmessungen bewegen sich je nach Hersteller zwischen ca. 30 und 50 cm. Als Antennen werden u. a. noch Parabolstrahler verwendet, deren horizontale Bündelung und damit azimutale Auflösung (s. Kapitel 4.3.4) aber aufgrund ihrer geringen Spannweite gegenüber den Antennen in der Handelsschifffahrt weniger gut ausfallen. Einige Skipper von Hochseeyachten hängen ihre Antennen an einem gesonderten Mast (halb-)kardanisch auf, um im Seegang ein „stabileres" Bild zu erhalten. Ob dieses Ziel dadurch wirklich erreicht wird, ist zweifelhaft.

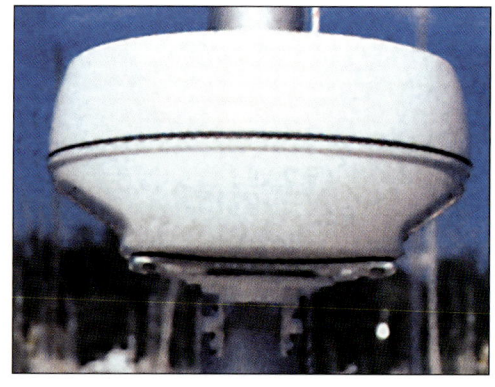

3.3.2 Kenndaten von Antennen

Die Leistungsfähigkeit einer Antenne wird u. a. durch ihr Zusammenwirken mit dem Raum beschrieben, in den sie ja den Energieimpuls abstrahlen soll. Energie wird mithilfe von elektromagnetischen Feldern transportiert. Beide Felder (in der Zeichnung als Vektoren dargestellt) stehen senkrecht zueinander und damit ebenfalls senkrecht zur Ausbreitungsrichtung.

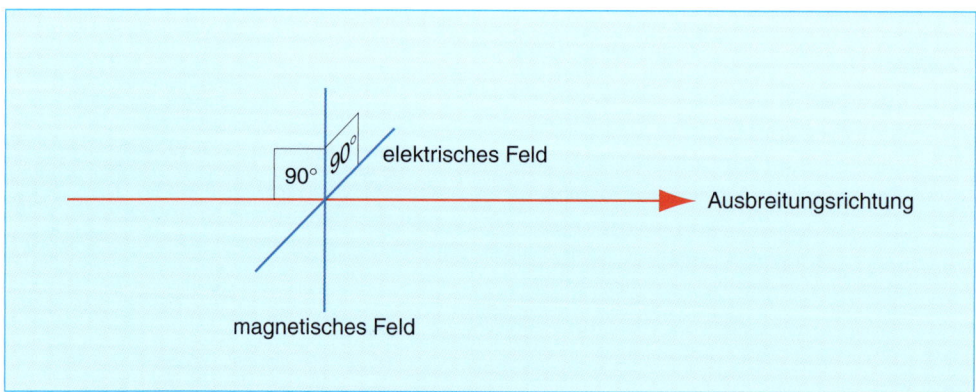

Ob diese Felder sich statisch verhalten oder rotieren und in welchen Ebenen die Felder schwingen, wird durch die Polarisationsart des abgestrahlten Feldes bestimmt.

Deshalb kann die Leistungsfähigkeit einer Radarantenne nur mithilfe der folgenden Parameter angegeben werden:

- Strahlungsdiagramm
- Gewinn
- Polarisation

Strahlungsdiagramm
Die abgestrahlte Energie breitet sich radial aus, wobei die Leistungsdichte umgekehrt proportional mit dem Quadrat der Entfernung von der Antenne abnimmt (s. Kapitel 3.1.7).

Die Richteigenschaft einer Antenne wird im Allgemeinen in Polarkoordinaten (Peilung und Abstand) angegeben.

Wie aus nebenstehender Zeichnung erkennbar, trägt man in das Strahlungsdiagramm die in einer bestimmten Entfernung herrschende Leistungsdichte ab. Den Maximalwert der Leistungsdichte setzt man mit eins (1) fest und drückt ihn logarithmisch in Dezibel aus (d. h., der Wert „eins" [1] entspricht „null" [0] Dezibel).

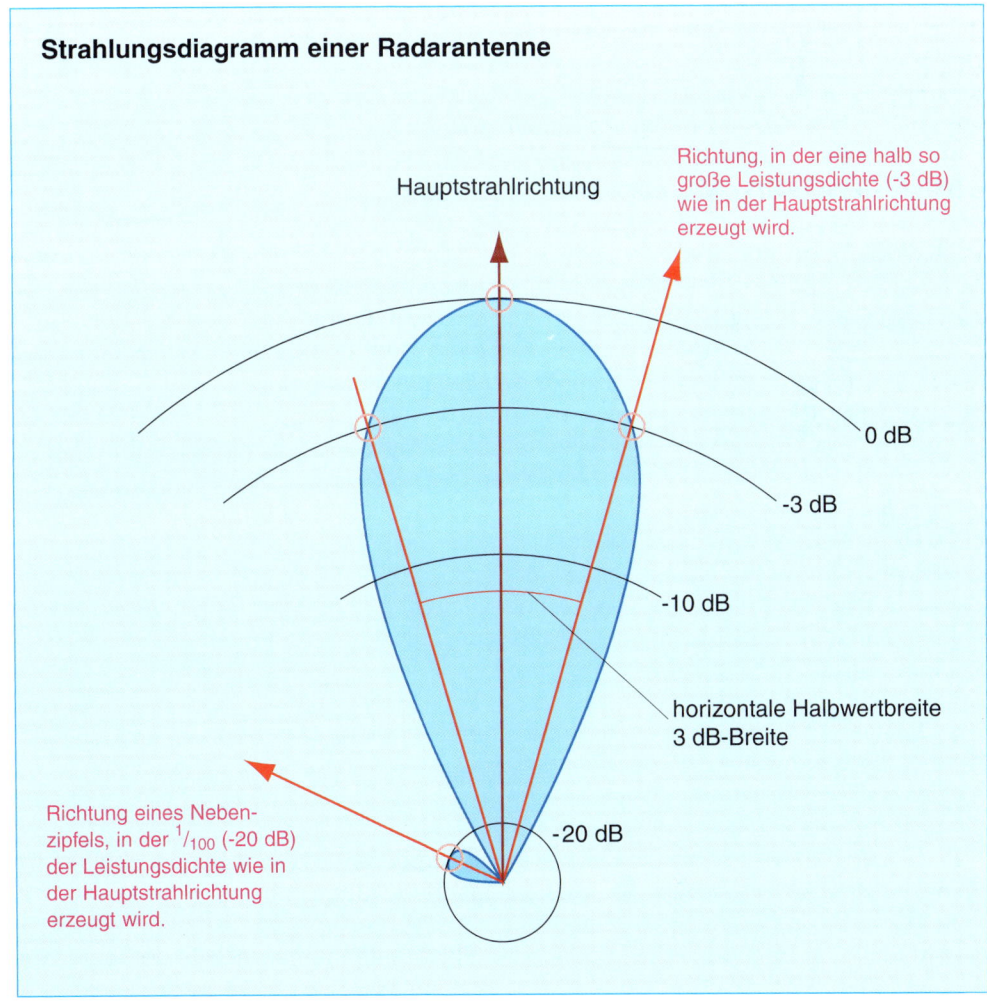

Dezibel: *Das Verhältnis von elektrischen (wie auch akustischen) Größen zueinander gibt man gerne logarithmisch an, weil dieses dem exponentiellen Verlauf von Leistungen, Strömen und Spannungen entspricht. Hintereinander liegende logarithmische Angaben können einfach addiert werden im Gegensatz zu linear angegebenen Größen, die man multiplizieren müsste.*
Wenn die Briggsschen Logarithmen benutzt werden, so wird das logarithmierte Verhältnis mit Bel (B) bezeichnet, oder – gebräuchlicher – der 10. Teil davon mit dem Dezibel (dB).

Gewinn

Unter dem Antennengewinn versteht man das Verhältnis der in einer bestimmten Entfernung gemessenen Leistungsdichte (Energiedichte) in der Hauptstrahlrichtung des Strahlungsdiagramms zu der Leistungsdichte, die man erhalten würde, wenn eine Vergleichsantenne gleichmäßig die verfügbare Energie in alle Richtungen abstrahlen würde.

Radarantennen, die ihre Energieimpulse möglichst konzentriert und scharf gebündelt in eine bestimmte Richtung abstrahlen sollen, müssen einen hohen Antennengewinn haben. Auch dieser Wert wird in der Praxis gewöhnlich im logarithmischen Maß, d. h. in Dezibel (dB) angegeben.

Grundsätzlich hängt der Antennengewinn von der Spannweite der Antenne – ausgedrückt in Wellenlängen – ab. Wenn die Abmessung der Antenne wesentlich größer als eine Wellenlänge ist, so hat das Strahlungsdiagramm eine Keulenstruktur.

Je größer eine Antenne ist, desto größer ist im Allgemeinen auch der Antennengewinn. So hat dieser z. B. bei einer X-Band-8-Fuß-Antenne (2,4 m) einen Wert von 32 dB im Gegensatz zur 4-Fuß-Antenne (1,2 m) mit 28 dB.

Neben der so genannten Hauptkeule des Strahlungsdiagramms einer Radarantenne, hat diese im Allgemeinen noch sekundäre Keulen geringerer Strahlungsenergie, die Neben- oder Seitenzipfel (side-lobes). Sie sollten bei guten Antennen möglichst gering ausfallen, da sie zu Fehlechos führen.

Die Leistungsdichte dieser Nebenzipfel wird ebenfalls in Dezibel (dB) angegeben, bezogen auf die maximale Leistungsdichte der Hauptkeule. Im abgebildeten Strahlungsdiagramm hat der Nebenzipfel einen Wert von -20 dB. Je größer diese negativen Dezibelwerte, desto besser ist die Nebenzipfeldämpfung. Schlitzantennen haben im Allgemeinen eine höhere Nebenzipfeldämpfung als Parabolantennen.

Polarisation

Die Orientierung des elektrischen Vektors des Radarimpulses wird als Polarisationsrichtung bezeichnet. Ist z. B. der elektrische Feldvektor parallel zur Wasseroberfläche ausgerichtet, so spricht man von einer „horizontal polarisierten" Welle. Daneben gibt es noch die vertikale und zirkulare Polarisation.

Bedeutung hat die Polarisation in der Funktechnik deshalb, weil bei horizontal oder vertikal polarisierten Wellen die Reflexionseigenschaften von Wasserflächen und natürlich auch des Erdbodens unterschiedlich sind. In der Radartechnik – allerdings weniger bei Radargeräten der Handelsschifffahrt – wird manchmal die zirkulare Polarisation benutzt, um Regen- und Seegangsechos besser ausschließen zu können.

Beispiel von Antennenkenndaten

	Antennen			
	X-Band			S-Band
Spannweite	4 ft (1,2 m)	6 ft (1,8 m)	8 ft (2,4 m)	12 ft (3,5 m)
Horizontale Bündelung	2°	1,2°	0,9°	2°
Vertikale Bündelung	20°	20°	20°	30°
Nebenzipfeldämpfung bezogen auf Hauptkeule innerhalb ± 10° außerhalb ± 10°	-24 dB -30 dB	-24 dB -30 dB	-24 dB -30 dB	-24 dB -30 dB
Antennengewinn	28 dB	30 dB	32 dB	26 dB
Polarisation	horizontal	horizontal	horizontal	horizontal
Umdrehungen bis 100 kn relat. Windgeschwindigk.	28 min^{-1}	28 min^{-1}	28 min^{-1}	28 min^{-1}

Yachtradarantennen (Radom-Antennen) weisen je nach Hersteller eine horizontale Bündelung von 5° bis 7° auf, die vertikale Bündelung beträgt im Allgemeinen zwischen 25° und 30°. Die Umdrehungen dieser Antennen liegen zwischen 24 U/min und 32 U/min.

3.3.3 Gefährdung durch Hochfrequenzstrahlung

Die Radarantenne strahlt hochfrequente Energien mit ca. 9,4 GHz (X-Band) bzw. ca. 3 GHz (S-Band) in den Raum ab. Diese „verdünnen" sich aber mit dem Quadrat der Entfernung von der Antenne.

Grundsätzlich dringen hochfrequente elektromagnetische Wellen in den menschlichen Körper ein. Die Eindringtiefe ist von der Frequenz abhängig (je höher die Frequenz, desto geringer die Eindringtiefe). Im Körper erfahren sie eine weitaus stärkere Dämpfung als in der Luft, wobei die Dämpfungsintensität schichtenabhängig ist. Diese Dämpfung führt bei hohen Strahlungsenergien zu Erwärmungen des Gewebes und damit zu möglichen Gesundheitsschädigungen.

Wissenschaftliche Untersuchungen (EKG, EEG, Atemfrequenz, Temperatur) ergaben geringe Befindlichkeiten zur Aufmerksamkeit, zu bestimmten Sinnesempfindungen und zum Schlaf- und Wachzustand der Probanden.

Insgesamt aber konnten keine gesundheitsbeeinträchtigenden Einflüsse durch elektromagnetische Felder nachgewiesen werden. Trotzdem sollte sich prophylaktisch niemand in unmittelbarer Nähe einer in Betrieb befindlichen Radarantenne aufhalten. Dieses gilt in besonderem Maße für den Skipper und seine Crew auf einer radarausgerüsteten Yacht, da sie sich u. U. längere Zeit aufgrund der oft geringeren Antennenhöhe voll im Strahlungsbereich einer in Betrieb befindlichen Anlage bewegen.

Radarkunde

3.3.4 Antennenhöhe und Radarkimm

Aufstellung der Antenne
Radarantennen müssen nach Möglichkeit mittschiffs so aufgestellt werden, dass sie in alle Richtungen senden können, ohne dass Masten, stehendes oder laufendes Gut, Segel u. a. im Wege sind, da diese zu Abschattungen und Fehlechos führen können (s. Kapitel 4.4). Sollte sich dieses nicht ganz vermeiden lassen, sind die beiden Vorausquadranten freizuhalten, insbesondere der Steuerbord-Quadrant wegen der Ausweichregelungen nach KVR. Aus diesem Grunde und aus Gründen der Erhöhung der Reichweite (entferntere Radarkimm) installieren Skipper ihre Radom-Antenne oft oben am Hauptmast. Sie haben allerdings, wenn der Klappmast beim Unterfahren von Brücken niedergelegt werden muss, Unannehmlichkeiten. Deshalb wird manchmal achtern ein eigener Antennenmast errichtet, der aber oft nur eine geringe Antennenhöhe zulässt (4 m) und u. U. Abschattungen der Segel mit ihrem stehenden und laufenden Guts bewirkt.

Auf langen Schiffen der Handelsschifffahrt mit achterlicher Brücke, bei denen die Radarantenne im Vorschiffsbereich installiert wurde, muss der Radarbeobachter mit Bildschirm auf der Brücke hinten diesen Wegunterschied berücksichtigen.

Da S-Band-Anlagen als Zweit-Geräte aufgrund ihrer größeren Wellenlänge oft für die höheren Messbereiche eingesetzt werden und außerdem ihre Seegangsempfindlich geringer ist, sollte die Antenne oberhalb einer X-Band-Antenne installiert werden.

Die Höhe der Antenne steht in Ambivalenz zu folgenden Forderungen:
– große Reichweite/Radarkimm
– gute Nahauflösung, d. h. Ortungsanzeigen im Nahbereich
– wenig Seegangsreflexe

Die Radarkimm in Abhängigkeit zur Antennenhöhe
Wenn Fahrzeuge unterhalb der Radarkimm liegen, sind sie durch die Radarimpulse nicht mehr erfassbar. Deshalb sollte die Radarkimm möglichst weit entfernt liegen. Wie aus nebenstehender Zeichnung deutlich wird, erreicht man dieses mit einer großen Antennenhöhe.

Radarbeobachter dürfen nicht davon ausgehen, dass sie entsprechend dem jeweils am Gerät geschalteten Messbereich (z. B. 12 sm) auch auf dieser Entfernung alle Radarziele orten können.

Z. B. ist die Radarkimm bei einer Yacht mit einer Antennenhöhe von 4 m nur 4,45 sm entfernt. Auch wenn das georgete Radarziel – z. B. ein abgeladener Supertanker – seinerseits eine Schiffskörperhöhe von 12 m aufweist, könnte er erst frühestens aufgrund der Radarkimmentfernung auf ca. 12 sm Entfernung im Radarbild als Echo angezeigt werden. Wahrscheinlich erst um einige Zeiteinheiten später, da der Schiffskörper/die Aufbauten sich so weit über der Kimm erhoben haben müssen, dass auch eine ausreichende Rückstrahlfläche zur Verfügung steht. Kann die Antenne aus technischen Gründen – wie z. B. auf Sportbooten – nur in einer Höhe von 4 bis max. 7 m angebracht werden, reicht ein Yacht-Radar mit einem maximalen Messbereich von bis zu 16 sm allemale aus.

3 Radargerät

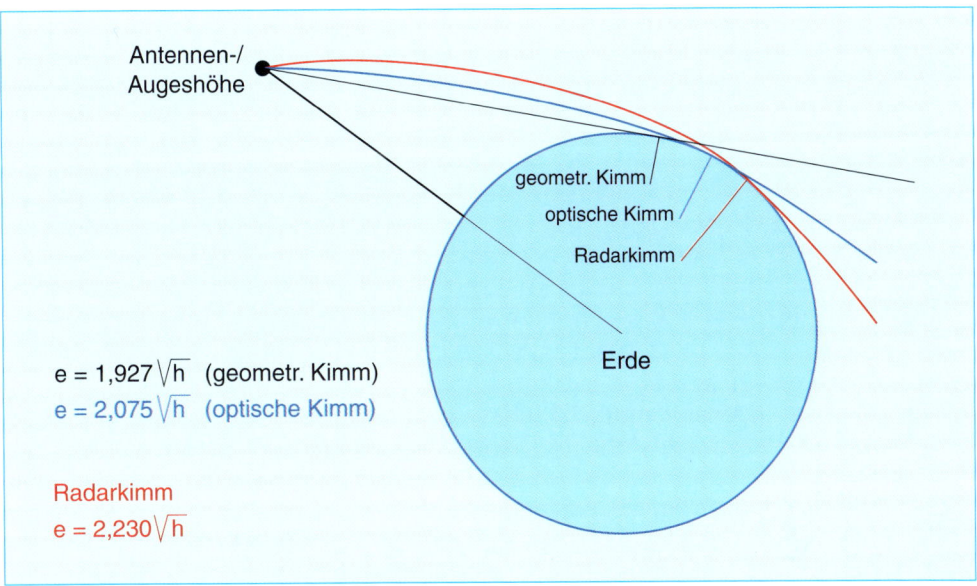

Radarkimm-Entfernungen im Verhältnis zur Antennenhöhe

Antennen-/ Augeshöhe	geometrische Kimm	optische Kimm	Radar-Kimm
4 m	3,85 sm	4,15 sm	4,45 sm
9 m	5,78 sm	6,23 sm	6,69 sm
12 m	6,68 sm	7,19 sm	7,72 sm
16 m	7,71 sm	8,30 sm	8,92 sm
20 m	8,62 sm	9,28 sm	9,97 sm
25 m	9,64 sm	10,38 sm	11,15 sm
30 m	10,55 sm	11,37 sm	12,21 sm
36 m	11,56 sm	12,45 sm	13,38 sm
64 m	15,42 sm	16,60 sm	17,84 sm
100 m	19,27 sm	20,75 sm	22,30 sm

Wenn man in die Tabelle mit der eigenen Radarhöhe sowie der Radarzielhöhe eingeht und die entnommenen Radarkimm-Entfernungen addiert, so hat man in etwa eine Vorstellung davon, wann ein Radarziel überhaupt erst zur Anzeige kommen kann, normale Wetterverhältnisse vorausgesetzt.

Formel zur Berechnung der Entfernung eines zu erfassenden Radarziels:

$$e = 2{,}23\sqrt{h} + 2{,}23\sqrt{H}$$

h - Antennenhöhe
H - Radarzielhöhe

In nachfolgender – stark überzeichneter – Darstellung werden bei niedriger Antennenhöhe (blau) die Radarziele A und B auf dem Bildschirm angezeigt werden, da sie sich im Erfassungsbereich der Radarabstrahlung befinden, die Radarziele C und D dagegen nicht. Sie liegen unter der Radarkimm.

Radarkunde

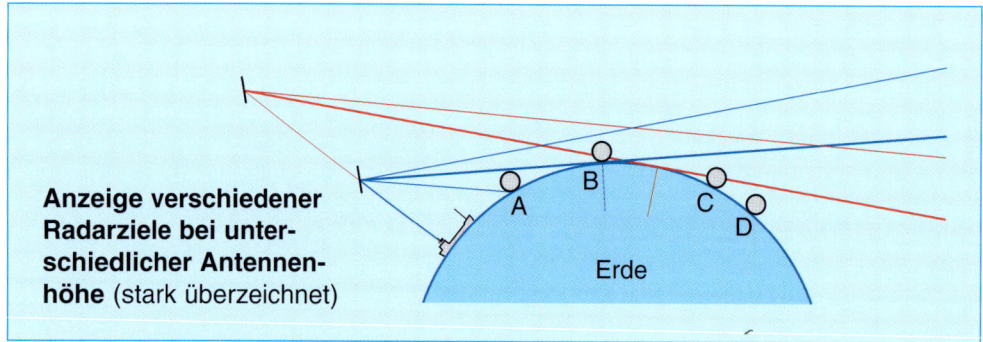

Anzeige verschiedener Radarziele bei unterschiedlicher Antennenhöhe (stark überzeichnet)

Wird die Antennenhöhe vergrößert (rot), wird C ebenfalls erfasst werden, D dagegen immer noch nicht (Ziel A läge jetzt im nicht zu erfassenden Nahbereich).

Küsten können demnach ebenfalls nur auf dem Radarschirm erfasst werden, wenn sie die Radarkimm überragen. Nun kann es aber sein – und das ist nicht selten der Fall –, dass sie sich aus einem Höhenzug und einer vorgelagerten flachen Uferzone zusammensetzt, die weitgehend parallel verlaufen. Wenn nun nur der Höhenzug über der Radarkimm steht, die flache Uferzone dagegen nicht, kann auf dem Radarschirm auch nur der erfasste Küstenbereich abgebildet werden.

Der Radarbeobachter, der die Form der Küstenlinie in der (elektronischen) Seekarte mit der Radarortung vergleicht, könnte aufgrund der Parallelität von Uferzone mit Höhenzug zu einer gefährlichen Fehlinterpretation kommen, d. h. näher am Ufer positioniert sein, als er nach dem Radarbild glaubt. Hier kann nur erhöhte Aufmerksamkeit mit dem Wissen um diese mögliche „Fehlanzeige" und eine ständige verlässliche Ortsbestimmung die Gefahr der Fehleinschätzung verhindern.

In der folgenden Abbildung wird dieser Sachverhalt dargestellt:

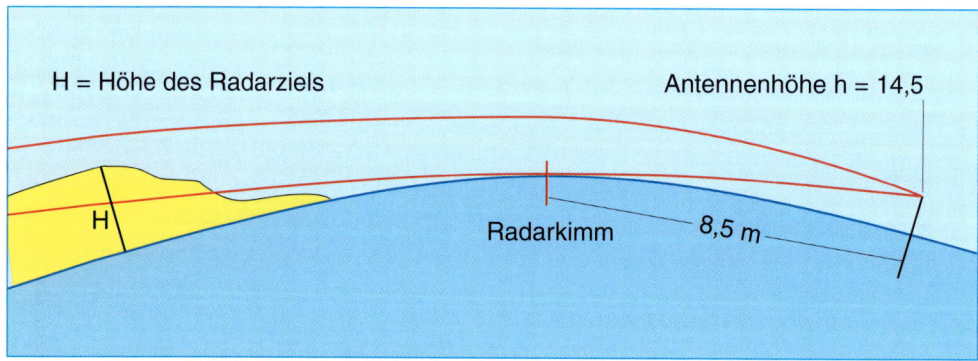

3.3.5 Antennenhöhe und Nahbereich

Große Antennenhöhen haben den Nachteil, dass der „tote" Winkel vor dem Seefahrzeug relativ größer ist als bei geringer Antennenhöhe. Im Allgemeinen möchte man diesen nahen Bereich natürlich gerne erfassen, weshalb eine geringe Antennenhöhe erforderlich ist. Auch würden die Seegangsreflexe weniger stark angezeigt werden.

Hierbei ist aber zu bedenken, dass die Nahauflösung auch noch von der abgestrahlten Impulslänge abhängig ist (s. Kapitel 4.3.2).

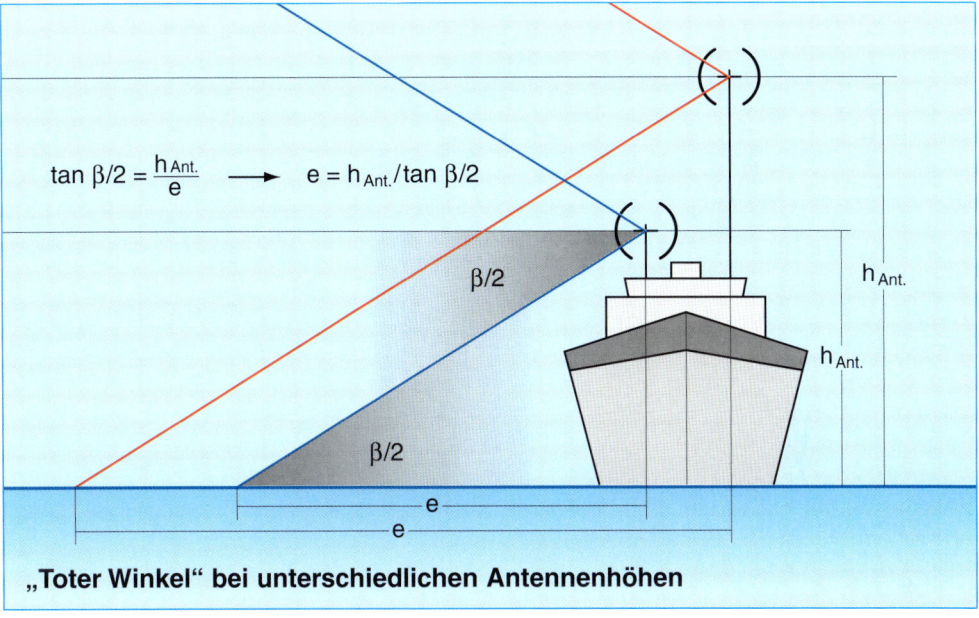

„Toter Winkel" bei unterschiedlichen Antennenhöhen

Nach dem physikalischen Prinzip „Einfallswinkel gleich Ausfallswinkel" werden bei geringen Antennenhöhen Seegangsechos besser wegreflektiert (kleiner Einfallswinkel = kleiner Ausfallswinkel), als wenn die hohe Antenne ihre Ausstrahlung senkrechter auf die Wasseroberfläche abstrahlt.

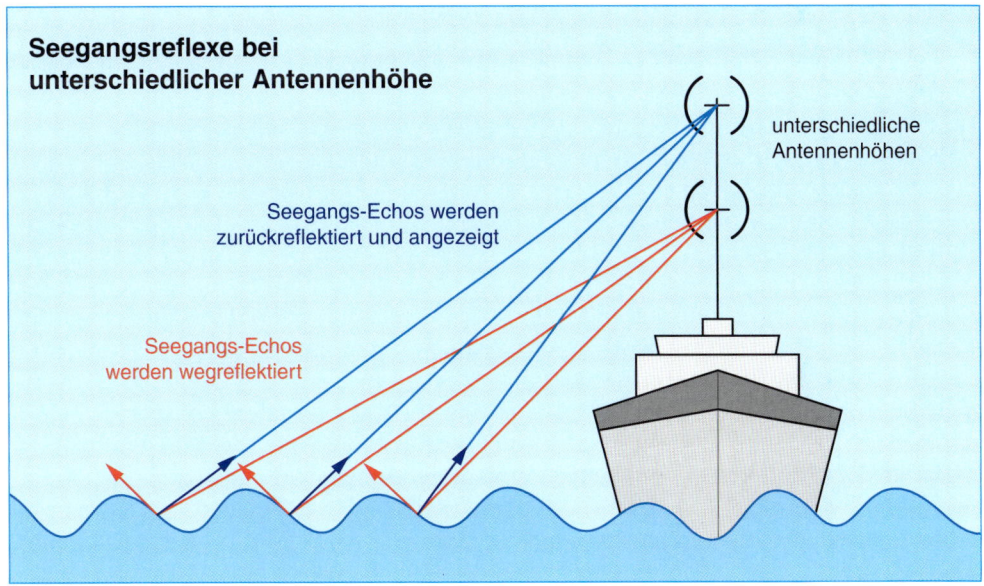

3.4 Die Entstehung des konventionellen Radarbildes

Nachdem in den vorherigen Kapiteln die wichtigsten Einzelelemente einer Radaranlage erläutert wurden, soll in diesem Kapitel das Ergebnis ihres Zusammenwirkens, nämlich die Radarbildentstehung, erklärt werden. Prämisse ist ein konventionelles Radarbild mit umlaufender Ablenkspur (Sweep).

3.4.1 Beschreibung und grafische Erläuterung

Mithilfe eines Beispiels wird nachfolgend die Entstehung des konventionellen Radarbildes beschrieben:

Prämisse:
geschalteter Messbereich: 12 Seemeilen (sm)
Impulsabstand: 1 000 Mikrosekunden (µs)
Impulsfolgefrequenz*:   1 000 Herz (Hz)

* Unter der Impulsfolgefrequenz versteht man die Frequenz, in der eine bestimmte Anzahl von Impulsen in einer Sekunde abgestrahlt werden: Bei 1 000 Hz sendet die Antenne somit in einer Sekunde (= 1.000.000 µs) 1 000 Impulse, die jeweils einen Abstand von 1 000 µs haben (1.000.000 µs : 1 000 Impulse).

Die Ablenkspur

Zu beiden Seiten der Radarbildröhre befinden sich zwei fest angeordnete Spulenpaare. Wären die Spulen stromlos, so würde ein entsperrter Elektronenstrahl genau auf den Bildschirmmittelpunkt zentriert sein.

Schickt man durch die Spulen einen Gleichstrom, entsteht ein magnetisches Feld, welches den Elektronenstrahl je nach Stärke des Gleichstroms an den Bildschirmrand ablenkt.

Lässt man die Stärke des Gleichstroms von null beginnend proportional zur Zeit (im Beispiel 148 µs) anwachsen, so wandert der durch den Elektronenstrahl erzeugte Leuchtpunkt auf einer radialen Linie – der *Ablenkspur* – zum Bildschirmrand.

Sobald er den Rand des Bildschirms erreicht hat, fällt der Gleichstrom plötzlich auf null ab (s. folgende Abbildung).

Dieser langsam ansteigende und schnell wieder abfallende Strom wird als **Sägezahnstrom** bezeichnet.

Der Leuchtpunkt startet aufgrund dieses linear anschwellenden Sägezahnstroms seinen Weg auf der Ablenkspur (1. Ablenkspur) in dem Moment, wo der Impuls die Antenne verlässt. Bei einem geschalteten Messbereich von 12 Seemeilen – wie in dem Beispiel – sollen auf dem Bildschirm alle Radarziele angezeigt werden, die in der Realität bis 12 sm entfernt sind. Der Impuls benötigt in der Natur zu einem 12 sm entfernten Ziel und wieder zurück ca. 148 µs: Also muss die Auslenkzeit des Leuchtpunktes auf dem Schirm ebenfalls 148 µs betragen.

<u>Die Laufzeit des Sweep ist somit immer abhängig von dem jeweils geschalteten Messbereich!</u>

3 Radargerät

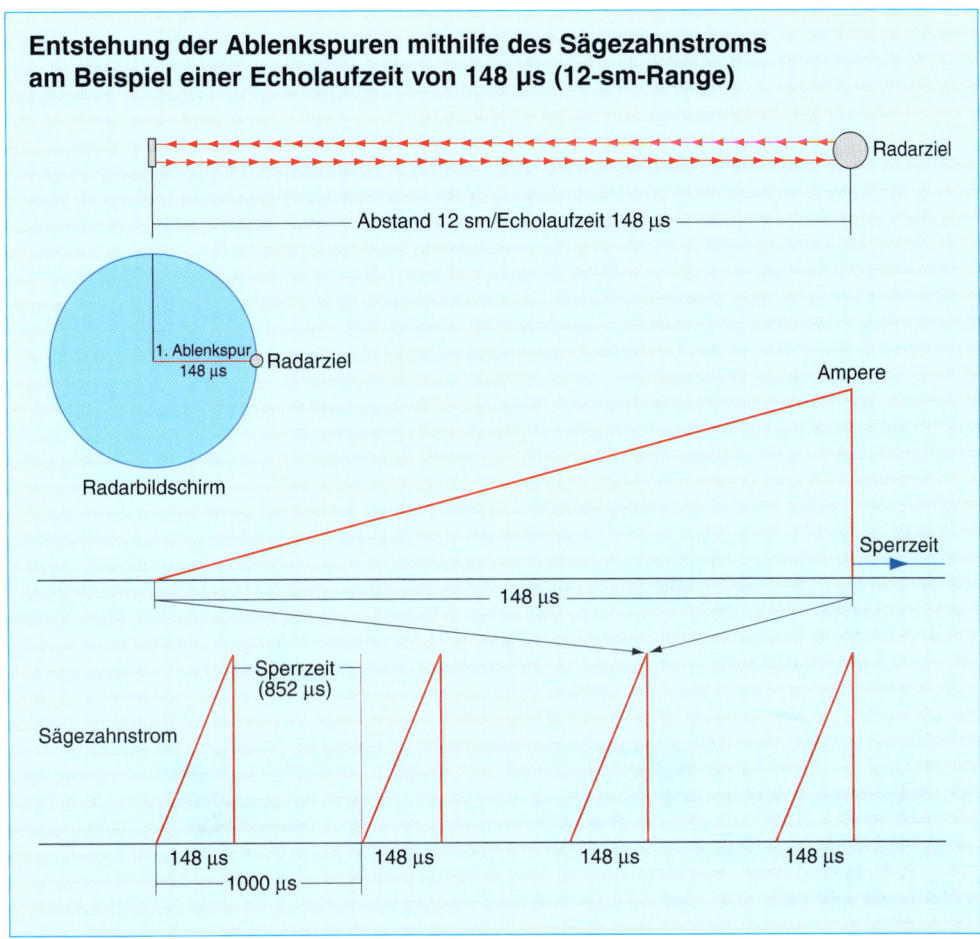

Messbereich, Sweep-Laufzeit und feste Abstandsringe

Messbereich	Sweep-Laufzeit	Abstandsringe		
in sm	in µs	in sm	µs	Anzahl
0,75	9,3	0,25	3,1	3 Ringe
1,50	18,5	0,25	3,1	6 Ringe
3,00	37,0	0,50	6,2	6 Ringe
6,00	74,1	1,00	12,4	6 Ringe
12,00	**148,2**	**2,00**	**24,7**	**6 Ringe**
24,00	296,3	4,00	49,4	6 Ringe
48,00	592,6	8,00	98,8	6 Ringe
96,00	1185,3	16,00	197,6	6 Ringe

Wenn z. B. ein 3-sm-Messbereich gewählt wäre, so würde die Gesamt-Laufzeit eines 3 sm weit entfernten Radarziels (hin und zurück) nur 37 µs betragen bei einer Sweep-Laufzeit von ebenfalls 37 µs.

Damit nun aber keine Echos zur Anzeige kommen, die weiter entfernt sind, als es dem geschalteten Messbereich entspricht, darf die nächste Ablenkspur nicht sofort wieder vom Mittelpunkt starten bzw. darf die Antenne nicht gleich wieder senden. Deshalb wird sie für einen gewissen Zeitraum gesperrt (durch den Sende-Empfangsumschalter). Diese Sperrzeit ist so gewählt, dass unter normalen atmosphärischen Bedingungen aufgrund der Dämpfung der Impulse (während der Laufzeit zu und von entfernteren Radarzielen) bei der nächsten Öffnung der Antenne keine Energie mehr bei ihr eintrifft.

Im abgebildeten Beispiel (s. Seite 49) beträgt die Sperrzeit ca. 852 µs, da bei einer Impulsfolgefrequenz von 1000 Hz während einer Sekunde (= 1.000.000 µs) insgesamt 1000 Impulse abgestrahlt werden, die dann jeweils einen zeitlichen Abstand von 1000 µs haben müssen. Wenn die Antenne bei einem geschalteten Messbereich von 12 sm 148 µs geöffnet ist, bleiben somit als Sperrzeit noch 852 µs übrig.

> **Anmerkung**
> *Im Allgemeinen wird die Impulsfolgefrequenz bei vielen Radargeräten automatisch mit dem Wechsel des Messbereichs angepasst, d. h. erhöht oder herabgesetzt.*
> *Bei kleinen Bereichen wird sie erhöht, was eine verringerte Sperrzeit zur Folge hat. In gleicher Zeit (pro Antennenumdrehung) überstreichen den Schirm somit auch mehr Ablenkspuren. Eine Bildverbesserung ist die Folge und im kleinen Messbereich auch erwünscht.*

Damit auf der nächsten Ablenkspur wegen der geringeren Sperrzeit trotzdem keine (Fehl-)Echos zur Anzeige kommen, die noch von der vorherigen Aussendung stammen, wird die Impulsenergie – die Impulsspitzenleistung – ebenfalls automatisch zurückgenommen. Unter bestimmten atmosphärischen Bedingen kann es allerdings vorkommen, dass beim Start der Ablenkspur an der Antenne doch noch ein Echosignal von der vorherigen Aussendung empfangen und dann in falscher Entfernung angezeigt wird (s. Kapitel 4.4.1).

Beispiel

Mess-bereich	Impulsfolge-frequenz	Impuls-abstand	Auslenk-zeit	Sperr-zeit	Impulsspitzen-leistung
0,75 sm	1.000 Hz	1.000 µs	9,3 µs	**990,7 µs**	10 kW
24,00 sm	500 Hz	2.000 µs	296,3 µs	**1703,7 µs**	25 kW

Anzeige des Echos auf der Ablenkspur

Trifft ein Echoimpuls von einem Radarziel ein und wird in diesem Moment der Elektronenstrahl der Radarbildröhre freigegeben, so leuchtet er dort auf, wo er aufgrund der zeitlich proportional verlaufenden Sägezahnspannung hin abgelenkt wurde, wie es also seinem Abstand in der Wirklichkeit zur Radarantenne – übertragen auf den jeweils eingeschalteten Seemeilen-Bereich – entspricht.

Rotation der Radarantenne
Um den eingeschalteten Messbereich nun in allen Richtungen nach Radarzielen absuchen zu können, rotiert die Radarantenne mit einer gleich bleibenden Geschwindigkeit von ca. 20 – 30 Umdrehungen (bei Antennen auf Hochgeschwindigkeitsfahrzeugen auch höher) in der Minute um eine vertikale Achse.

Rotation der Ablenkspur
Damit die Ablenkspur synchron mit der Radarantenne umläuft, werden über einen Synchrogenerator am Antennenmotor die induzierten Spannungen auf einen Synchroempfänger übertragen, der das Magnetfeld dann simultan zur umlaufenden Antenne in den Ablenkspulen rotieren lässt.

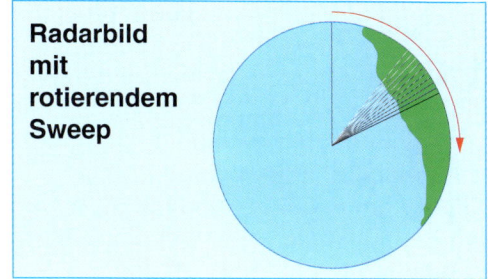

Radarbild mit rotierendem Sweep

Entstehung des Radarbildes
Panorama-Radarbilder entstehen nun dadurch, dass aufgrund der synchronen Drehung des Ablenkstroms in den Ablenkspulen mit der Drehantenne die Ablenkspuren (Sweep) den gesamten Bildschirm überstreichen und jeweils bei Ankunft eines Echos durch Freigabe des Elektronenstrahls (Wegnahme der negativen Gittervorspannung) dieses in Abstand und Richtung adäquat zur Natur auf dem Bildschirm angezeigt wird.

In folgender Abbildung ist dieses bei 6 Seemeilen der Fall: Der Echoimpuls hat zum Radarziel – z. B. einem Fahreug – eine Laufzeit von ca. 37 µs gebraucht. Die gleiche Zeit benötigt er auch wieder, um zur Antenne zurückzulaufen. Währenddessen hat der Leuchtpunkt auf dem Bildschirm in 74 µs die 6 Seemeilen auf seinem Weg vom Mittelpunkt zum Rand zurückgelegt.

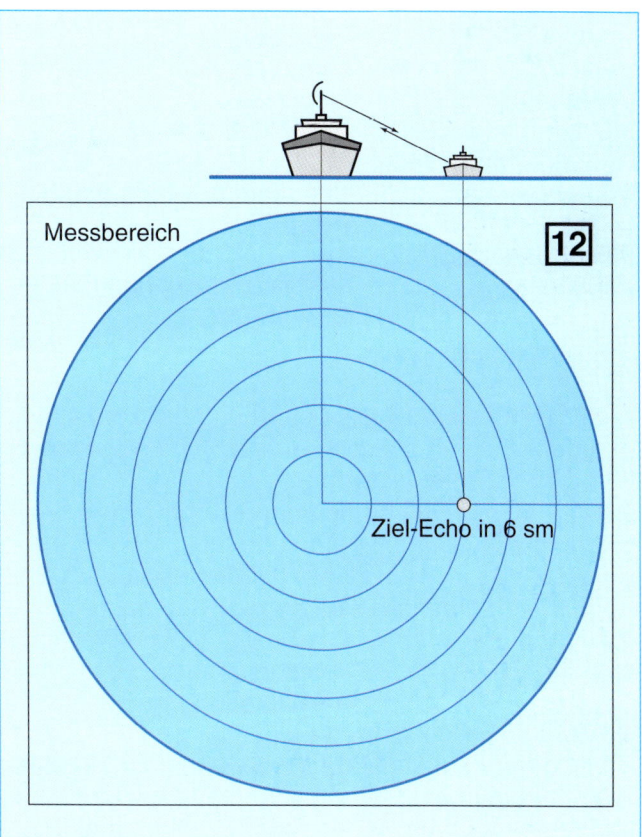

3.4.2 Die Radarzieldarstellung auf dem Bildschirm

Die Größe und Stärke, eingeschränkt auch die Form der Abbildung eines Radarziels auf dem Bildschirm, ist von einer sehr komplexen Zahl von Faktoren abhängig, die nicht alle detailliert erläutert werden können und müssen, sich manchmal auch selbst erklären. Zum großen Teil wird ihre Abhängigkeit und Entstehung in den einzelnen beschreibenden Kapiteln deutlich.

Grob können die Abhängigkeiten wie folgt unterteilt und aufgelistet werden:

geräteabhängig
- vom geschalteten Messbereich
- von der jeweiligen Sendeleistung
- von der Wellen- und Impulslänge bzw. -dauer
- von der Impulsfolgefrequenz
- von der Qualität der (Schlitz-)Antenne
- von der Größe und Qualität des Bildschirms
- von der technischen Leistungsfähigkeit des Radargeräts, insbesondere der Bildröhre

umfeldabhängig
- von den atmosphärischen Laufzeitbedingungen
- von Abschattungen
- von den geografischen Verhältnissen
- von Wetterverhältnissen (Seegang, Regen, Nebel)
- von der Verkehrssituation (Frequenzintensität)

radarzielabhängig
- von den Rückstrahleigenschaften des Radarziels
- von der Radarzielhöhe und -größe
- von der Peilung zum Radarziel

In diesem Kapitel (3.4 Die Entstehung des konventionellen Radarbildes) wird nur auf die geräteabhängige Radarzieldarstellung eingegangen.

3.4.3 Messbereich und Impulslänge

Die radiale Ausdehnung eines auf dem Bildschirm angezeigten Radarziels ist abhängig von der Länge des von der Antenne abgestrahlten Impulses: Bei einer Impulsdauer von z. B. 1 µs entspricht die Impulslänge – wie im Kapitel 3.1.4 erläutert – 300 m. Ein Radarziel, sei es ein Punktziel oder auch ein größeres Objekt, reflektiert in diesem Fall den 300 m langen Impuls zur Antenne. Dort läuft der Impuls ein und entsperrt während dieser Zeit (= 1 µs) den Elektronenstrahl, der auf dem Bildschirm eine halb so große radiale Echospur abbildet, d. h., in diesem Fall wird das Radarziel mit einer radialen Ausdehnung von 150 m angezeigt.

Beispiel

Geschalteter Messbereich 12 sm = 22.224 m (12 x 1.852 m) lange Ablenkspur;
Laufzeit des Leuchtpunkts zum Rand 148,2 µs;
radiale Länge der Anzeige 150 m (22.224 m : 148,2 µs).

Da bei beliebig geschaltetem Messbereich die Länge der Ablenkspur immer proportional zur Laufzeit der Ablenkspur ist, wird ein Radarziel bei einer Impulsdauer von 1 µs immer eine Leuchtspurlänge von 150 m erzeugen.
Der/die Radarbeobachter(in) beobachtet aber die tatsächliche Anzeigegröße der Radarziele in den verschiedenen Messbereichen in unterschiedlicher Ausdehnung, da sich die Bildschirmgröße nicht verändert. – Bei einem angenommenen Bildschirmradius von 170 mm wäre bei einem geschalteten Messbereich von 12 sm die radiale Leuchtanzeige des Radarziels nur 1,15 mm lang, bei einem geschalteten Messbereich von 3 sm dagegen immerhin 4,59 mm lang, also besser zu beobachten.
Leider besteht aber das Problem, dass aufgrund größerer Impulslänge zwei hintereinander liegende Radarziele auf dem Bildschirm u. U. nicht getrennt, sondern als ein Echofleck abgebildet werden (dieses Problem wird im Kapitel 4.3.3 ausführlicher behandelt).
In größerer Entfernung (großer Messbereich) zum/zur Radarbeobachter(in) hat dieses Problem keine so große Bedeutung: Wichtig ist, dass überhaupt ein Radarziel geortet wird.
In kleineren Messbereichen dagegen sollten aber zwei hintereinander liegende Punktziele auch als zwei Echos abgebildet werden (radiale Auflösung). Deshalb passen die Radar-Ingenieure die Impulsdauer und damit auch die Impulslänge automatisch den geschalteten Messbereichen an, wobei der/die Radarnutzer(in) bei einigen Geräten selbstständig zwischen zwei Impulslängen wählen kann.

Messbereiche und Impulslänge (Beispiele)

Messbereich in sm	Impulsdauer in µs	Impulslänge in m	Einstellung am Radar
0,125	0,08	24	kurz (short)
0,25	0,08	24	kurz
0,5	0,08/0,25	24/75	kurz/mittel (medium)
0,75	0,08/0,25	24/75	kurz/mittel
1,5	0,08/0,25	24/75	kurz/mittel
3,0	0,25/1,0	75/300	mittel/lang (long)
6,0	0,25/1,0	75/300	mittel/lang
12,0	0,25/1,0	75/300	mittel/lang
24,0	1	300	lang
48,0	1	300	lang
96,0	1	300	lang

3.4.4 Impulslänge im Vergleich

Eigenschaften der Impulslänge

Merkmale	kurzer Impuls	langer Impuls
Radarzielerfassung	nicht besonders gut (sollte nur bei kleiner Messbereichsschaltung eingesetzt werden)	gut (sollte aber trotzdem nur bei großer Messbereichsschaltung eingesetzt werden)
(radiale) Auflösung (Range Discrimination)	gut	schlecht
Echodarstellung	Kurze radiale Echos. Ergibt ein gut aufgelöstes Bild bei kleinen Messbereichen.	Lange radiale Echos. Deshalb gute Echoanzeigen, aber schlechte Auflösung in kleinen Messbereichen. Einsatz in großen Messbereichen.
Seegangstrübung	Bei starker Seegangstrübung ist die Wahrscheinlichkeit, dass Radarziele erkannt werden, geringer.	Radarzielanzeige ist bei starker Trübung wahrscheinlicher.
Niederschlag	Die Wahrscheinlichkeit, dass Radarziele bei starkem Niederschlag angezeigt werden, ist relativ gering.	Die Anzeigewahrscheinlichkeit von Radarzielen ist größer, da lange Impulse Niederschlagsechos abgeschwächt abbilden.

3.5 Das Yachtradar

3.5.1 Begriff

Unter einem Yachtradar versteht man eine Anlage, deren Anforderungsprofile auf die spezifischen Gegebenheiten von Sportbooten ausgerichtet sind, wie z. B. die Stromversorgung, Antennenform, Radarbilddarstellung sowie mögliche Größen- und/oder Gewichtsbeschränkungen.

3.5.2 Generelle Beschreibung

Das Radar wird als Kollisionsverhütungs- und Navigationshilfsmittel in einer Zeit zunehmender hoher Verkehrsdichte auf dem Wasser und ansteigender Schiffsgeschwindigkeiten (High-Speed-Katamarane, Containerschiffe vierter bzw. höherer Generation u. a.) auch für Yachten immer interessanter und notwendiger!

Diesem Umstand trägt der Handel Rechnung: Es werden in jüngster Zeit immer mehr qualitativ hochwertige Radars, z. T. auch bereits menügesteuert, für diesen Markt angeboten. Dabei handelt es sich überwiegend um X-Band-Anlagen (3 cm), die mit Radom-Antennen (s. Kapitel 3.3.1) von ca. 30 cm bis ca. 65 cm Durchmesser ausgestattet sind. Die vertikale Bündelung der Radarkeule ist vergleichbar mit der von Antennen auf Handelsschiffen. Die horizontale Bündelung dagegen liegt aufgrund der geringeren Antennenabmessungen im Allgemeinen bei ca. 7° bis 4°, was aber trotzdem zu einer akzeptablen horizontalen Auflösung zweier in gleicher Entfernung nebeneinander stehender Radarziele führt (s. Kapitel 4.3.4).

Die Nahauflösung sowie die radiale Auflösung zweier in gleicher Peilung hintereinander stehender Radarziele (s. Kapitel 4.3.2 und 4.3.3) liegt zwischen 25 m und 35 m bei Impulslängen von ca. 0,08 µs bis 0,8 µs und ist damit als gut zu beurteilen.

Neuere Entwicklungen sind auch bereits mit Navigationsgeräten wie GPS, Log oder Kompass zu so genannten Navigationscenters zu vernetzen.

Yachtradars arbeiten gemeinhin mit Gleichspannung von ca. 10 V bis 40 V bei einem Verbrauch von 30 Watt bis 80 Watt, sodass sie über 12-V- bzw. 24-V-Batterien betrieben werden können. Ihr Gewicht liegt im Allgemeinen zwischen 4 kg und 10 kg.

Das Radardisplay ist in monochromer Fernseher-Qualität (Tageslicht-Radar/rasterscan) ausgelegt. Einige Hersteller bieten ihre Yacht-Tageslicht-Radaranlagen auch bereits als Farbradars und sogar mit ARPA-Optionen an. Trotz des geringen Schirmdurchmessers von 6 Zoll bis 10 Zoll (ca. 15 cm bis 25 cm) wird eine gute Panoramadarstellung der Antennenumgebung (schaltbare Messbereiche von $1/8$ sm bis 16 sm bzw. sogar 24 sm und 36 sm) erreicht. Diese Art der zweidimensionalen Darstellung aus der Vogelperspektive wird auch als 2-D-Darstellung bezeichnet.

3.5.3 Neuentwicklung: 3-D-Darstellung

Eine Neuentwicklung auf dem Yachtradarsektor ist die 3-D- oder HD-("Horizontal Display")Darstellung.
Sie ermöglicht es, Radarziele als dreidimensionales Echo abzubilden, d. h. nicht wie normalerweise als zweidimensionalen Fleck aus der Vogelperspektive.

Das 3-D-Bild ist vergleichbar dem Bild des Skippers aus dem Cockpit. Aufgrund der Verringerung der theoretischen Augeshöhe des Beobachters bildet sich eine horizontal ausgerichtete Radarzieldarstellung heraus. Das eigene Schiff wird nicht als Punkt, sondern als waagerechte Linie am unteren Bildschirmrand angezeigt. Tonnen, Schiffe, Boote, Küsten usw. sind dagegen als dreidimensionales Gebilde zu betrachten. Allerdings ist die Größe bzw. Höhe dieser Radarziele nicht wirklichkeitsgetreu. Sie errechnet sich aus der reflektierten Echo-Intensität, sodass sich ein schlecht reflektierender, runder, 20 m hoher Leuchtturm u. U. in der gleichen Ausdehnung wie eine als Radarreflektor konzipierte Bakentonne (2 m bis 3 m Höhe) abbildet. Der Wunsch von Skippern als Radareinsteiger nach realistischerer Radarzieldarstellung zwecks besserer Identifikation wird mit der 3-D-Darstellung daher nur bedingt erfüllt. Als Kollisionsverhütungs- und Navigationsradar sollte aus Sicherheitsgründen weiterhin unbedingt die zweidimensionale Darstellung bevorzugt werden.

3.6 Das Tageslicht-Radar (raster-scan) → Radarbild mit rotierendem sweep

Das klassische Radargerät mit umlaufender Ablenkspur findet in der Praxis immer weniger Verwendung, da es gravierende Nachteile im Einsatz an Bord aufweist:

- zu geringe Bildhelligkeit (Abdunkelung notwendig)
- umlaufende Ablenkspur
- u. U. starke Bildstörungen
  (Seegangs-, Regenechos, Störungen durch fremde Radarsender)

Deshalb kommen aufgrund der innovativen digitalen Signalverarbeitungstechnik immer mehr synthetische Radarbilder zum Einsatz, die aus dem konventionellen Radarbild abgeleitet werden.

3.6.1 Vor- und Nachteile

Wie fast jede Weiterentwicklung weist diese zwar entscheidende Vorteile gegenüber den alten Verfahren auf, aber allzu blindes Vertrauen in die neue Technik ist oft nicht angebracht.

Das synthetische Radarbild, das mit einem Fernsehbild vergleichbar ist, weist eine Reihe von Vorteilen auf, aber es ist auch mit Nachteilen behaftet, die der Anwender kennen sollte.

Vorteile
von Raster-Scan-Radarbildern
- große Bildhelligkeit (keine Abdunkelung notwendig)
- stehendes Bild/keine rotierende Ablenkspur
- digitale Störunterdrückung (gewisse Ausfilterung)
- gute Zieldarstellung
- u. U. bessere Bildauswertung durch Farbdifferenzierung
- rechnergestütztes Plotten
  (auch bei konventionellem Radar möglich)
- Bildüberlagerung mit synthetischen Zusatzinformationen
  (auch bei konventionellem Radar möglich)
- Bildschirm grafikfähig

Nachteile
von Raster-Scan-Radarbildern
- u. U. Nichtdarstellung von Radarzielen wg. Unterschreitung eines bestimmten Schwellenwertes bzw. aufgrund der Korrelation
  (s. nachfolgende Informationen)
- Qualität des „Fernsehbildes" von Pixelzahl des Bildschirms abhängig, deshalb u. U. Auflösung rasterbelastet
- u. U. geringe Zeitverzögerung der Echoanzeigen durch die Signalverarbeitung
  (Digitalisierung – Speicherung – Verarbeitung – Ausgabe)
- problematische Nutzung der Darstellungsart „relativ vorausbezogen" (head-up)

3.6.2 Bildentstehung

Um ein Raster-Scan-Radarbild (vergleichbar einem Fernsehbild) zu erhalten, wird quasi das gesamte konventionelle Radarbild abgetastet, dann nach <u>Abstand, Peilung und Echointensität</u> digitalisiert und gespeichert. Man bedient sich dazu des Binärsystems, in dem im Gegensatz zu unserem gebräuchlichen Dezimalsystem nicht mit den Ziffern 0 bis 9, sondern nur mit den beiden Ziffern 0 und 1 gearbeitet wird (0 = kein Echo, 1 = Echo).

Speicherung des Abstands
Wenn die Ablenkspur dahingehend abgetastet wird, ob ein Echo georted wird (binär 1) oder nicht (binär 0), ist es wichtig, dass bei der späteren Umsetzung des Analogbildes in ein Digitalbild (Rasterscan) die Elektronik „weiß", in welchem Abstand sich das jeweilige Radarecho befunden hat, damit es im synthetischen Bild seine richtige Position bekommt. Dazu wird die Ablenkspur in Zeitzellen (= Abstandszellen) aufgeteilt. Sie liegen – je nach Hersteller – im Allgemeinen zwischen 1000 und 1200 Zellen.

Bei der Abtastung der Ablenkspur – z. B. mit 1200 Zeitzellen – läuft geräteintern synchron eine Uhr mit, deren Zeiteinheiten (also ebenfalls 1200) den Zeitzellen der Ablenkspur entspricht. Sollte bei einem geschalteten Messbereich von 12 sm auf der Ablenkspur ein Echo z. B. in der Entfernung von 3 sm mit 1 getastet werden, so würde die entsprechende zugehörige Zeiteinheit der Uhr in Zelle 300 festgehalten und gespeichert werden. Größere Echos belegen entsprechend auch mehrere Zeitzellen.

Die interne Uhr passt sich mit ihren 1200 Zeiteinheiten der Laufzeit der Ablenkspur an. Bei einem geschalteten Messbereich von 12 sm verteilen sich die 1200 Einheiten auf 148,2 ms, beim 6-sm-Messbereich auf 74,1 ms.

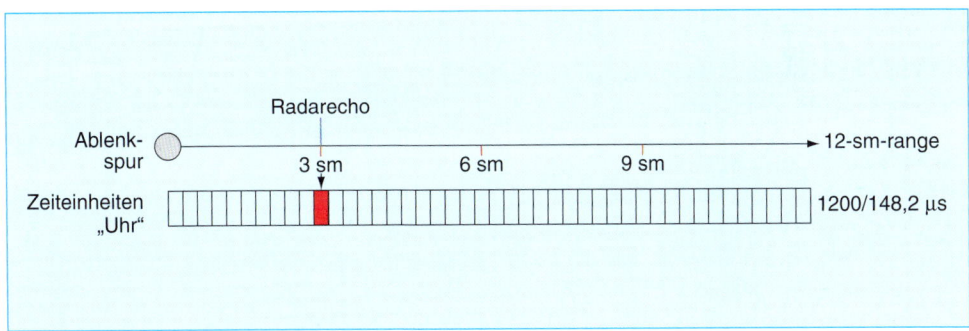

Speicherung der Peilung
Die Umsetzung der azimutalen Ablenkungsrichtung variiert von Hersteller zu Hersteller. Das Grundprinzip ist aber bei allen, dass die Antennenstellung einem Winkel zwischen 0° und 360° entspricht, der in einer binären Einheit ausgedrückt werden kann, beginnend mit dem Wert null bis zu einem bestimmten Höchstwert ansteigend unter Berücksichtigung der jeweiligen Rotationsgeschwindigkeit. Wenn eine (binäre) 12-bit-Einheit als Höchstwert zugrunde gelegt wird, so ergäbe das 4096 Einheiten pro voller Antennenumdrehung von 360°, was einer Winkelauflösung von 0,09° entspräche.

Die Erfassung eines Rundumbildes wäre folglich durch Umsetzung der jeweiligen Richtung der Ablenkspur in eine der 4096 Einheiten digitalisiert, womit ihr im Raster-Scan-Bild die jeweilige Position zugewiesen wäre.

Speicherung der Intensität des empfangenen Echos
Bei der Transformation des klassischen Radarbildes in ein Raster-Scan-Bild ist es für den/die Radarbeobachter(in) natürlich noch von Interesse, dass das empfangene starke Echo auch im Tageslicht-Radar entsprechend *intensiv* übernommen wird. Dieses geschieht durch einen „Analog-/Digitalwandler" (A/D-Wandler), der mithilfe verschiedener Intensitätsstufen die schwachen bis starken Echos differenziert.

Signal-Aufbereitung
Nachdem das gesamte konventionelle Radarbild digitalisiert und gespeichert wurde, kann es mit den Methoden der digitalen Bildverarbeitung „manipuliert", d. h. verbessert werden:

- Unterdrückung/Reduzierung unerwünschter Anzeigen dadurch, dass Signale, die eine gewisse Intensität nicht erreichen, auch nicht zur Anzeige kommen (untere Schwellwerteinstellung).

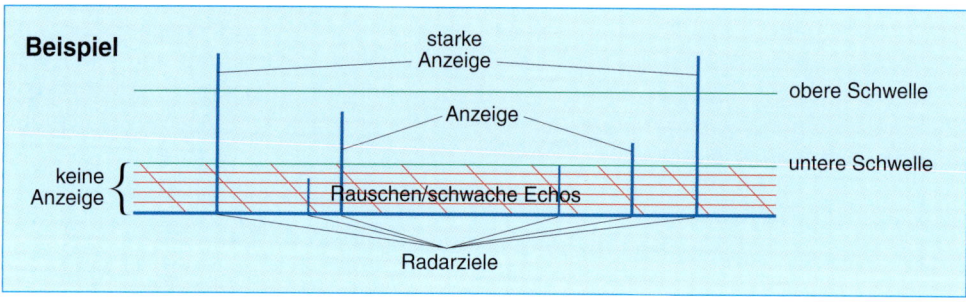

Intensitäts- und Schwellwerteinstellungen variieren je nach Hersteller sehr stark (auf die verschiedenen Möglichkeiten soll hier nicht eingegangen werden).

- „Zufällige" Störanzeigen, wie z. B. Seegang und Regenechos oder Echos fremder Radarsender, werden z. T. unterdrückt. Dieses ist möglich, da sie nicht ortsstabil sind und diese *Instabilität* durch Vergleich z. B. zweier benachbarter Ablenkspuren und/oder aufeinander folgender Radarbilder nach jeweils einem Antennenumlauf deutlich wird (Kapitel 3.6.5: Korrelationsverfahren).

- Es können *künstliche Echovergrößerungen* (echo enhance, extra long, echo stretching) zwecks besserer Erkennbarkeit vorgenommen werden (*Vorsicht vor Fehlinterpretationen: Echos unrealistisch groß! Gilt aber auch bei Yachten mit Radarreflektor*). Diese Vergrößerungen können vom Radarbeobachter mittels Bedienelement am Gerät vorgenommen werden, haben aber nichts mit der Long-/Shortpuls-Schaltung gemein, bei der tatsächlich aus der Antenne unterschiedliche Pulslängen abgestrahlt werden.

- Es können *künstliche Echoaufhellungen* (echo-brightening) für ansonsten schwache Echos vorgenommen werden (*auch hier Vorsicht vor Fehlinterpretationen*).

- Erreichung einer großen Bildhelligkeit sowie konstanter Helligkeitsintensität z. B. beim Umschalten in andere Meßbereiche.

Zur Beachtung:
Obwohl die digitale Signalverarbeitungstechnik ein weitgehend optimales synthetisches Radarbild mit wesentlichen Vorteilen gegenüber einem konventionellen Radarbild ermöglicht, müssen auch hier die Radargrundeinstellungen (tuning, gain, anticlutter u. a.) immer sehr sorgfältig vorgenommen werden, da die Radarsignalverarbeitung im Computer erst nach der analogen Verarbeitung durchgeführt wird (Abtastung des konventionellen Radarbildes zwecks nachfolgender digitaler Aufbereitung)!

3.6.3 Digitale Umwandlung von Polar- in kartesische Koordinaten

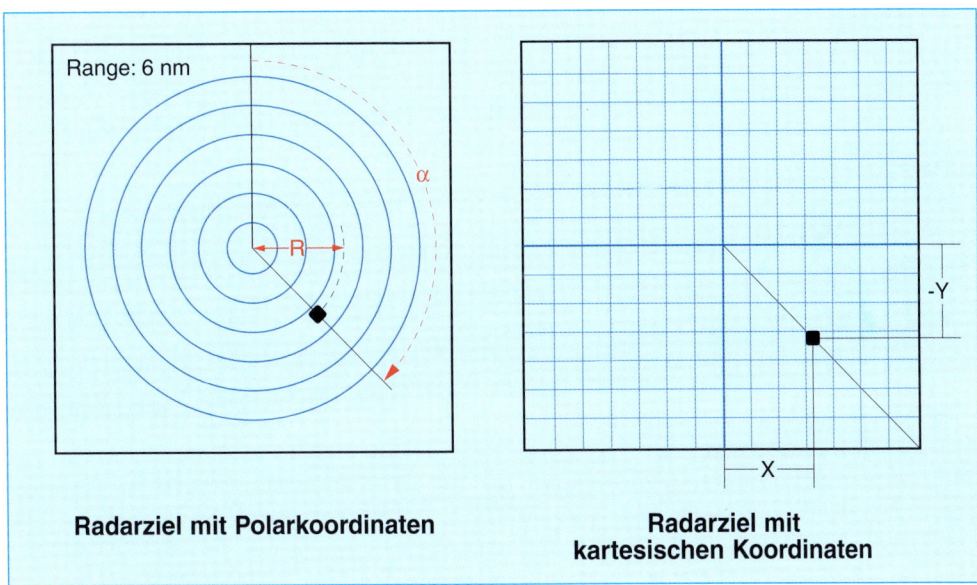

Radarziel mit Polarkoordinaten   **Radarziel mit kartesischen Koordinaten**

Wie bereits beschrieben, wird das gesamte konventionelle Radarbild in Richtung (α) und Abstand (R) abgetastet. Nur durch eine Transformation in rechtwinklige Koordinaten (X,Y) lässt sich aber daraus ein Raster-Scan-Bild erzeugen. Diese Transformation wird durch einen Scan-Converter (DSC) durchgeführt.

Der Umwandlung von Peilung und Abstand eines Radarziels in die Bildschirmkoordinaten X und Y liegen mathematisch folgende Formeln zugrunde:

$$X = R \times \sin \alpha; \quad Y = R \times \cos \alpha$$

3.6.4 Aufbau eines Raster-Scan-Radarbildes

Leuchtpunkt schreibt horizontale Linie — *Spot fliegt auf nächste Zeile zurück*

Start — Ende

Leuchtpunkt fliegt nach zeilenweiser Bildschreibung an den Anfang zurück

Das digitalisierte und vollkommen abgespeicherte, ehemals konventionelle Radarbild wird zeilenweise – wie bei einem Fernseher – auf einen Raster-Bildschirm gelesen, der aus einer Anzahl kleiner Bildpunkte („pixel") besteht, z. B. 1200 Pixel pro 2048 Zeilen (insgesamt also 2.457.600 Pixel). Je größer die Pixelzahl, desto besser ist die Bildauflösung, d. h. die Bildqualität.

Damit ein stabiles, flackerfreies Bild entsteht, sollte die Frequenz, mit der das Bild laufend geschrieben wird (die Bilderneuerungsfrequenz), relativ hoch sein, z. B. wie bei einem bedeutenden Radarhersteller 64 Hz. Pro Sekunde wird somit 64-mal das Bild neu geschrieben, d. h. also etwa 192-mal pro Antennenumdrehung (bei 20 Umdrehungen/Min.).

Der Einsatz von Farben beim Raster-Scan-Radar (Farbradar)
Die Vorteile einer Farbdifferenzierung auf dem Bildschirm sind offensichtlich. „Bunte" Bilder werden als ansprechender empfunden, erhöhen die Aufmerksamkeit und sind schneller und besser zu interpretieren. Auf der anderen Seite sind Farbmonitore, auch aufgrund des aufwendigeren Signalprozessings, teurer. Außerdem kann die Auflösung sowie die Helligkeit leiden.

Farbdifferenzierungen können bei der Echoanzeige dort von Vorteil sein, wo nicht stationäre Radarziele, wie Seegangsreflexe, in einer anderen Farbe – z. B. Hellbraun – abgebildet werden, stationäre Echos dagegen in Gelb. Im Nahbereich würde sich dem Radarbeobachter eine exzellente, farborientierte, optische Auflösung bieten.

Oder ganz generell wird die Farbdarstellung von Radarzielen durch ihre reflektierte Echostärke bestimmt. Hierbei ist aber Vorsicht geboten, da die Echointensität und damit die Differenzierung zu Fehlinterpretationen führen kann (z. B. tief abgeladener Supertanker von vorne oder kleine Yacht mit gutem Radarreflektor).

Auch kann es von Vorteil sein, den Bildhintergrund am Tage – insbesondere bei Sonneneinstrahlung – blau zu wählen, nachts oder bei normalem Tageslicht dagegen dunkel zu belassen.

Eine synthetische Nachleuchtschleppe, bei verschiedenen Herstellern als Trails oder Tracks bezeichnet, wird oft vom Radarziel abgesetzt in einer anderen Farbe dargestellt (z. B. blau auf dunklem Hintergrund).

Unterschiedliche farbliche Anzeigen werden auch gerne bei den Abstandsringen, Peillinien, der Vorausanzeige sowie allen Datenanzeigen – inklusive der Alarme – benutzt.

3.6.5 Korrelationsverfahren

Wie in Kapitel 3.6.1 bei den Vorteilen einer Raster-Scan-Anlage gegenüber einem konventionellen Bildschirm mit umlaufender Ablenkspur dargestellt, können diese Anlagen mittels Ausfilterung Störechos digital unterdrücken. Voraussetzung ist allerdings, dass das gesamte konventionelle Radarbild abgetastet, digitalisiert und abgespeichert wird. Es kann dann mit den Methoden der digitalen Bildverarbeitung so „manipuliert", d. h. verbessert werden, wie es den Ansprüchen des Benutzers genügt.

In Kapitel 3.6.2 wurde unter „Signal-Aufbereitung" bereits die Schwellwerteinstellung behandelt, mit dessen Hilfe sehr schwache Echos sowie das Grundrauschen in der Anzeige beseitigt werden.

Regen- und Seegangsechos z. B., oder Echos fremder Radarsender, die über den eingestellten Schwellwert hinausragen, werden aber leider angezeigt.

Mittels so genannter Korrelationsverfahren ist man in der Lage, auch diese Störanzeigen weitgehend zu beseitigen.

Dazu bedient man sich einer einfachen Überlegung: Nichtstationäre Echos sind mit hoher Wahrscheinlichkeit Echos von unerwünschten Radarzielen. Z. B. wird eine bei einer Antennenumdrehung geortete Meereswelle (Seegang) bei der nächsten Antennenumdrehung sich nicht mehr in der gleichen Position befinden. Wenn man das durch Vergleich erkennt, kann man dieses instabile Echo beim Aufbau des Raster-Scan-Bildes unterschlagen.

Oder man stellt z. B. bei den sich punkt- und spiralförmig auf dem Bildschirm abbildenden Anzeigen – bedingt durch den Empfang von Impulsen fremder Radarsender – (s. Kapitel 4.4.1) fest, dass das Echo auf einer Ablenkspur sich nicht mehr in der gleichen Position bzw. Entfernung auf der nächsten folgenden Ablenkspur befindet. Also „wirft" man es hinaus.

Um das Radarbild von diesen Störechos freizuhalten, bedient man sich zweier Korrelationsverfahren:

- Rotation-to-rotation-Korrelation
- Line-to-line-Korrelation

Die Rotation-to-rotation-Korrelation

Dieses Verfahren, das auch als Scan-to-scan-Korrelation bezeichnet wird, kommt u. a. bei der Unterdrückung von Seegangs- und Regenechos, also nicht stationären Echos, zum Einsatz.

Dabei wird das gesamte Bild eines Antennenumlaufs abgetastet und gespeichert. Anschließend vergleicht man den Inhalt jeder Speicherzelle mit dem Inhalt der gleichen Speicherzelle des folgenden Umlaufs oder der folgenden Umläufe.

Sollte beim Vergleich einmal die Speicherzelle mit einer „1" (Echo), das nächste Mal mit einer „0" (kein Echo) belegt sein, so wird es beim Aufbau des Raster-Scan-Bildes nicht zur Anzeige gebracht.

Die Wahrscheinlichkeit, dass gewünschte Echos abgebildet werden, Störechos dagegen nicht, erhöht sich dadurch, dass mehrere volständige sukzessive „Antennenumlauf-Bilder" miteinander verglichen werden. Z. B. beim „3-aus-4-Verfahren" wird das Echo angezeigt, wenn in den vier selben Zellen dreimal eine Belegung mit „1" und einmal mit „0" erfolgt. Bei zwei oder weniger Belegungen mit „1" wird die Ortung als Störecho analysiert und nicht abgebildet.

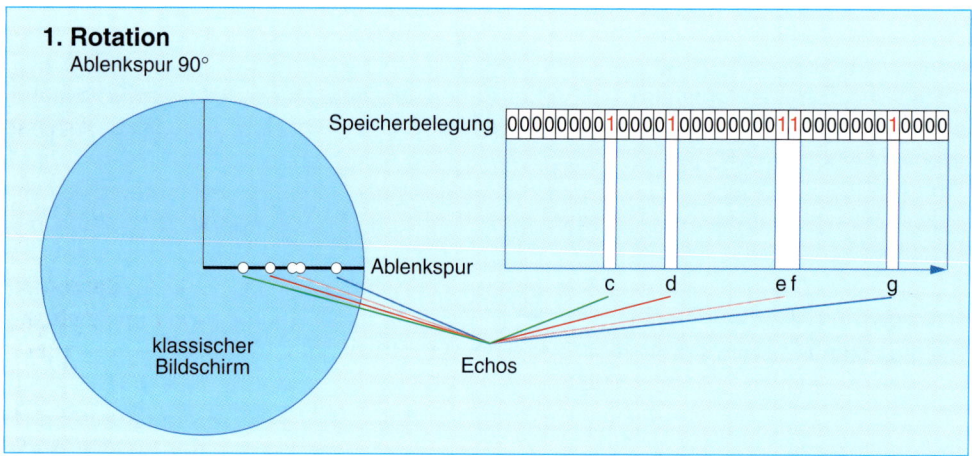

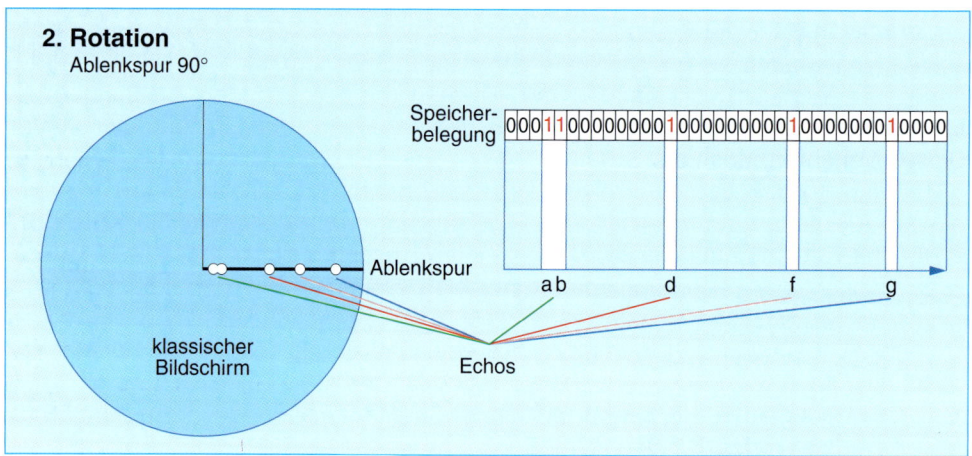

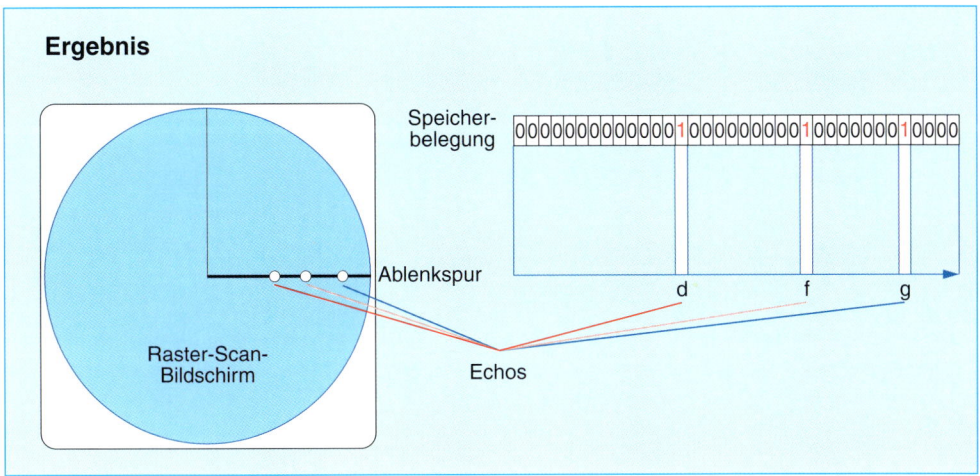

So vorteilhaft dieses Verfahren im Interesse eines von überflüssigen Störanzeigen bereinigten synthetischen Radarbildes ist, so gefährlich kann es natürlich sein, wenn die eliminierten Signale reale Radarziele sind (z. B. kleine Fahrzeuge im Seegang: pumpende Echos). Bei einem *klassischen Radarbild* mit umlaufendem Sweep würden beide Ziele angezeigt, und der Beobachter kann selbst entscheiden, ob er sie als Stör- oder als reale Echos interpretiert.

Vorsicht:

Es besteht bei nicht stabilisiertem Radarbild (Head-up-Mode) und Schaltung höherer Messbereiche die Gefahr des Zielverlustes, da beim Gieren des Schiffes die Radarziele hin- und herspringen und folgerichtig durch die Korrelationstechnik nicht zur Anzeige gebracht werden.

Deshalb:

Raster-Scan-Radarbilder *immer* stabilisiert fahren !!
(course-up oder north-up)

Die Line-to-line-Korrelation

Dieses Verfahren, auch als Sweep-to-sweep-Korrelation bezeichnet, wird insbesondere bei der Unterdrückung von Echos fremder Radarsender eingesetzt.

Dabei wird im Gegensatz zum Rotation-to-rotation-Korrelationsverfahren nicht das gesamte Bild eines Antennenumlaufs abgetastet, gespeichert und miteinander verglichen, sondern es werden jeweils immer nur die Speicherzellen von zwei benachbarten Ablenkspuren miteinander verglichen. Sollte dabei eine im gleichen Abstand zum Mittelpunkt befindliche Speicherzelle mit einer „1" (Echo), die im gleichen Abstand zum Mittelpunkt befindliche Speicherzelle auf der nächsten Spur mit einer „0" (kein Echo) belegt sein (oder umgekehrt), so wird es beim Aufbau des Raster-Scan-Bildes nicht zur Anzeige des Echos kommen.

Nebenstehende Abbildung verdeutlicht ungefähr die Darstellung von Echoanzeigen, die durch fremde Radarsender hervorgerufen werden, die mit der gleichen Wellenlänge senden (z. B. 3 cm) wie das eigene Radargerät (die Abbildung ist stark überzeichnet).

Zwei benachbarte Ablenkspuren auf dem konventionellen Radarschirm würden jetzt kein Echo, welches den gleichen Mittelpunkts-Abstand hat, nebeneinander abbilden. Durch den Vergleich der nebeneinander liegenden Spuren würden diese Fehlechos unterdrückt (Interference Rejection).

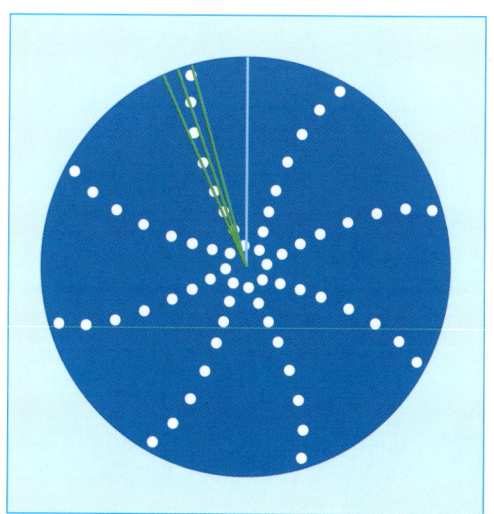

Interference Rejection

		abgetastete Ablenkspur							Ergebnis Raster-Scan-Abbildung						
	1.	0	0	1	0	0	1	0							
1.	2.	0	0	0	1	0	0	1	0	0	0	0	0	0	0
2.	1.	1	0	0	1	0	0	0	0	0	0	0	0	0	0
1.	2.	0	1	0	0	0	1	0	0	0	0	0	0	0	0
2.	1.	0	0	1	0	0	1	0	0	0	0	0	0	0	0
1.	2.	0	0	0	1	0	0	1	0	0	0	0	0	0	0
2.	1.	1	0	0	1	0	0	0	0	0	0	0	0	0	0
1.	2.	0	1	0	0	1	0	0	1						

1. = 1. Ablenkspur   2. = 2. Ablenkspur

In der Abbildung oben wird die Unterdrückung unerwünschter Echoanzeigen durch fremde Radarsender dargestellt, d. h., sie werden vollkommen eliminiert. Das konventionelle Radarbild enthält hier somit keine Realechos.

Wären in zwei benachbarten Speicherzellen auf nebeneinander liegenden Spuren Echos erkannt worden, so wären sie selbstverständlich bei dieser Line-to-line-Korrelation auch in das Raster-Scan-Bild übernommen worden:

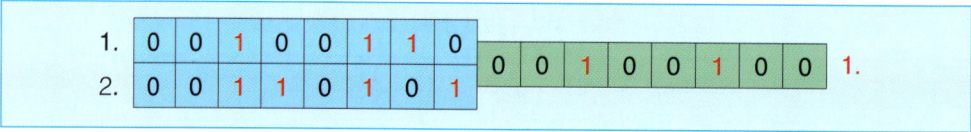

3.7 Bedienungshilfen

3.7.1 Bedienungssymbole/Bedeutung

Die folgenden Bedienungssymbole von Marine-Radaranlagen sind international standardisiert, d. h., sie werden aufgrund der von der IMO (International Maritime Organisation) verabschiedeten „International Convention for the safety of Life at Sea" für Radargeräte, die am oder nach dem 1. September 1984 installiert wurden, empfohlen.

Es handelt sich um insgesamt 23 Symbole, deren Bedeutung sowohl in deutscher als auch in englischer Sprache in der Tabelle angegeben werden.

Nr.	Symbole	Bedeutung (dt./engl.)	Bedienungsregler
1	○	Aus/ off	**Hauptschalter**
2	⊙	Ein/ on	
3	◓	Bereit/ stand-by	
4		Antenne dreht/ aerial rotating	
5		relativ nordstabilisiert/ north-up	Schalter **Darstellungsarten**
6		relativ vorausstabilisiert/ head-up	
7		Einstellung Vorausanzeige/ heading marker	Regler **Vorausanzeige**
8		Messbereichswahl/ range selector	Schalter **Messbereich**
9	⊓	kurzer Impuls/ short pulse	Schalter **Impulsdauer**
10	⊓	langer Impuls/ long pulse	
11		Abstimmung/ tuning	Regler **Abstimmung**
12		Verstärkung/ gain	Regler **Verstärkung**
13		minimale Regenenttrübung/ anti-clutter rain minimum	Regler **Regenenttrübung**
14		maximale Regenenttrübung/ anti-clutter rain maximum	
15		minimale Seegangsenttrübung/ anti-clutter sea minimum	Regler **Seegangsenttrübung**
16		maximale Seegangsenttrübung/ anti-clutter sea maximum	

Nr.	Symbole	Bedeutung (dt./engl.)	Bedienungsregler
17		maximale Skalenhelligkeit/ scale illumination	**Skalenbeleuchtung**
18		maximale Bildhelligkeit/ display brilliance	Regler **Bildhelligkeit**
19		maximale Helligkeit Abstandsringe/ range rings brilliance	Regler **Helligkeit Entfernungsringe**
20		veränderlicher Messring/ variable range marker (VRM)	Einstellung **variabler Messring**
21		Peillinie/ bearing marker	Einstellung **Peillinie**
22		Betriebskontr. „Sendeleistung"/ transmitted power monitor	Schalter **Betriebskontr. Sendeleistung**
23		Betriebskontr. „Sende-Empfangs-Leistung"/ transmit-receive monitor	Schalter **Betriebskontr. Sendeleistung**

3.7.2 Allgemeines

Es soll und kann nicht Aufgabe dieses Buches sein, alle Bedienungselemente eines Radargerätes, u. U. sogar eines ARPA-Gerätes, in seiner ganzen Vielfalt zu beschreiben und zu erläutern. Auch müsste dann auf die Geräte der verschiedenen Hersteller eingegangen werden.

Diese liefern im Allgemeinen eine ausgiebige Beschreibung für den/die Radarbeobachter(in) mit. Diese(r) ist gut beraten, sie auch intensiv zu studieren.

Trotzdem soll nachfolgend auf einige Grundsätzlichkeiten eingegangen werden:

- Vor dem Einschalten des Gerätes sich davon überzeugen, dass die Antenne frei drehen kann. An Bord von Handelsschiffen ist sie im Allgemeinen so aufgestellt, dass in dieser Hinsicht keine Probleme entstehen sollten. An Bord von Yachten dagegen können hier aufgrund der Takelage schon einmal Schwierigkeiten auftreten, es sei denn, die Antenne ist unter einer wellendurchlässigen Kuppel, dem Radom (engl. radar dome), geschützt.
- Auch wenn der Bildschirm, insbesondere der Raster-Scan-Schirm, Fehleinstellungen nicht mehr so empfindlich bestraft wie in früheren Jahren („Einbrennen"), ist die Bildröhre doch dadurch zu schützen, dass Verstärkung, Bildhelligkeit, u. U. auch die Enttrübungen sowie die Abstimmung bei der Einschaltung zurückgeregelt sind. Die Hersteller-Empfehlungen sollten akribisch beachtet werden.
- Nach dem Einschalten dauert es im Allgemeinen eine gewisse Zeit, bis die Elektronenröhren (Magnetron, Bildröhre) ihre Betriebstemperatur erreicht haben. Diese Zeit wird bei vielen Geräten oft durch einen Selbstcheck überbrückt.
- Nachdem das Gerät betriebsbereit ist, muss ein optimales Bild eingestellt werden: Bei zurückgeführten Enttrübungen (Regen, Seegang) ist die Abstimmung (wenn diese noch nicht durch das Gerät sich intern automatisch einregelt, was

> bei neueren Geräten eigentlich obligatorisch ist), Verstärkung und Bildhelligkeit langsam hochzuregeln.
> - Unabhängig von der situationsorientierten Bedienung des Gerätes im Einsatz, muss während des Betriebes die Grundeinstellung laufend kontrolliert werden. Das gilt im Besonderen bei der Herunterschaltung von einem höheren in einen kleineren Messbereich und umgekehrt. Bei Raster-Scan-Geräten ist dieses weitgehend automatisiert.

3.7.3 Wichtige Bildeinstellelemente

Die Abstimmung (tuning)
Das Radargerät ist im Grunde ein Überlagerungsempfänger, in dem wie im Kapitel 3.2.2 dargestellt, die Empfangsfrequenz durch Überlagerung mit einer Hilfsfrequenz in eine Zwischenfrequenz umgewandelt wird. Mithilfe dieser statisch schwankungsfreien Zwischenfrequenz erzeugt die Radarröhre ein optimales Bild.

Die exakte Zwischenfrequenz wird in einer Mischstufe hervorgebracht, indem die in einem Oszillator erzeugte Hilfsfrequenz so verändert wird, dass immer das richtige Mischungsverhältnis mit der Empfangsfrequenz entsteht.

Das Mischen der Frequenzen bezeichnet man als Abstimmung (engl.: tuning). Sie wird bei älteren Geräten manuell durchgeführt. Sollte dieses noch der Fall sein, muss sie laufend kontrolliert werden.

Manche dieser Geräte verfügen über eine eingeschränkte automatische Abstimmungseinstellung, die nur wirkt, wenn der Beobachter per Hand abgestimmt hat. Sie korrigiert dann z. B. während der Aufwärmphase nach dem Einschalten oder auch während des Betriebs kleinere Schwankungen selbsttätig. Größere Abweichungen können dagegen nicht ausgeglichen werden.

Dass ist nur möglich, wenn das Gerät mit einer automatischen Abstimmung (AFC/**A**utomatic **F**requency **C**ontrol) ausgestattet ist. In diesem Fall ist eine manuelle Einstellung im Allgemeinen nur noch durch das Service-Personal möglich. Trotzdem ist es wichtig, dass der Radarbeobachter die richtige Abstimmungseinstellung permanent überwacht.

Die Verstärkung (gain)
Mit der Bedienung des Verstärkungsreglers wird die Empfindlichkeit des Radarempfängers verändert. Bei zu hoher Einstellung erhält der Bildschirm ein milchiges bzw. griesiges Aussehen.

Die Verstärkung ist ein Bedienelement des Radargerätes, mit dem sehr verantwortungsbewusst umgegangen werden muss.

Bei zu geringer Einregelung verschwinden schwache Echos vom Schirm. Dieses kann bei der Herausfilterung von „Realechos" gegenüber Störechos interessant sein, z. B. bei Regen- oder Schneeschauern, da die Radarziele von Schiffen und Küsten u. a. im Schauer durch Reduzierung der Verstärkung erkennbar werden. Es muss aber immer bedacht werden, dass Radargeräte nicht intelligent sind, d. h. nicht wissen, welche Anzeigen der Radarbeobachter sehen und welche er unterdrücken möchte! Es besteht somit immer die Gefahr, dass auch „Realechos" weggefiltert werden.

Will man dagegen schwache Echos stärker herausbilden, was insbesondere bei weiter entfernten Radarzielen in größeren Messbereichen interessant ist, so wird die Verstärkung vorsichtig hochgeregelt, oft so weit, bis sich ein Echo im schon milchigen Hintergrund gerade noch differenziert.

Die Helligkeit (brilliance)
Auch wenn durch die Höherregelung der Verstärkung sich der konventionelle Bildschirm aufhellt, ist diese Helligkeit nicht mit der Bildhelligkeit identisch. Beide haben grundverschiedene Wirkungsprinzipien!

Die gesamte Aufhellung des konventionellen Radarbildschirms wird dadurch erreicht, dass die negative Gittervorspannung an der Radarbildröhre zurückgenommen wird. Damit passieren mehr Elektronen dieses Gitter auf ihrem Weg zur Anode, dem Bildschirm. Die umlaufende Ablenkspur wird entsprechend besser sichtbar und führt zur gesamten aufhellenden Überstreichung des Radarbildes. Die Bildhelligkeit ist dann richtig eingestellt, wenn die Ablenkspur eben sichtbar ist.

Beim Raster-Scan-Bild – dem Tageslicht-Radar –, welches ja über den Umweg der Abtastung des gesamten fiktiven konventionellen Bildschirms entsteht, führt die Höherregelung der Bildhelligkeit wie beim Fernseher zu einer Aufhellung der einzelnen Bildpunkte, der Pixel.

Die Nahechodämpfung oder Seegangsenttrübung
(anticlutter sea, sensitivity time control/STC)
Wie der Begriff bereits verdeutlicht, können über den Bedienungsregler nahe Echos gedämpft werden. Dabei wird die Empfindlichkeit des Empfängers und damit die Verstärkung im Nahbereich herabgesetzt.
Das hat zur Folge, dass dort Echosignale, wie z. B. die Wellen des Seegangs, geschwächt bzw. gar nicht angezeigt werden, dagegen Radarziele in einem größeren Abstand zur Antenne voll verstärkt zur Abbildung kommen.
Je nach Radartyp und geschaltetem Messbereich wirkt die Unterdrückung nur in einem bestimmten Entfernungsbereich. Außerhalb dieses Bereichs ist eine Dämpfung nicht mehr möglich (außer über die Verstärkungsregelung).

Bei Benutzung der Seegangsenttrübung wirkt die Dämpfung um so stärker, je kleiner die Abstände des Radarziels zur Antenne sind, d. h., sie breitet sich radial vom Ausgangspunkt der Zeitablenkung aus.

Die Nahechodämpfung muss sehr subtil gehandhabt bzw. hochgeregelt werden, da das Gerät nicht unterscheiden kann, was Nutz- und was Störechos sind. Deshalb besteht die große Gefahr, dass ebenfalls Echos unterdrückt werden, die für den/die Radarbeobachter(in) ein großes Interessenpotenzial beinhalten, wie z. B. kleine Holz- oder Kunststoffboote, Bohrinseln, Tonnen und dergleichen.

Die Regenenttrübung (anticlutter rain, fast time constant/FTC)
Da Regenfelder, Schneefall, Hagel oder tief hängende Wolken sich überall im Schirmbereich abbilden können, muss hier die Unterdrückung der Echos im Gegensatz zur Nahechodämpfung (nur Nahbereich) flächig erfolgen. Das gesamte Bild wird durch Herabsetzung der Empfindlichkeit besser aufgelöst. Auch ausgedehnte Küstenabschnitte können dabei in markante Einzelpunkte „zerlegt" werden.
Bei der Bedienung der Regenenttrübung hat der Radarbeobachter die Hoffnung, dass die stärkeren Schiffsechos (z. B.) sich gegenüber den schwächeren Regenechos stärker auflösen und damit als solche erkannt werden können.

Selbstverständlich kann auch hier das Radargerät nicht zwischen Realechos und Störechos unterscheiden, weshalb die Regenenttrübung ebenfalls mit der nötigen Aufmerksamkeit und Sensibilität zu bedienen ist.

Adaptive Störunterdrückung (anticlutter auto)
Neben der manuellen Störunterdrückung bei der Nahechodämpfung und der Regenenttrübung besteht bei fast allen neueren Geräten die Möglichkeit der automatischen Dämpfung. Hierbei hat der/die Bediener(in) keinen Einfluss auf die eingestellte Dämpfungsstärke; sie ist vorgegeben und richtet sich im Allgemeinen nach einem Mittelwert des Seegangsrauschens.

Die automatische, angepasste Störunterdrückung ist hilfreich, wenn im offenen Wasser gefahren wird, dort wo als Radarziele im Allgemeinen nur Schiffe, Tonnen usw. im Seegang oder in den Regenschauern angetroffen werden. Die adaptive Störunterdrückung, welche die Spitze der einkommenden Echointensität wegfiltert, ermöglicht eine weitgehend optimale Erfassung der Realechos. In Küstengebieten, beim Ein- und Auslaufen sollte dagegen – wenn nötig – manuell gedämpft werden.

Nahechodämpfung und Regenenttrübung können während der automatischen Unterdrückung nicht bedient werden; sie sind weggeschaltet.

3.7.4 Navigationslinien

Für die Radarnavigation kann es eine große Hilfe und Erleichterung sein, insbesondere in für die Navigation anspruchsvollen Gebieten, auf dem Bildschirm synthetische Hilfslinien und -punkte zu erzeugen und überlegt einzusetzen. Diese Möglichkeit bieten heutzutage praktisch alle ARPA-Geräte.

Einsatzmöglichkeit für Navigationslinien
- Navigationsgrenzen in Kanälen, engen Fahrwassern usw.
- Einzuhaltende Kursänderungsabstände
- Begrenzungen von Verkehrstrennungsgebieten
- Umfahren von Mittelgründen, Untiefen
- Kennzeichnung von Verbotszonen
- Hervorheben schwach reflektierter Küstenlinien
- Darstellung zu steuernder Kurse

- Grenzen von Verkehrsordnungen (z. B. 3- oder 12-Meilen-Zonen)
- Einzelgefahrenstellen
- Tonnen
- Ansteuerungspunkte

Synthetische Karten (Video Maps)
Den Radarbildern anspruchsvollerer Radargeräte können so genannte Video Maps, d. h. synthetisch erzeugte Karten, überlagert werden, die sich automatisch beim Umschalten in kleinere oder größere Erfassungsbereiche (Ranges) dem Maßstab anpassen. Je nach Fabrikat sind sie selbst zu erstellen und anschließend im Gerät oder auf Diskette zu speichern, und/oder sie sind für bestimmte Seegebiete käuflich zu erwerben.

Die Maps bestehen aus (verschiedenfarbigen und -strukturierten) Linien und Punkten, mit denen die relevanten Seekarteninformationen fixiert werden.

Wird ein bestimmtes Seegebiet befahren, für welches eine Video Map zur Verfügung steht, kann diese aus dem Speicher abgerufen und dem Radarbild überlagert werden. Die Fixierung der Karte mit dem Realbild erfolgt, indem ein (synthetischer) Referenzpunkt mit dem entsprechenden Radarecho in Deckung gebracht wird (Beispiel: Seegebiet „Innere Deutsche Bucht", Referenzpunkt „Elbe Ansteuerungs-Großtonne").

Die Radarnavigation ist jetzt ein „Kinderspiel", da der Bildmittelpunkt – das Eigenschiff – in der synthetischen Karte jeweils die korrekte Position anzeigt. Voraussetzung ist natürlich, dass das Radarbild mit der Video Map einwandfrei justiert ist. Eine mögliche Verdriftung muss ständig kontrolliert und korrigiert werden.
Wenn mit Video Maps navigiert wird, sollte ein bodenstabilisiertes True-Motion-Bild gefahren werden, d. h., dem Radarbild muss die Fahrt über Grund zur Verfügung stehen (s. auch Kapitel 3.8.3), damit die ortsfesten Objekte (Küstenlinien, Tonnen etc.) nicht verdriften

Parallel-Indexing (P.I.)
Fast alle Raster-Scan-Radargeräte sind unabhängig davon, ob Maps zur Verfügung stehen, mit mindestens zwei künstlichen Navigationslinien – den Indexlines – ausgerüstet, die für die Navigation nützlich einzusetzen sind. Beispiele wurden vorstehend genannt.

Eine spezielle Einsatzmethode wird als Parallel-Indexing bezeichnet. Mit ihr ist es möglich, schnell Abweichungen von der geplanten Bahnführung zu erkennen, die u. a. durch Strom und/oder Wind hervorgerufen werden.
Diese Methode eignet sich insbesondere in engen bzw. stark frequentierten Gewässern, z. B. bei Hafen- oder Liegeplatzansteuerungen, beim Befahren enger Wasserstraßen, wie z. B. der Straße von Dover, oder auf Kanälen (Suez-, Panamakanal), in Schärengewässern, beim Umrunden von Kaps usw.
Um das Verfahren grundsätzlich zu verstehen, wird in den unten stehenden Abbildungen ein in der Praxis oft angewandtes einfaches Beispiel dargestellt.

Die fest mit dem Eigenschiff „verkoppelte" Indexlinie wird parallel zur Kurslinie in einem bestimmten, von einem Kap einzuhaltenden Passierabstand (hier Querabstand) in das Bild gelegt.

Eine Verdriftung auf die Küste zu (z. B. durch Strom), und damit ein geringerer Passierabstand als geplant, würde durch die Verdriftung der Indexlinie nach Steuerbord frühzeitig erkannt werden und eine rechtzeitige Backbord-Kurskorrektur ermöglichen.

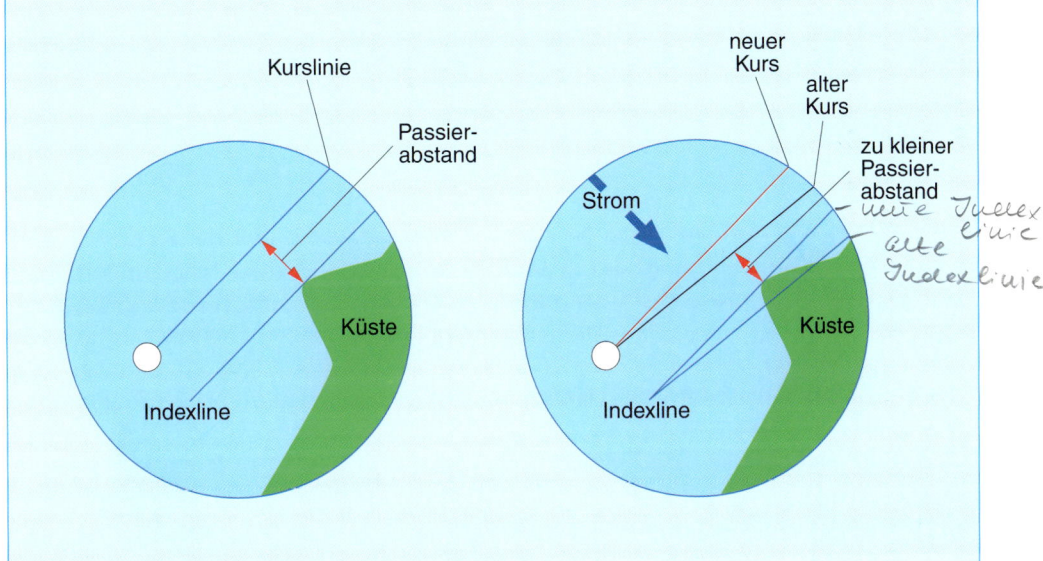

3.8 Darstellungsarten

3.8.1 Allgemeines

Im Laufe der Weiterentwicklung der Radargeräte wurde auch ständig darüber nachgedacht, wie dem Beobachter ein Radarbild angeboten werden könnte, das eine schnelle und richtige, situationsbezogene Interpretation ermöglicht.

Die Panorama-Darstellung sollte einerseits möglichst mit dem Blick aus dem Brückenfenster korrespondieren, andererseits mit dem Blick in die Seekarte. Es wäre vorteilhaft, bei einer Kursänderung oder bei gierendem Schiff eine stabile Darstellung von Radarzielen zu beobachten. Außerdem sollte eine Kollisions- bzw. Nahbereichssituation schnell erkennbar sein, was weitgehend nur bei den relativen Gegnerbewegungen möglich ist. Aber eine Darstellung mit den realen Bewegungen aller Fahrzeuge u. a. im Verhältnis zur Küste oder der Uferlinie (Vogelperspektive) hätte auch unübersehbare Vorteile.

Aufgrund dieser unterschiedlichen Vorstellungen und Wünsche an das Radarbild wurden die Darstellungsarten permanent weiterentwickelt, wobei z. B. die sich bietenden Möglichkeiten eines Raster-Scan-Bildes mit einbezogen werden konnten.

Folgende Darstellungsarten bietet heute ein modernes Tageslicht-Radar dem/der Nutzer(in):

a) relative Darstellung (relative motion)
- relativ-vorausorientiert (head-up) – unstabilisiert
- relativ-nordstabilisiert (north-up) – stabilisiert
- relativ-kursstabilisiert (course-up) – stabilisiert

b) absolute Darstellung (true motion)
- absolut-nordstabilisiert (north-up) – stabilisiert
- absolut-kursstabilisiert (course-up) – stabilisiert
  beide Darstellungen als TM_M oder TM_F

Arbeiteten noch vor nicht allzu langer Zeit Yachtradars nur mit der Relativ-Motion-Darstellung head-up und north-up, so werden zwischenzeitlich auch hier dem Skipper Geräte angeboten, die sowohl Course-Up- als auch True-Motion-Darstellungen ermöglichen.

3.8.2 Relativdarstellungen (relative motion)

3.8.2.1 Unstabilisierte Darstellung

Vorausbezogene Relativdarstellung (head-up):
Diese klassische Darstellungsart fand und findet sich bei jedem Radargerät, da sie ohne die Eingabe von Daten wie Kurs und/oder Fahrt leicht zu erzeugen ist. Allerdings hat die Anzeigeart neben wenigen Vorteilen auch eine Reihe von z. T. gravierenden Nachteilen, sodass die Seeämter die Anwendung nicht mehr als gehörigen Gebrauch im Sinne der Regel 7 KVR akzeptieren können (s. Kapitel 3.8.5).

Merkmale
- Ortsfester Bildmittelpunkt
- Vorausanzeige zeigt grundsätzlich nach oben
- Alle Radarzielbewegungen sind relativ (Bewegungen setzen sich zusammen aus Eigenschiff- und Fremdschiffbewegung)
- Peilungen sind Seitenpeilungen auf schiffsfester Scala
- Angeschlossener Kreiseltochterkompass ermöglicht Kompasspeilungen
- Kurs- und Gierbewegungen des Eigenschiffes werden direkt auf das Bild (Verwischungen) übertragen bei schiffsfester Vorausanzeige

Vorteile
- Radarbild korrespondiert mit Blick aus dem Brückenfenster
- Kollisions- und Nahbereichslagen sind leicht zu erkennen
  (gilt für alle Relativdarstellungen)

Nachteile

- Verschmierungen der Echoanzeigen bei Kursänderungen und Gieren*
- Peilgenauigkeit deshalb problematisch
- Verschmierungen bei Kursänderungen und Gieren sind bei kleinem Messbereich besonders großflächig*
- (Größere) Kursänderung erfordert Neuorientierung, da Bild nicht stabil
- Radar-Kompasspeilungen sind nur durch Addition von Seitenpeilung und Kurs zu erhalten
- Absolute Kurs- und Geschwindigkeitswerte der Gegner sind nur durch Radarzeichnen zu ermitteln (gilt für alle Relativdarstellungen)
- Eigen-Kursänderungen und/oder Gieren beeinflusst mögliche Nachleuchtschleppen von Fremdfahrzeugen

* gilt nicht bei Raster-Scan-Bildschirmen

Beispiel

Ein Schiff steuert an einer Küste – siehe Kartenabbildung – den Kurs von 70° und ändert querab vom Leuchtfeuer seinen Kurs um 30° nach Backbord auf 40°. Am Radar ist die Darstellungsart „head up" bei einem Messbereich von 12 sm geschaltet.

Aus dem Brückenfenster stellt sich die Situation dem Schiffsführer/Skipper vor und nach der Kursänderung wie unten links und rechts abgebildet dar.

Auf dem Radarbildschirm bleibt die Vorausanzeige stabil nach vorne gerichtet, während aufgrund der Kurs-

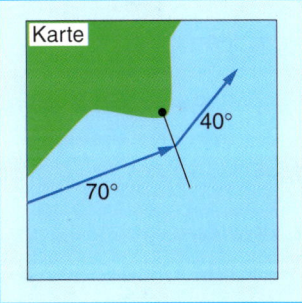

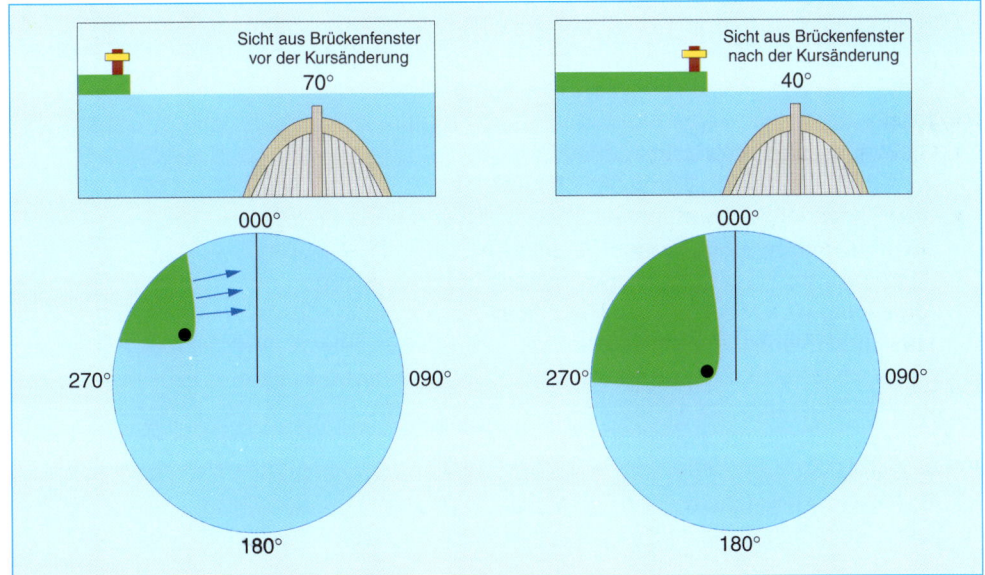

änderung von 30° nach Backbord das Kap mit dem Kursänderungspunkt nach Steuerbord in das Bild verschiebt. Ein gewisses Schmieren ist nicht auszuschließen.

Beurteilung
Die relativ-vorausorientierte, also unstabilisierte Darstellung (head-up) sollte aufgrund der gravierenden Nachteile (Verschmieren, Korrelationsverluste beim Raster-Scan u. a.) gegenüber den anderen Darstellungsmöglichkeiten nicht mehr zum Einsatz kommen, auch wenn sie den direkten Vergleich der Radarinformationen mit der optischen Sicht ermöglicht. Ein stabilisiertes Bild setzt allerdings den Anschluss an einen Kompass voraus. Falls dieses nicht möglich oder zu aufwendig ist (Yachten), wird die Darstellungsart weiter verwendet werden müssen.

3.8.2.2 Stabilisierte Darstellungen

Nordstabilisierte Relativdarstellung (north-up):
Diese Darstellungsart hat deshalb ein stabiles Bild, weil ein angeschlossener Kompass es permanent nach Kompassnord ausrichtet, d. h., wie bei einer Seekarte ist die Nordrichtung oben (000°-Stellung), hier allerdings die Kompass-Nord-Richtung und nicht wie in der Seekarte rechtweisend Nord. Die gesteuerten Kurse (Vorausrichtung) zeigen in die entsprechende Rosenrichtung. Peilungen sind direkt als Kompasspeilungen ablesbar.

Bei einer Kursänderung oder bei gierendem Schiff bewegt sich die auf dem Bildschirm angezeigte Vorausrichtung, das Umfeld (Küsten, Schiffe usw.) dagegen nicht: es bleibt ortsfest und damit stabil.

Merkmale
- Ortsfester Bildmittelpunkt
- Vorausanzeige zeigt in Kursrichtung
- Alle Radarzielbewegungen sind relativ (Bewegungen setzen sich aus Eigenschiff- und Fremdschiffbewegung)
- Peilungen über Kompasstochter als Kompasspeilungen möglich
- Kurs- und Gierbewegungen beeinflussen Bildqualität nicht (Bild liegt stabil), da sich die Vorausanzeige „bewegt"

Vorteil
- Radarbild korrespondiert mit Seekarte
- (Deshalb) besonders für die Küstennavigation geeignet
- Kollisions- und Nahbereichslagen sind leicht zu erkennen (gilt für alle Relativdarstellungen)
- Hohe Peilgenauigkeit, da Peilziele auch bei Gierbewegungen stabil
- Direkte Ablesung der Radar-Kompasspeilungen
- Kein Verschmieren des Bildes
- Schnelle Bildorientierung auch nach großer Kursänderung (z. B. Revier)
- Bei Revier- und Küstenfahrt nach Seekarte keine Umorientierung Radarbild-Seekarte nötig (er bleibt im nordorientierten System)

Nachteile
- Radarbild korrespondiert nicht mit optischer Sicht (wird nicht von allen Nautikern als Nachteil empfunden, da er durch das Arbeiten in nordorientierter Seekarte an ein Umdenken gewöhnt ist), was insbesondere bei südlichen Kursen bei ungeübten Radarbeobachtern zu Fehlbeurteilungen und -interpretationen führen kann.
- Absolute Kurs- und Geschwindigkeitswerte der Gegner sind nur durch Radarzeichnen (oder ARPA) zu ermitteln.

Beispiel

Es wird wieder das gleiche Beispiel genommen, d. h., ein Schiff steuert an einer Küste – siehe Kartenabbildung – den Kurs von 70° und ändert querab vom Leuchtfeuer seinen Kurs um 30° nach Backbord auf 40°.

Am Radar ist die Darstellungsart „relativ-nordstabilisiert" („north up") bei einem Messbereich von 12 sm geschaltet.

Aus dem Brückenfenster stellt sich die Situation dem Schiffsführer/Skipper vor und nach der Kursänderung, wie unten links und rechts abgebildet, dar.

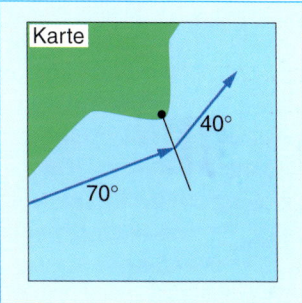

Auf dem Radarbildschirm ändert sich aufgrund der Kursänderung von 70° auf 40° die Vorausanzeige um 30° nach Backbord, während das Kap mit dem Kursänderungspunkt stabil im Bild liegen bleibt. Eine Neuorientierung nach der Kursänderung ist schnell möglich.

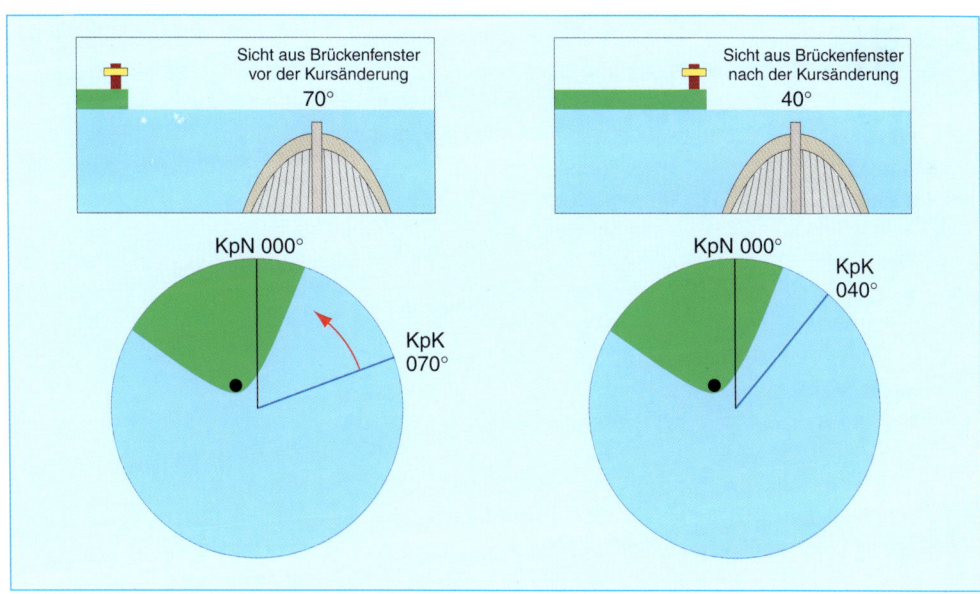

Beurteilung
Die Wahl der nordstabilisierten Darstellung hängt vom Seegebiet, der Wetterlage, aber auch von individuellen Beurteilungskriterien und Vorlieben des Beobachters ab.
  Grundsätzlich sollte aus den bereits genannten Gründen ein stabiles Bild eingesetzt werden.

  Hat die Kollisionsverhütung beim Radareinsatz höhere Priorität als die Navigation, was im freien Seeraum immer, aber auch an der Küste der Fall ist, ermöglicht die Relativ- im Gegensatz zu einer Absolutdarstellung (true motion) Vorteile bei der schnellen Beurteilung, ob sich eine Nahbereichslage oder gar eine Kollisionssituation entwickelt.
  Bei klarem Wetter, bei dem der Radarschirm nicht permanent beobachtet wird, bietet north-up (genauso wie bei course-up) jederzeit ein übersichtliches Bild der Gesamtsituation. Die Orientierung ist optimal, es sei denn, es bestehen Probleme bei der Umsetzung des Radarbildes in die optische Brückensicht.

  Empfehlenswert ist es, das Bild dezentralisiert zu fahren, d. h. den Bildmittelpunkt aus dem Schirmmittelpunkt nach hinten zu verschiften, damit nach vorne ein größerer Seebereich für die Beobachtung zur Verfügung steht (im Vorausbereich addieren sich die Geschwindigkeiten der einkommenden Fahrzeuge mit der Eigenfahrt, bei Überholern aus dem Achterausbereich dagegen subtrahieren sie sich).
  Auch hat diese relativ-nordstabilisierte Darstellung (wie alle Relativbilder) den Vorteil, dass der Bildmittelpunkt fest im Schirm steht und nicht wie bei der Absolutdarstellung (True-Motion-Move/TM_M) regelmäßig wieder nach hinten versetzt werden muss.

Kursstabilisierte Relativdarstellung (course-up)
Da auf der einen Seite stabile Radarbilder – insbesondere bei Raster-Scan-Radargeräten – gefordert wurden, es bei bestimmten Radarbeobachtern aber immer wieder Probleme bei der Umsetzung eines nordstabilisierten Bildes mit der optischen Sicht gab, wurde eine Darstellungsart entwickelt, die beidem Rechnung trug: ein mittels angeschlossenem Kompass stabilisiertes Bild mit nach oben gerichteter Vorausanzeige. Wie bei allen stabilen Darstellungen „bewegt" sich bei einer Kursänderung (oder bei Gierbewegungen) die Vorausanzeige. Sie muss anschließend also wieder in Position – nach oben ausgerichtet – gebracht werden, welches mithilfe eines eigenen course-up-reset-Schalters geschieht oder, indem kurz auf eine andere Darstellungsart umgeschaltet wird.

Merkmale
- Ortsfester Bildmittelpunkt
- Vorausanzeige zeigt nach oben
- Alle Radarzielbewegungen sind relativ (Bewegungen setzen sich zusammen aus Eigenschiff- und Fremdschiffbewegung)
- Peilungen über Kompasstochter als Kompasspeilungen möglich
- Kurs- und Gierbewegungen beeinflussen Bildqualität nicht (Bild liegt stabil), da sich die Vorausanzeige „bewegt"

3 Radargerät

Vorteile
- Radarbild korrespondiert mit Blick aus dem Brückenfenster (optischer Sicht), solange keine Kursänderung
- Kollisions- und Nahbereichslagen sind leicht zu erkennen (gilt für alle Relativdarstellungen)
- Hohe Peilgenauigkeit, da Peilziele auch bei Gierbewegungen stabil
- Direkte Ablesung der Radar-Kompasspeilungen
- Kein Verschmieren des Bildes
- Schnelle Bildorientierung auch nach großer Kursänderung (z. B. Revier)

Nachteile
- Direkter Seekartenvergleich nicht möglich
- Absolute Kurs- und Geschwindigkeitswerte der Gegner sind nur durch Radarzeichnen (oder ARPA) zu ermitteln
- Mögliche kurzfristige Desorientierung während des Zurücksetzens nach einer größeren Kursänderung
- Bei konventionellem Bild kann beim Zurücksetzen eine kurzfristige Verschmierung auftreten, beim Raster-Scan dagegen nicht

Beispiel

Es wird wieder das gleiche Beispiel genommen, d. h., ein Schiff steuert an einer Küste – siehe Kartenabbildung – den Kurs von 70° und ändert querab vom Leuchtfeuer seinen Kurs um 30° nach Backbord auf 40°.

Am Radar ist die Darstellungsart „relativ-kursstabilisiert" („course-up") bei einem Messbereich von 12 sm geschaltet.

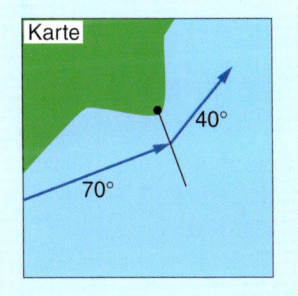

Aus dem Brückenfenster stellt sich die Situation dem Schiffsführer/Skipper vor und nach der Kursänderung, wie unten links und rechts abgebildet, dar.

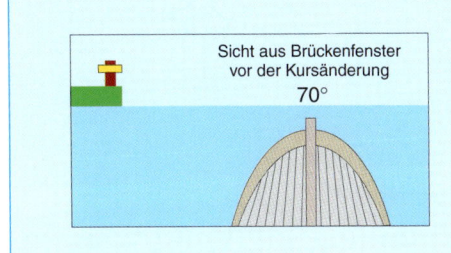
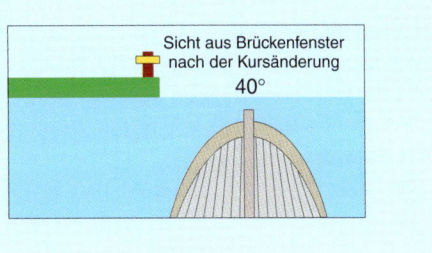

Auf dem Bildschirm ist bei dieser Darstellungsform der jeweils gesteuert Kurs immer nach oben gerichtet (s. Abb. A). Kompassnord liegt variabel entsprechend bei diesem Beispiel an Backbord.

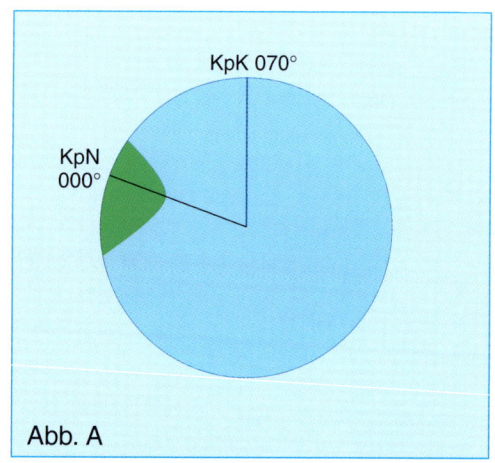
Abb. A

Ändert das Eigenschiff jetzt den Kurs um 30° nach Backbord auf 40°, so wandert die Voraus-Kurslinie um den Kursänderungsbetrag in diesem Fall nach Backbord. Das Bild bleibt stabil liegen (s. Abb. B).

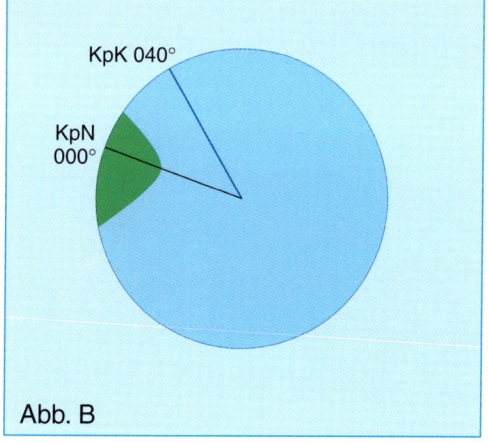
Abb. B

Nachdem die Kursänderung ausgeführt wurde, ist das Bild nicht mehr „course-up".
Mittels eines Schalters (course-up reset) oder der kurzfristigen Umschaltung auf eine andere Darstellungsart und Zurückschaltung auf „relativ-vorausstabilisiert" wird das gesamte Bild jetzt schlagartig mit der neuen Kursrichtung nach oben neu aufgebaut (s. Abb. C). Bei konventionellem Radar dauert es eine geringe Zeit, bis sich das neue Bild durchgesetzt hat; bei Raster-Scan-Schirmen steht sofort ein klares Bild zur Verfügung.

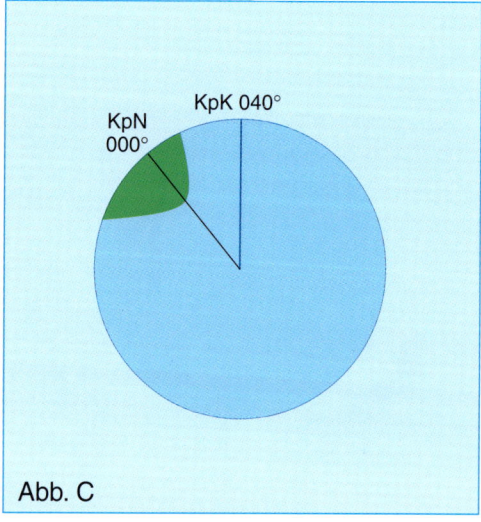
Abb. C

Beurteilung

Im Wesentlichen gilt das unter „Beurteilung" bei der nordstabilisierten Darstellung Gesagte auch für die Darstellungsform „kursstabilisiert".

Diese Betriebsart ist eine gute Alternative für Radarbeobachter, die gerne mit einem Radarbild arbeiten, welches mit der optischen Sicht korrespondiert, bzw. für Radarbeobachter, die Schwierigkeiten bei der Umsetzung eines nordstabilisierten Bildes mit dem Blick aus dem Brückenfenster haben.
Der Nachteil besteht allerdings darin, dass zumindest nach größeren Kursänderungen das kursstabile Bild wieder neu aufgebaut werden muss.

Oft wird von Schiffsführern beklagt, dass insbesondere bei engen Revierfahrten ein vorausorientiertes Bild (korrespondierend mit der optischen Sicht) zur sicheren Navigation notwendig ist, dieses aber von den Seeämtern nicht als gehörigen Gebrauch der Radaranlage akzeptiert würde. Die kursstabilisierte Darstellung ist eine gute Alternative. Kleinere Kursänderungen können stehen gelassen werden, ohne dass das Bild jedesmal neu aufgebaut werden muss.

Darstellung der charakteristischen Merkmale

charakteristische Merkmale	Darstellungsart		
	HEAD-UP/unstab.	NORTH-UP/stab.	COURSE-UP/stab.
Verschmierung/ Verwischung, wenn Schiff giert oder den Kurs ändert	ja kann sehr unangenehme „Verschleierungen" hervorbringen	keine	keine
Nehmen von Peilungen	kompliziert und langsam (Umweg über Seitenpeilung)	einfach, da direkte Kompasspeilung	einfach, da direkte Kompasspeilung
Winkelveränderung der Nachleuchtschleppen (target-trails) bei Kursänderungen oder Gieren	ja kann zu gefährlichen Fehlinterpretationen führen	keine	keine
korrespondiert mit Ruderhaussicht	ja	nein	ja, außer bei größeren Kurs-Änderungen
korrespondiert mit der Seekarte	nein	ja	nein

3.8.3 Absolutdarstellungen (true motion)

Def.: relative motion

Bei Relativ-Darstellungen sind Bewegungen von Radarortungen auf dem Bildschirm Bewegungen, die sich aus dem eigenen Kurs und der eigenen Fahrt sowie dem Kurs und der Fahrt der Radarziele zusammensetzen.

Echoanzeigen von stationären Küstenpunkten, Tonnen, Landmarken, treibenden Schiffen u. a. – so genannte Festziele – verschieben sich damit entgegengesetzt zum Eigenkurs über Grund. Die Geschwindigkeit entspricht der Eigenfahrt über Grund. An ihrer Nachleuchtschleppe können diese Werte „abgelesen" werden.

Bei allen Vorteilen, welche diese Darstellungsform hat (z. B. schnelle Einschätzung, ob sich Nahbereichslage oder Kollisionssituation entwickelt), hat sie auch Nachteile.

So ist es nur mithilfe des Radarzeichnens oder über eine ARPA-Funktion (Automatic Radar Plotting Aid) möglich, den von gegnerischen Fahrzeugen gesteuerten Kurs sowie ihre Geschwindigkeit zu erhalten.

Def.: true motion

Eine Darstellungsart, bei der alle Fahrzeuge, also auch das Eigenschiff, mit ihren Bewegungen in die abgebildete Verkehrssituation einbezogen sind, hätte den Vorteil, dass auch alle Bewegungen als absolute Bewegungen erkennbar wären. Festziele würden wie in der Realität abgebildet werden: Sie liegen fest, haben also keine Nachleuchtschleppe.

Diesen Vogelperspektiven-Effekt bietet die Absolutdarstellung.

Voraussetzung, ein solches Bild zu erzeugen, ist nicht nur, dass der Eigenkurs dem Gerät als Referenzkurs eingegeben wird, sondern es muss ebenfalls die genaue Eigenfahrt erhalten. Beide Werte sollten als „Über-Grund-Werte" (KüG, FüG) eingegeben werden; Strom und Wind werden zusätzlich am Gerät als Driftkorrekturen berücksichtigt.

Die Geschwindigkeit des Eigenschiffes über Grund muss richtig eingegeben werden, da ansonsten ortsfeste Objekte im Bild „fahren".

In der linken Abbildung ist die Fahrt zu gering eingegeben worden: die Küste „fährt" auf den Bildmittelpunkt zu; in der rechten Abbildung dagegen ist die Geschwindigkeit zu hoch eingegeben worden: Die Küste „driftet" weg.

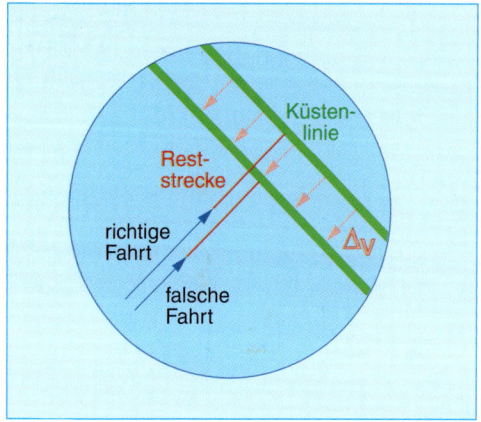
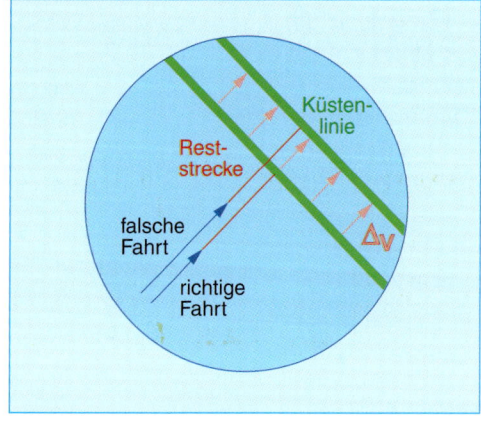

Absolutdarstellungen (true motion) sind grundsätzlich stabilisiert, da neben der Geschwindigkeit auch immer der Eigenkurs eingegeben werden muss.

Nordstabilisierte Absolutdarstellung (north-up)

Merkmale
- Bildmittelpunkt bewegt sich entsprechend Kurs und Geschwindigkeit des Eigenschiffes über den Bildschirm
- Nähert sich der Bildmittelpunkt dem Rand (z. B. 75 % des Radius), so springt er nach vorheriger Alarm-Info automatisch in die entgegengesetze Richtung (auf z. B. 75 % des Radius)
- Manuelle Rückstellung des Bildmittelpunktes (Bildmittelpunkt sollte möglichst nicht über den Schirmmittelpunkt hinauslaufen)
- Stationäre Ziele bleiben im Bild ortsfest
- Vorausstrich zeigt in Richtung des gesteuerten Kurses (wie bei „north-up")
- Große Eigen-Kursänderungen können zu kurzfristigen Darstellungsverfälschungen gegnerischer Fahrzeuge führen, da u. U. Referenzkurs und -geschwindigkeit durch die Kursänderung ungenau sind

Vorteile
- Stationäre (ortsfeste) Radarziele sind als solche sofort zu identifizieren
- Absoluter Kurs und absolute Geschwindigkeiten von Fremdfahrzeugen sind leicht erkennbar
- Gleiches gilt für Kurs- und Fahrtänderungen dieser Fahrzeuge
- Die gesamte Verkehrssituation wird anschaulich abgebildet
- Das Verkehrsverhalten von Fremdfahrzeugen untereinander ist optimal beobachtbar
- Manöver zum Meiden des Nahbereichs bzw. einer Kollision sind besser und leichter planbar

Nachteile
- Eine Kollisionsgefahr, u. U. eine Nahbereichslage, kann nicht unmittelbar (wie bei Relativ-Darstellungen) erkannt werden
- Der geringste Passierabstand (CPA) ist nicht ohne weiteres ermittelbar (nur zeichnerisch oder über ARPA)
- Die Darstellungsart „true motion nordstabilisiert" korrespondiert nicht mit der optischen Sicht
- Die laufende Rückstellung des Bildmittelpunkts erfordert jeweilige Neuorientierung im Bild
- Peilungen können nur elektronisch (EBL-electronic bearing line) genommen werden, nicht über das Peillineal am Bildschirmrand, da Bildmittelpunkt nicht mit Bildschirmmittelpunkt identisch
- Nach einer größeren Kursänderung muss der Bildmittelpunkt im Bildschirm neu ausgerichtet werden

Radarkunde

Beispiel

Das Eigenschiff steuert bei geschalteter nordstabilisierter Absolutdarstellung (true motion north-up) einen KpK = 40°. Ein gegnerisches Fahrzeug steuert einen KpK = 180°.

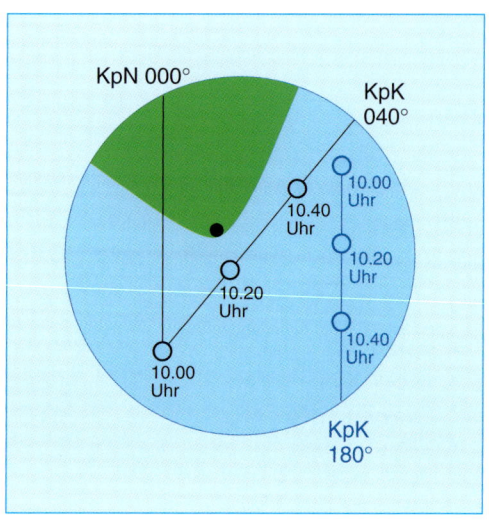

Es sind die jeweiligen absoluten Positionen beider Fahrzeuge um 10.00, 10.20 und 10.40 Uhr festgehalten. Sie fahren also beide mit ihren wahren Kursen und Geschwindigkeiten durch den Bildschirm. Die Landzunge bleibt stabil liegen.

Spätestens um 10.40 Uhr, möglichst bereits um 10.20 Uhr, ist ein Zurückstellen des Bildmittelpunktes zu empfehlen, da sonst der Vorausbereich als Beobachtungsraum zu klein wird.

Beurteilung
Aufgrund der spezifischen Vor- und Nachteile dieser Darstellungsart bietet sich ihr Einsatz auf Revieren, in Häfen, u. U. im Küstenbereich dort an, wo es weniger um Kollisionsschutz, sondern mehr um die navigatorische Gesamtbeurteilung der Verkehrssituation geht.

Auch ist die Darstellungsart bei hoher Verkehrsdichte empfehlenswert, um gefährliche Annäherungen rechtzeitig zu erkennen und entsprechende Gegenmaßnahmen einleiten zu können. Dazu ist das Bild allerdings permanent zu beobachten.

Bei unsichtigen Wetterlagen ist „true motion" im Allgemeinen nicht die geeignete Darstellungsform. Hier ist ein stabilisiertes Relativbild aufgrund der schnellen und guten Beurteilung einer sich entwickelnden Nahbereichssituation zu empfehlen. Wenn kein ARPA-Gerät zur Verfügung steht, kann kurz in die Absolutdarstellung umgeschaltet werden, um den wahren Kurs und die wahre Geschwindigkeit des Gegners schnell festzustellen.

Kursstabilisierte Absolutdarstellung (course-up)
Diese Darstellungsart hat weitgehend die gleichen Merkmale, Vor- und Nachteile wie die nordstabilisierte Absolutdarstellung. Im Gegensatz dazu ist hier die Vorausrichtung nach oben (000°) gerichtet, d. h., der Bildmittelpunkt fährt nach oben durch den Bildschirm.

Merkmale
- Bildmittelpunkt bewegt sich entsprechend Kurs und Geschwindigkeit des Eigenschiffes über den Bildschirm
- Nähert sich der Bildmittelpunkt dem Rand (z. B. 75 % des Radius), so springt er nach vorheriger Alarm-Info automatisch in die entgegengesetzte Richtung (auf z. B. 75 % des Radius)

3 Radargerät

- Manuelle Rückstellung des Bildmittelpunktes (Bildmittelpunkt sollte möglichst nicht über den Schirmmittelpunkt hinauslaufen)
- Stationäre Ziele bleiben im Bild ortsfest
- Vorausstrich (gesteuerter Kurs) zeigt nach oben (wie bei „course-up")
- Große Eigen-Kursänderungen können zu kurzfristigen Darstellungsverfälschungen gegnerischer Fahrzeuge führen, da u. U. Referenzkurs und -geschwindigkeit durch die Kursänderung ungenau sind

Vorteile
- Die Darstellungsart „true motion kursstabilisiert" korrespondiert mit der optischen Sicht
- Stationäre (ortsfeste) Radarziele sind als solche sofort zu identifizieren
- Absoluter Kurs und absolute Geschwindigkeiten von Fremdfahrzeugen sind leicht erkennbar
- Gleiches gilt für Kurs- und Fahrtänderungen dieser Fahrzeuge
- Die gesamte Verkehrssituation wird anschaulich abgebildet
- Das Verkehrsverhalten von Fremdfahrzeugen untereinander ist optimal beobachtbar
- Manöver zum Meiden des Nahbereichs bzw. einer Kollision sind besser und leichter planbar

Nachteile
- Eine Kollisionsgefahr, u. U. eine Nahbereichslage, kann nicht unmittelbar (wie bei Relativ-Darstellungen) erkannt werden
- Der geringste Passierabstand (CPA) ist nicht ohne weiteres ermittelbar (nur zeichnerisch oder über ARPA)
- Die laufende Rückstellung des Bildmittelpunkts erfordert jeweilige Neuorientierung im Bild
- Peilungen können nur elektronisch (EBL-electronic bearing line) genommen werden, nicht über das Peillineal am Bildschirmrand, da Bildmittelpunkt nicht mit Bildschirmmittelpunkt identisch
- Die Darstellungsart „true motion kursstabilisiert" korrespondiert nicht mit der Seekarte
- Nach einer Kursänderung und der neuen Kursstabilisierung (course-up reset) muss der Bildmittelpunkt im Bildschirm neu ausgerichtet werden

Beispiel

Das Eigenschiff steuert bei geschalteter kursstabilisierter Absolutdarstellung (true motion course-up) einen KpK = 40°. Ein gegnerisches Fahrzeug steuert einen KpK = 180°.
  Es sind die jeweiligen absoluten Positionen beider Fahrzeuge um 10.00, 10.20 und 10.40 Uhr festgehalten.
  Sie fahren also beide mit ihren wahren Kursen und Geschwindigkeiten durch den Bildschirm. Die Landzunge bleibt stabil liegen.

Radarkunde

Spätestens um 10.40 Uhr, möglichst bereits um 10.20 Uhr, ist ein Zurückstellen des Bildmittelpunktes zu empfehlen, da sonst der Vorausbereich als Beobachtungsraum zu klein wird.

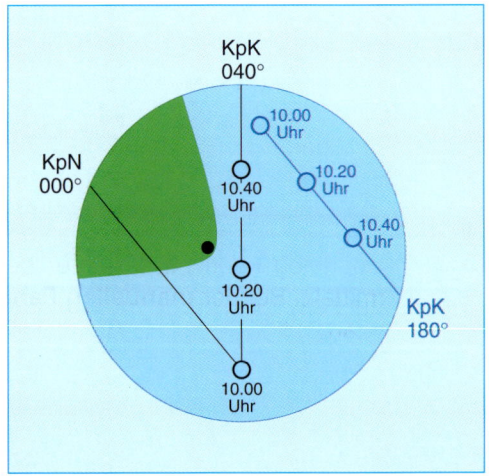

Beurteilung
Es gelten die gleichen Beurteilungskriterien wie bei der nordstabilisierten Absolutdarstellung.

True motion: moving origin/fixed origin
Bei den beiden vorstehend geschilderten Absolutdarstellungen (nord- und kursstabilisiert) wurde davon ausgegangen, dass der eigene Bildmittelpunkt entsprechend dem eingegebenen Kurs und der eingegebenen Geschwindigkeit durch den Bildschirm fährt (moving origin), was – wie angeführt – bestimmte Nachteile für den/die Radarbeobachter(in) zur Folge hat, da der Vorausbereich sich ständig verringert und nach dem Zurücksetzten der/die Beobachter(in) sich erst wieder auf die neue Bildsituation einstellen muss (TM_M – True-Motion-Move).

Mit der Entwicklung der digitalen Radarsignalverarbeitung, der damit verbundenen Abtastung und Speicherung des konventionellen Radarbildes, dem anschließend mit hoher Frequenz erfolgenden zeilenweisen Aufbaus des Raster-Scan-Tageslichtbildes (s. Kapitel 3.6) war es möglich, diese Nachteile zu eliminieren.
Da sich das synthetische Bild sowieso laufend neu aufbaut, kann das Zurücksetzen des Bildmittelpunkts auch regelmäßig automatisch – fast unbemerkt vom Radarbeobachter/der Radarbeobachterin – erfolgen. Diese Darstellungsart wird als „True Motion Fixed (TM_F)", „Centre Display" oder auch als „True Motion aus der Mitte" bezeichnet.
Sie hat den Vorteil, dass der Mittelpunkt auf dem Bildschirm stationär verharrt, somit der eingestellte Beobachtungsraum nach vorne konstant bleibt, die absoluten Bewegungen der Radarziele aber wie bei der „Move"-Darstellung z. B. durch Nachleuchtschleppen oder Vorausvektoren erkennbar sind, obwohl sich das Bild relativ zum Eigenschiff bewegt.

Boden- und Seestabilisierung
Absolutdarstellungen sind nur möglich, wenn dem Radar neben dem gesteuerten Kurs auch die jeweilige Geschwindigkeit des Fahrzeugs eingegeben wird. Dazu bedient man sich im Allgemeinen folgender Möglichkeiten am Gerät:
– **Manuelle Fahrteingabe**
– **Fahrteingabe über ein angeschlossenes externes Log**
– **Eigen-Fahrtberechnung mittels eines definierten stationären Referenzechos**

Bei der **Eigen-Fahrtberechnung** ermittelt der ARPA-Rechner vektoriell die Fahrt über Grund. Dazu bestimmt der/die Radarbeobachter(in) ein stationäres, bereits vom Rechner aufgenommenes (aquiriertes) Radarziel, wie z. B. einen Leuchtturm, eine kleine Insel oder eine Tonne u. a., als Bezugsecho. Aus der Veränderung der Eigenposition gegenüber diesem Referenzpunkt wird die Fahrt über Grund festgestellt und dem True-Motion-Bild direkt „zugeführt".

Bei der **Fahrteingabe über ein angeschlossenes externes Log** (hydrodynamisch oder elektromagnetisch) wird im Allgemeinen die Fahrt durchs Wasser gemessen.

Das Dopplerlog kann bis zu einer begrenzten Wassertiefe auch die Fahrt über Grund ermitteln. Bei der **manuellen Fahrteingabe** hat der Benutzer selbst die Wahl, ob er die Fahrt über Grund (FüG) oder die Fahrt durchs Wasser (FdW) eingibt.

Auf jeden Fall hat die Wahl der Fahrteingabe Konsequenzen für das dargestellte Bild.

Boden-Stabilisierung
Bei ihr wird die Fahrt über Grund (FüG) eingegeben, womit eine mögliche Strom-Abtrift automatisch berücksichtigt wurde. Alle Bewegungen auf dem Schirm sind somit Bewegungen über Grund (absolute Bewegungen).

Beispiel

Eigenschiff „A" steuert einen südlichen Kurs, während der Gegenkommer „B" einen nördlichen Kurs verfolgt. Der Strom setzt in Richtung 270°.

Alle Bewegungen auf dem Schirm sind Bewegungen über Grund (absolute Bewegungen), d. h., die beiden Fahrzeuge werden auf die Küste zugesetzt. Diese, sowie die Tonnen bleiben stationär im Bild liegen.

Sollte die ARPA-Funktion geschaltet sein, würden die absoluten Fahrtvektoren sich, wie abgebildet, darstellen.

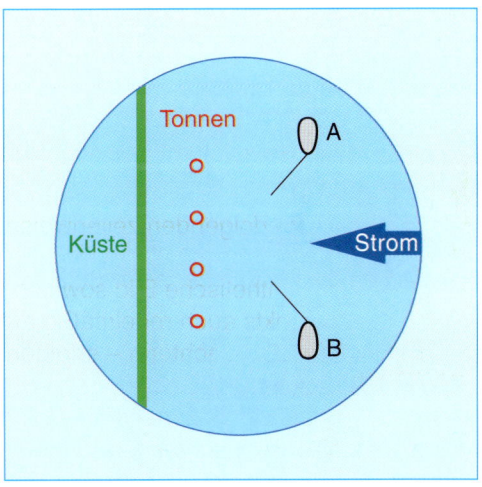

Vorteile
- Keine Driftung von Küstenlinien und stationären Objekten; die Tonnen zeigen keine absoluten Vektoren.

Nachteile
- Bewegungen auf dem Radarschirm geben die relative Lage der Schiffe zueinander nicht richtig wieder. Eine Kollisionsgefahr ist schwerer zu erkennen. Wenn allerdings

bei einer ARPA-Schaltung die Vektorenzeit vergrößert würde, sich die Vektoren auf dem Bildschirm also verlängern, wäre die Gefahr der möglichen Kollision dadurch erkennbar, dass die Vektorenspitzen sich treffen bzw. berühren.

See-Stabilisierung
Bei ihr wird die Fahrt durchs Wasser (FdW) eingegeben, womit eine mögliche Strom-Abtrift nicht Berücksichtigung findet. Im freien Seeraum spielt dieses keine Rolle, da alle Fahrzeuge dem gleichen Strom ausgesetzt sind. Sämtliche Bewegungen auf dem Schirm sind somit Bewegungen durchs Wasser.

Beispiel

Eigenschiff „A" steuert einen südlichen Kurs, während der Gegenkommer „B" einen nördlichen Kurs verfolgt. Der Strom setzt in Richtung 270°.

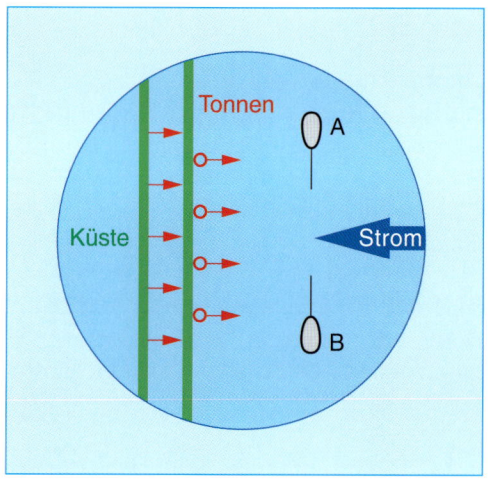

Alle Bewegungen auf dem Schirm sind Bewegungen durch das Wasser (absolute Bewegungen), d. h., die beiden Fahrzeuge bewegen sich relativ auf entgegengesetzten Kursen aufeinander zu. Küste und Tonnen driften dagegen im Bild entgegengesetzt zum Strom.

Sollte die ARPA-Funktion geschaltet sein, würden die absoluten Fahrtvektoren sich, wie abgebildet, darstellen.

Vorteile
- Es wird die relative Lage der Schiffe zueinander richtig wiedergegeben, d. h., der Radarbeobachter kann schnell erkennen, dass eine Kollisionsgefahr besteht.

Nachteile
- Die Küstenlinien und die ortsfesten Ziele (Tonnen) driften.

Anmerkung
Die „Performance Standards for Automatic Radar Plotting Aids (ARPA)" – IMO-Resolution A422(XI) – schreiben unter Kapitel 3.11 (Equipment used with ARPA) in 3.11.1 vor, dass an ARPA angeschlossene Fahrtmessanlagen die Fahrt durchs Wasser (FdW) eingeben sollen (Log and speed indicators providing inputs to ARPA equipment should be capable of providing the ship's speed through the water.).

Abschließende Beurteilung und Empfehlung
- See-Stabilisierung (Eingabe: FdW), wenn Kollisionsschutz Priorität hat
- Boden-Stabilisierung (Eingabe: FüG), wenn Navigation Priorität hat

3.8.4 Darstellung der charakteristischen Merkmale im Vergleich

charakteristische Merkmale	Darstellungsart		
	Relative motion	True motion sea-stabilized	True motion ground-stabilized
Wie leicht sind CPA/TCPA eines Radarziels zu beurteilen?	Direkt auf dem Radarschirm erkennbar	Zeichnerische oder elektronische Lösungsmöglichkeit erforderlich	Zeichnerische oder elektronische Lösungsmöglichkeit erforderlich
Wie leicht sind Kurs, Geschwindigkeit und Lage eines Radarziels zu beurteilen?	Zeichnerische oder elektronische Lösungsmöglichkeit erforderlich	Direkt auf dem Radarschirm erkennbar	Potenziell irreführend, deshalb elektronische Lösungsmöglichkeit erforderlich
Müssen zusätzliche Sensoren für Kurs und Geschwindigkeit (Kreisel, Log) angeschlossen sein?	nein	ja	ja
Müssen Stromversetzung und -stärke eingegeben werden?	nein	nein	ja
Die dargestellten Informationen auf dem Bildschirm sind relativ	zum Beobachter	zur Wasseroberfläche	zum (Meeres-)Grund
Spezieller Einsatz zur Kollisionsverhütung und Navigation?	Teilinformationen von Kollisionsverhütungsdaten sind möglich	Teilinformationen von Kollisionsverhütungsdaten sind möglich	Ohne ARPA ist es problematisch, entsprechende Informationen zu erhalten; diese sind aber möglich, wenn das Radarbild mit synthetischer Radar-Map überlagert werden kann
Beschränkungen der Kollisionsverhütung:	Absoluter Kurs des Radarziels ist nicht direkt verfügbar	CPA ist nicht direkt verfügbar	Es sind keine Kollisionsverhütungsdaten direkt verfügbar
Beschränkungen der Radar-Navigation:	Bei unstabilisiertem Bild kann die Verdriftung der Landechos die Radarziel-Identifikation beeinträchtigen	Landechos verdriften	Keine Beeinträchtigungen, wenn die Stabilisierung optimal ist

3.8.5 Seeamts-/Oberseeamtsspruch zur Wahl der richtigen Darstellungsart

Untersuchter Unfall: Am 22.01.1987, nachmittags, kollidierte bei Treibeis und dichtem Nebel das seewärtsfahrende MS „Cam Doussie" mit dem nach Bremen bestimmten MS „Flamengo" in Höhe der Ochtummündung. Beide Fahrzeuge trugen erhebliche Sachschäden davon.

Aufgabe des Seeamtes
Das Seeamt ist gemäß § 3 Abs. 2 Nr. 1 SeeUG verpflichtet, das Verhalten eines Beteiligten auf seine Fehlerhaftigkeit zu untersuchen, wenn dieses in unmittelbarem räumlichem und zeitlichem Zusammenhang zu dem jeweiligen Unfall steht.

Der gehörige Gebrauch einer Radaranlage nach Regel 7 Buchstabe b KVR erfordert in engen Gewässern und insbesondere bei Nebel und Eisgang die regelmäßige Umschaltung von einem geringeren Entfernungsbereich auf einen höheren.

Die Verwendung der vorausorientierten Darstellungsweise des Radars ist auf engen Gewässern nicht gehörig im Sinne von Regel 7 Buchstabe b KVR, da diese Darstellungsart nicht den Sicherheitsanforderungen entspricht, die an ein Radarbild zu stellen sind.

Auszüge aus dem Spruch:
c) In Ergänzung der Feststellungen des Seeamtes kann dem Widerspruchsführer schließlich nicht der Vorwurf erspart werden, auch dadurch gegen Regel 7 Buchstabe b KVR verstoßen zu haben, dass er die Radaranlage in einer vorausorientierten Darstellungsweise gebraucht hat.

Die vorausorientierte Darstellung stellt keinen „gehörigen Gebrauch" der Radaranlage dar. Zum „gehörigen Gebrauch" der Radaranlage gehört auch die Wahl der jeweils sichersten Darstellungsweise (Müller/Krauß, Handbuch für die Schiffsführung, 2. Bd., Teil A, 9. Aufl., 1988, S. 14). Die unbestritten vom Widerspruchsführer angewandte, vorausorientierte Darstellungsweise ist grundsätzlich nicht als sichere Darstellungsart anzusehen. Die Nachteile des nichtstabilisierten Bildes sind zu schwerwiegend. Das gilt insbesondere für die Navigation in engen Gewässern. Hier wird entsprechend den ständig erforderlichen Kursänderungen des eigenen Schiffes bei großflächigen Echos der gesamte Schirm verschmiert und wegen des Nachleuchtens für längere Zeit „blind". Darüber hinaus können auch bei Geradeausfahrt von Gegenkommern deren Nachleuchteschleppen durch mögliche Gierbewegungen des eigenen Schiffes auf dem Radarbild gekrümmt werden und Rückschlüsse auf deren Bewegungen erschweren. Aus diesem Grunde und wegen weiterer Nachteile (u. a. geringe Peilgenauigkeit; Neuorientierung bei Kursänderung erforderlich, weil sich die Seitenpeilungen aller Ziele ändern) wird in den Lehrbüchern von einem Gebrauch der vorausorientierten Darstellungsweise abgeraten (s. Müller/Krauß, Handbuch für die Schiffsführung, 1. Bd., Teil C, 8. Auflage, 1986, S. 175) und in den einschlägigen Kommentaren deren Benutzung nicht als „gehöriger Gebrauch" im Sinne der Regel 7

Buchstabe b KVR angesehen (vergl. Müller/Krauß, Handbuch für die Schiffsführung, 2. Bd., Teil A, S. 14; Hilgert/Schilling, Kollisionsverhütung auf See, 1. Aufl., Berlin 1985, S. 52).

Die Seekammer in Rostock hat in der Entscheidung vom 29.09.1988 über die Kollision zwischen dem MS „Heinrich Heine" und dem MS „Mataram" befunden, dass die Anwendung der vorausorientierten Darstellungsweise nicht mehr den international anerkannten Regeln guter Seemannschaft entspricht (E 77/78, S. 14). Das entspricht der Auffassung des Bundesoberseeamtes.

Der Widerspruchsführer hätte vielmehr die relativ-nordstabilisierte Darstellung („north-up") gebrauchen müssen. Die Übung, die bei dem direkten Vergleich des Radarbildes mit dem Blick nach draußen gefordert ist, ist beim Widerspruchsführer als revierkundigem Lotsen jedenfalls vorauszusetzen. Die relativ-nordstabilisierte Darstellung hätte aber in der betreffenden Situation den Vorteil gehabt, dass die großflächigen Echos, die durch die Abbildung des Ost- und Westufers der Weser und bei weniger starker Nahechodämpfung auch durch das Treibeis hervorgerufen worden wäre, infolge der im Fahrwasser der Weser erforderlichen Kursänderung nicht verschmiert worden wäre.

(Auszug aus dem Spruch des Seeamtes Bremerhaven vom 27.11.1987/Widerspruchsentscheid des Bundesoberseeamtes veröffentlicht in „Die Deutsche Küstenschiffahrt" Nr. 4/April 1992 und Nr. 5/Mai 1992)

4 Radarziele

4.1 Grundsätzliches

Radarziele können auf dem Bildschirm nur zur Anzeige kommen, wenn sie vom abgestrahlten Radarimpuls getroffen werden und zumindest ein Bruchteil der ausgestrahlten und reflektierten Energie von der Antenne wieder aufgenommen wird.
Diese Rückstrahl- bzw. Echofähigkeit eines Radarziels ist von einer Reihe von Faktoren abhängig:

- Größe und Form des Radarziels
- Material des Radarziels
- Anstrich des Radarziels
- Oberflächenbeschaffenheit
- Stellung zum Radarstrahl
- Atmosphärische Bedingungen
- Regen- und Seegangsreflexe

4.2 Rückstrahleigenschaften

4.2.1 Grundsätzliche Rückstrahleigenschaften

Die Rückstrahleigenschaften eines Radarziels sind mit dem optischen Sehen eines Gegenstandes zu vergleichen: Wird das Licht insgesamt absorbiert (verschluckt), so können wir das Objekt nicht sehen, ebenso wenig, wenn das auftreffende Licht wegreflektiert oder das Objekt den Lichtstrahl vollkommen durchlassen würde. Diese Voraussetzungen sind nur sehr selten gegeben. Das Gleiche gilt auch für Radarziele.
Obwohl die Unterschiede nicht so gravierend sind wie oftmals angenommen, ist die Echofähigkeit von Metallen und Wasser besser als die von Holz, Kunststoff, Sand, Stein, Erde und Eis oder von farbangestrichenen Gegenständen..
Die Rückstrahlung ist selbstverständlich ganz entscheidend davon abhängig, wie die Rückstrahlfläche zur Antenne steht, d. h., ob der Radarimpuls zur Radarantenne zurückreflektiert werden kann.

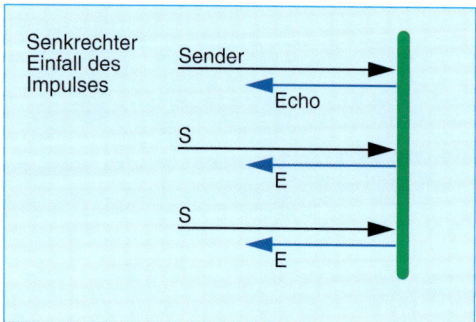
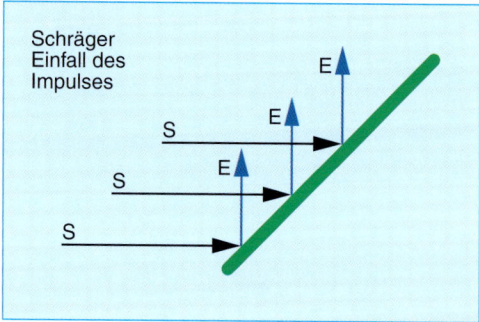

Fällt der Impuls senkrecht auf die Radarzielfläche ein, wird – unabhängig von der Oberflächenbeschaffenheit – quasi die gesamte Energie zur Antenne zurückreflektiert, beim schrägen Einfall dagegen die gesamte Energie wegreflektiert.

Wenn ein Radarimpuls auf eine Kugel trifft, reflektiert – wie in der Abbildung erkenntlich – die Energie in alle Richtungen.

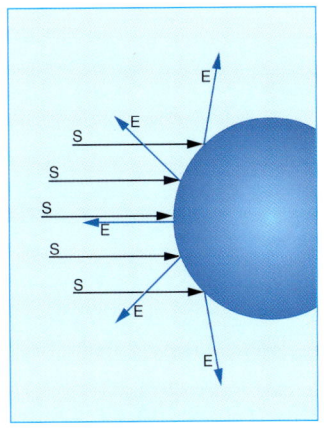

Es wird somit nur ein sehr kleiner Teil der auftreffenden Energie zur Radarantenne zurückgespiegelt, was zur Folge hat, dass kugelartige Oberflächen als Radarziele nur sehr schlecht geeignet sind (schwacher Rückstrahler).

Leider lassen sich diese Art von Radarzielen in der Seeschifffahrt nicht immer vermeiden, da sie oft funktionell technisch-physikalische Vorteile haben.

Bei einer rauen bzw. unebenen Oberfläche werden die Impulse in alle Richtungen reflektiert.
Als uneben gilt eine Oberfläche, wenn das Verhältnis der Oberflächenstrukturierung zur Wellenlänge eine diffuse Reflexion erzeugt. Dabei sind auch solche Flächen noch im Sinne der Radarwellen „glatt", die dem Beobachter optisch als rau erscheinen mögen, wie z. B. Ziegeldächer oder bestimmte Felsenküsten.

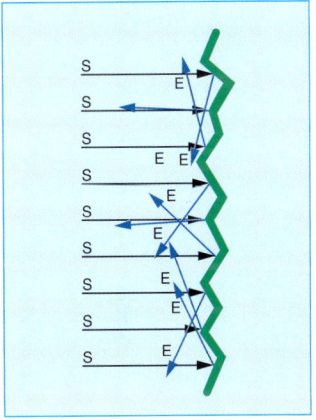

Insgesamt kann aber konstatiert werden, dass raue Oberflächen trotz ihrer diffusen Rückstrahlung immer noch genügend Energie zur Radarantenne zurückschicken, sodass von einer relativ guten Ortungsdarstellung ausgegangen werden kann.

Eine glatte Wasserfläche spiegelt glücklicherweise die Radarimpulse entsprechend dem physikalischen Prinzip „Einfallswinkel = Reflexionswinkel" von der Antenne weg. Andernfalls könnte das Radar nicht wirksam eingesetzt werden, da der gesamte Bildschirm durch die „Wasser-Echos" aufgehellt würde.

Allerdings spielt die Höhe der Radarantenne eine wichtige Rolle: Kleine Antennenhöhen bewirken auch bei rauerer See ein besseres Wegreflektieren der Impulse (s. Kapitel 3.3.5).

Ein Problem kann auch dadurch entstehen, dass die Rückstrahlfläche nicht statisch ist, d. h. sich z. B. – wie es bei Tonnen der Fall ist – im Seegang bewegt.

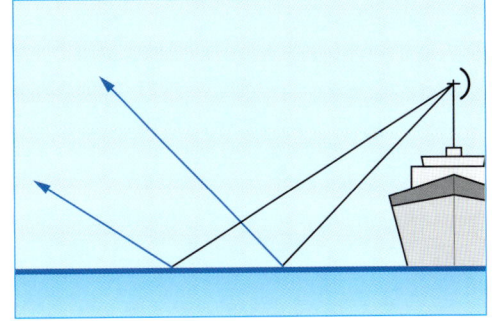

In einem Moment wird Energie zur Antenne zurückgeschickt, im nächsten Moment ungerichtet in den Raum gespiegelt. Solche Radarziele sind als so genannte „pumpende" Echos bekannt und können demnach in verkehrsreichen Gewässern leicht übersehen werden.

Auf Raster-Scan-Bildschirmen kommen sie u. U. aufgrund der Korrelationstechnik gar nicht zur Anzeige.

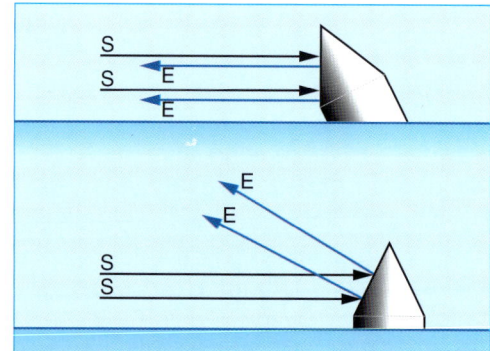

Achtung, Berufs- und Sportschifffahrt:
(Segel-)Yachten sind schlechte Rückstrahler bzw. Radarziele, trotz z. B. der Großflächigkeit der Segel:
- Das Segelmaterial ist vorwiegend aus Kunststoff (Polyestertuch für „normale" Segel, Nylon/Perlon u. a. für Spinnaker), welcher als schlechter Rückstrahler gilt (Absorbtion der Impulsenergie).
- Glatte Oberfläche und Schräglage beim Segeln spiegeln die auftreffenden Impulse nicht zum Sender zurück.

Bei schwerem Wetter werden kleinere Fahrzeuge, wie z. B. Sportboote, auf konventionellen Radarbildschirmen oft nur unregelmäßig abgebildet, da sie einmal „aus Sicht" der empfangenden Radarantenne auf einer Welle fahren, ein andermal hinter einer Großwelle verschwinden. Diese „pumpenden" Echos werden auf Raster-Scan-Bildschirmen aufgrund der Korrelationstechnik u. U. nicht angezeigt.

4.2.2   Rückstrahleigenschaften wichtiger Radarziele

A) Landziele
- felsige Steilküsten, Klippen, Felseninseln: *gute bis sehr gute Radarziele aufgrund ihrer relativ starken Zerklüftung; ein Erfassungsabstand von bis zu 20 sm ist je nach Höhe realistisch*

- bewachsene Berge und Hügel: *gestreute und stark differenzierte Rückstrahlung, d. h. schwierige Identifikation; Berge und Hügel mit sanften Hängen (bis 45°) neigen zu schlechten Reflexen, außerdem besteht eine gewisse Energieabsorption*

- kahle oder wenig bewachsene Flachküsten, Sandbänke: *schwache Echoanzeige, da sie die Impulse wegspiegeln, außerdem nur eine geringe Höhe gegeben ist; (erinnert werden darf hier auch an die Gefahr der Abbildung einer falschen Küstenlinie); X-Band ergibt bessere Anzeige als S-Band*

– Dünenküsten: *mäßige Anzeige, ungenügende Lokalisierung*

– Ortschaften, Gebäude, Gebäudegruppen: *Sie verhalten sich oft wie große Spiegelreflektoren und erzeugen deshalb im Allgemeinen gute, kräftige Echos*

– Funkmasten, Schornsteine, Leuchttürme: *Funkmasten wirken wie Radarreflektoren und erzeugen insbesondere auf große Entfernungen gute Echoanzeigen; Schornsteine und Leuchttürme bilden im Allgemeinen weniger gute Radarziele, da sie aufgrund ihrer zylindrischen Bauform nur wenig Energie gerichtet zur Antenne zurückstrahlen*

B) Seeziele
Die folgenden Erfassungsabstände sind nur Richtwerte, die unter normalen Ausbreitungsbedingungen eintreten können. Sie sind deshalb mit dem nötigen Vorbehalt zur Grundlage von Interpretationen zu machen.

1. Schiffsziele
Für die Rückstrahlfähigkeit ist die Echofläche, d. h. Rumpf und Aufbauten, bestimmend, weniger die Masten und das stehendes Gut. Somit spielen Schiffsform (Spezialschiffe), Beladungszustand und Lage zur empfangenden Antenne eine wesentliche Rolle.

Nachfolgend können nur einige Orientierungswerte angegeben werden, die empirisch ermittelt wurden.

Erfassungsreichweiten

	von vorne	von der Seite
Große Frachter und Fahrgastschiffe	16 sm	20 sm
Mittlere Frachter um 10.000 t	10 sm	15 sm
Kleinere Schiffe um 1.000 t	5 sm	10 sm
Fischdampfer	4 sm	8 sm
Feuerschiffe	6 sm	10 sm
Küstenmotorschiff	5 sm	8 sm
Yachten mit Radarreflektoren	2,5 bis 6 sm	
Kleine Holz- oder Kunststoffboote	1 bis 3 sm	
Rettungsboote	0,5 bis 3 sm	

2. Tonnen
Sie sind im Allgemeinen schlechte Radarziele aufgrund ihrer geringen Größe, ihrer geringen Höhe und ihrer ungünstigen runden, kegel- oder kugelörmigen Formgebung. Bakentonnen wirken allerdings bis zu einem gewissen Grade wie Radarreflektoren.

Oft sind Tonnen, die auf verkehrswichtigen Positionen liegen, mit einem Radarreflektor ausgestattet.

Erfassungsreichweiten

Große Tonnen mit Radarreflektor	5 bis 10 sm
Große Tonnen ohne Radarreflektor	4 bis 6 sm
Mittelgroße Tonnen	2 bis 5 sm
Kleine Tonnen	0,5 bis 1 sm

3. Seegang

Glatte Wasseroberflächen (ruhige See) spiegeln die Impulse weg, sodass keine Anzeige erfolgt. Bei unruhiger See dagegen reflektieren die Wellen zwar auch einen Teil der Energie von der Antenne weg, aber die näher zur Antenne laufenden Wellen streuen, sodass Seegangsreflexe angezeigt werden.

Diese Streuung wird bei größerem Abstand zur Antenne geringer, womit die Seegangsreflexe mit zunehmender Distanz auch stärker abnehmen als bei anderen Zielen.

Außerdem spielt die Höhe der Radarantenne bei der Erfassung eine wichtige Rolle (je höher, desto mehr Erfassung).

Erfassungsreichweiten

Glatte See	unbedeutend
Mäßig bewegte See	bis 1 sm
Grobe See	bis 4 sm
Brandung	bis 2 sm
Stromkabbelung	0,5 bis 1 sm

4. Eisberge

Eisberge mit fast senkrechten Flächenprofilen sind sehr gute Rückstrahler. Bei geneigten Flächen dagegen werden sie zu schlechten Radarzielen.

Da Eisberge oft sowohl aus steilen als auch aus schrägen Flächen bestehen, kann leicht bei Positionsveränderungen aus einem guten Rückstrahler ein schlechtes Radarziel werden und umgekehrt.

Eisschollen sind aufgrund ihrer geringen Größe und flachen Ausdehnung im Allgemeinen schlechte Rückstrahler.

Erfassungsreichweiten

Große Eisberge/Tafelberge (bis 70 m hoch)	10 bis 20 sm
Mittlere Eisberge (bis 10 m hoch)	5 bis 10 sm
Growler	bis 2 sm

4.2.3 Radarreflektoren

Wie aus vorstehenden Ausführungen deutlich wird, ist die Echofähigkeit der verschiedenen Radarziele ganz unterschiedlich. Für die Radarschifffahrt, insbesondere bei unsichtigen Wetterlagen, ist es aber von großer Relevanz, dass alle Objekte relativ frühzeitig geortet werden, um rechtzeitig ein Manöver zur Meidung des Nahbereichs einleiten zu können, das ja auch noch ausreichend in seiner Wirksamkeit zu kontrollieren ist.

Ebenfalls ist festzustellen, dass im Seeverkehr immer schnellere Fahrzeuge zum Einsatz kommen (z. B. Hochgeschwindigkeitskatamarane).

Deshalb reichen Radarerfassungsbereiche von nur wenigen Seemeilen nicht aus.

Aus diesem Grunde war man sich schon in einem frühen Zeitpunkt der Radarentwicklung auch darin einig, dass über eine Erhöhung der Radarreflexionseigenschaften von Radarzielen nachzudenken sei.

Der Radarreflektor ist im Gegensatz z. B. zum Racon (s. Kapitel 4.2.4) ein passiver Reflektor. Er sollte die folgenden Anforderungen erfüllen:

- Auftreffende Radarimpulse sollen möglichst ungedämpft in die Herkunftsrichtung zurückstrahlen
- Der Reflektor soll gleiche Reflexionseigenschaften in alle Richtungen haben
- Reflektoren sollen eine möglichst geringe Abmessung haben
- Reflektoren sollen möglichst leicht sein (Anbringung auf kleinen Fahrzeugen)
- Reflektoren sollen möglichst unauffällig sein

Aufgrund ihrer Wirkungsweise wird in metallische und in dielektrische Reflektoren unterschieden.

Bei den dielektrischen Reflektoren trifft der Radarimpuls auf die Grenze zweier Materialien unterschiedlicher Materialkonstanten (Permittivität), wodurch die Ausbreitungsrichtung sich ändert, sich nach Möglichkeit umkehrt (Eaton-Lippmann-, Luneberg-Linse).

Da diese Reflektoren aber auf kleineren Fahrzeugen – inbesondere in der Sportschifffahrt – praktisch keine Verwendung finden, soll nachfolgend intensiver auf die Wirkungsweise metallischer Reflektoren eingegangen werden.

Stehen zwei metallische Flächen in einem Winkel von 90° zueinander, werden die einkommenden Impulse in der Richtung um 180° umgelenkt, d. h. also zur Sendeantenne zurückreflektiert.

Da ein Radarziel sich im Seeverkehr (dreidimensional) bewegt, reicht ein einfacher Winkel zur Reflexion nicht aus. Deshalb sind Radarreflektoren dreiflächig bzw. dreiwinklig ausge-

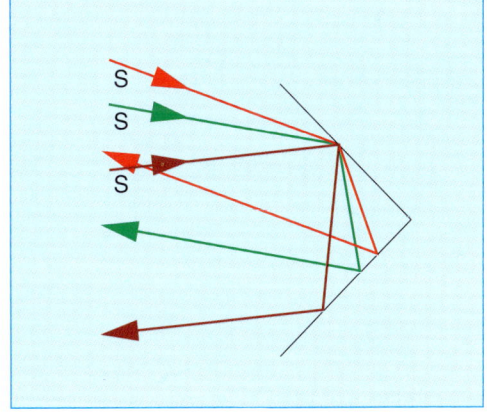

bildet, wobei alle drei Flächen senkrecht zueinander stehen. Dieses gewährleistet, dass ein aus beliebiger Richtung einfallender Radarstrahl in jedem Fall in seine Ursprungsrichtung zurückgespiegelt wird, wenn der Impuls zuvor an allen drei Flächen reflektierte.

Diese auch als *closed corner* bezeichnete Konstruktion ist Grundlage aller metallischen Reflektoren.

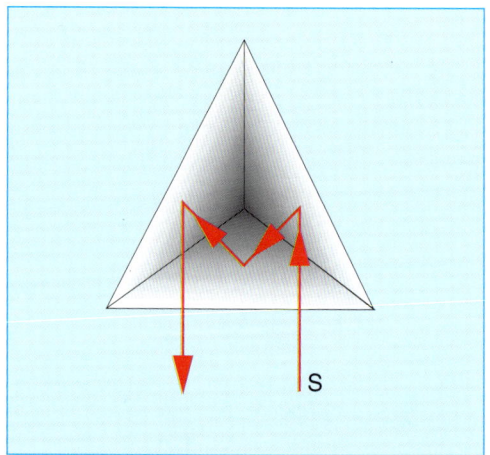

Wird – wie heutzutage allgemein üblich – ein Radarreflektor so gebaut, dass dieser dreiflächige Winkel insgesamt achtmal integriert ist, so spricht man von einem Oktaederreflektor. Die drei rechtwinklig aufeinander stehenden metallischen Flächen sind entweder als Dreiecke, als Viertelkreise (Kugelreflektor) oder als Quadrate ausgebildet.

Die Radarreflektoren, die mit einer Zulassungsnummer des BSH versehen sein müssen, sollten immer fest angebracht gefahren werden. Im Notfall (Nebel, Nacht, starke Verkehrsfrequenz u. a.) kann es zu lange dauern, bis ein gut verstauter Reflektor gefunden und angebracht wurde. Die Erfassungsreichweite eines Sportbootes mit Radarreflektor liegt ohnehin nur bei maximal 6 Seemeilen; oft fällt sie geringer aus. Wenn dieses Radarziel z. B. tatsächlich bereits bei einem Abstand von 6 sm erfasst würde und die Yacht mit 6 kn auf ein 24 kn schnelles Handelsschiff zuläuft, so beträgt die Annäherungsgeschwindigkeit 30 kn. Es verbleiben bis zur möglichen Kollision dann nur noch 12 Minuten. In diesem Zeitraum muss somit die Yacht vom Gegner geortet, geplottet, eine Kollisionsgefahr oder Nahbereichslage erkannt und ein Manöver zur Meidung des Nahbereichs/der Kollision eingeleitet und kontrolliert worden sein.

Bei einer späteren Ortung verkürzt sich der Zeitraum pro Seemeile um jeweils 2 Minuten.

Anmerkung
Die Kursänderung eines langsameren Fahrzeugs gegenüber einem schnelleren Gegner wird auf dem Fremd-Radarschirm immer mit weniger als der Hälfte des eigenen Kursänderungsbetrags erkannt (bei gleich schnellen Fahrzeugen halber Kursänderungswinkel). Deshalb sollten von langsameren Kleinfahrzeugen große Kursänderungen zur Meidung des Nahbereichs gefahren werden!

Leider werden die im Handel erworbenen oktagonalen Reflektoren oftmals falsch angebracht: Spitze oben und unten. Damit eine optimale Erfassung kleiner Fahrzeuge, insbesondere von Yachten, ermöglicht wird, ist eine feste Masttopp-Installation empfehlenswert.

Außerdem sollte eine der dreiflächigen Hohlecken nach oben weisen (so genannte „Regenfangstellung" bzw. „Yachtstellung"). In dieser Positur (siehe unten stehende Abbildung) wird eine gute Erfassung nach vorne und nach hinten erreicht. Zur Seite wirkt im Allgemeinen bei einer Segelyacht das Rigg bzw. das stehende Gut als akzeptabler Reflektor.

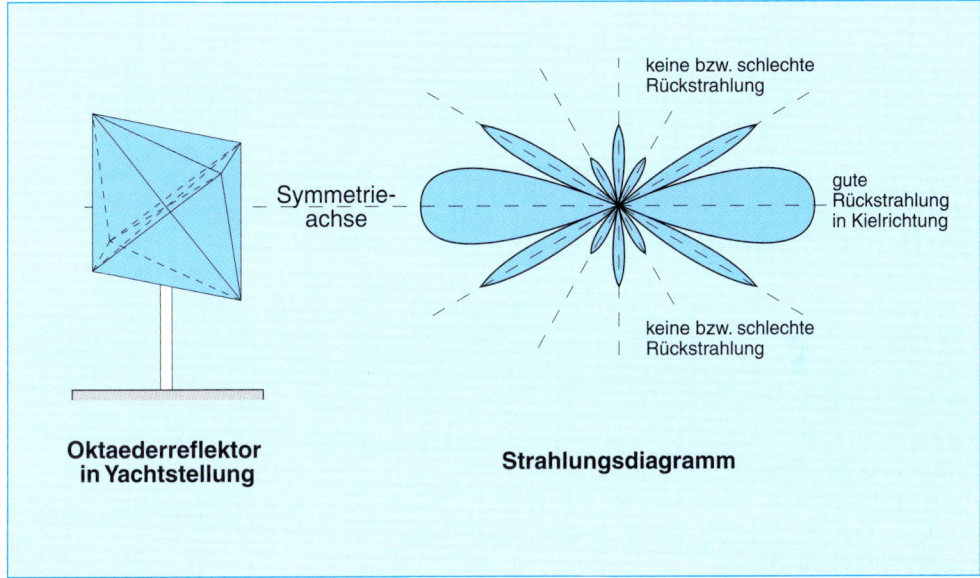

Auf Yachten werden neben den oft faltbaren, im Durchmesser 20 cm bis 30 cm betragenden Alu-Radarreflektoren (Oktaeder) vielfach so genannte Röhrenreflektoren (Länge z. B. 60 cm) eingesetzt, weil sie vortrefflich im Rigg oder Achterstag befestigt werden können. Die vom Handel angepriesene gute Wirksamkeit dieser Rückstrahler wird allerdings nicht von allen Nutzern ohne Einschränkung geteilt.

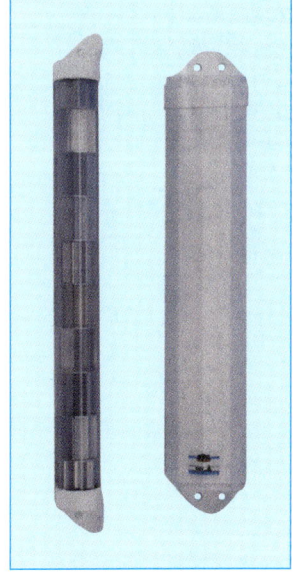

Radarreflektoren haben dann einen hohen Wirksamkeitsgrad, wenn zu jeder Zeit ein auftreffender Radarimpuls zur Sendeantenne zurückreflektiert wird. Wegen der z. T. heftigen Schlinger- und Rollbewegungen von kleinen Fahrzeugen ist ein starr angebrachter Reflektor aber nicht immer in der optimalen Rückstrahlstellung zum Sender, sodass es zu so genannten pumpenden Echos kommen kann, die u. U. von Raster-Scan-Radars aufgrund der Korrelationstechnik total unterdrückt werden (s. Kapitel 3.6.5).

Deshalb wurde in jüngster Zeit der RadarReflex entwickelt. Es handelt sich dabei um einen Reflektor, dessen Spiegelsatz voll kardanisch in einer dämpfenden Ölhülle schwimmt. Bei jeder Bewegung des Schiffes wird der Reflektorspiegel optimal in senkrechter Stellung zum eintreffenden Radarimpuls gehalten, womit eine maximale Reflexion erzielt wird. Der für die Hochseefahrt empfohlene ISO- und IMO-abgenommene Reflektor hat ein Rückstrahlflächenäquivalent von 10,5 m², was einer Erfassungsreichweite von bis zu 8 sm entsprechen dürfte.

Schifffahrtszeichen als Radarreflektoren
Auch feste und schwimmende Seezeichen sind im Allgemeinen schlechte Rückstrahler. Für die Radarschifffahrt ist es aber von hohem Interesse, diese Objekte ebenfalls als gute Radarziele zu orten.

Deshalb werden sie entweder mit leistungsfähigen Reflektoren ausgestattet oder bauseitig so konstruiert, dass sie zu einigermaßen guten Rückstrahlern werden.

Schifffahrtszeichen auf markanten Positionen von hohem navigatorischem Interesse werden mit Radarfunkfeuern ausgerüstet. Das Wirkungsprinzip dieser Racon-Baken wird im nachfolgenden Kapitel dargestellt.

4.2.4 Das Racon-Prinzip

Um der Schifffahrt die Identifikation von bestimmten Radarzielen, insbesondere Feuerschiffen, Großtonnen und Ansteuerungstürmen, zu ermöglichen, können diese als Funkbaken mit speziellen Sendern ausgestattet werden, die im Radarband (9320 – 9500 MHz) arbeiten.

Diese Radar-Antwortbaken (radar beacon: racon) senden nur, wenn sie von einem fremden Radarimpuls getroffen werden, d. h. – wie der Name sagt –, sie antworten dem mit einem Radar arbeitenden Fahrzeug.

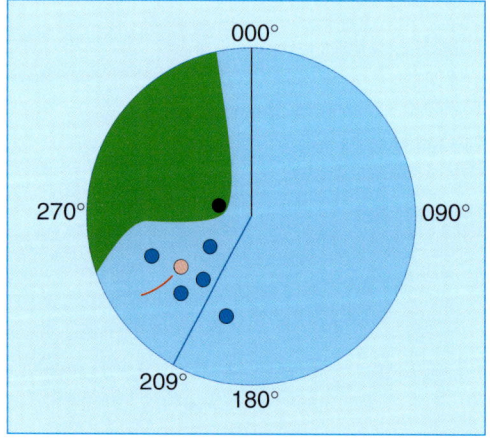

Dadurch wird es dem/der Radarbeobachter(in) z. B. ermöglicht, aus einer Ansammlung von Fahrzeugen (s. Abbildung/Darstellung „north-up") bei der Ansteuerung der Küste ein Feuerschiff „herauszufiltern", indem auf dem Bildschirm hinter der Ortung ein radiales Kennungssignal abgebildet wird (hier in der Abbildung das Morsezeichen „K"). Leider kann die Auslösung des Antwortsignals auch durch die möglichen Nebenkeulen eines Radars bewirkt werden, falls das Radarschiff relativ nahe zur Raconbake steht. Auf dem Bildschirm würden dann weitere radiale Anzeigen abgebildet, die den gleichen Abstand vom Bildmittelpunkt haben.

Die Antwortsendung einer Radarantwortbake wird durch den eintreffenden Sendeimpuls einer Schiffsradaranlage ausgelöst. Der vom Sender eintreffende Impuls wird im Racon-Empfänger (z. B. Feuerschiff) verstärkt und dann von diesem zurückgestrahlt. Die Bake antwortet somit auf einen „Abfrage"-Impuls.

Die Leistung des Racon-Echos ist von der Sendeleistung der Antwortbake abhängig, nicht von der effektiven Echofläche des Radarzieles (Racon-Feuerschiff). Das Racon-Signal ist somit sowohl energiereicher als auch länger als der eigentliche reflektierte Echoimpuls des Radarziels.

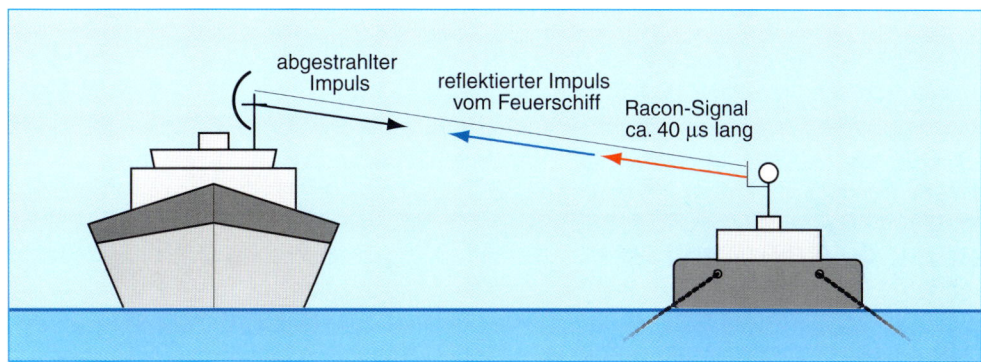

Um das Racon-Antwortsignal von einem gewöhnlichen Echo unterscheiden zu können, besteht es aus einem oder mehreren Impulsen, die in einem bestimmten Abstand nach dem Eintreffen des Sendeimpulses eines Schiffsradars vom Racon abgestrahlt werden und als radiales Signal hinter der eigentlichen Ortung des Raconsenders (z. B. Feuerschiff) auf dem Radarbildschirm abgebildet werden und somit eine schnelle Identifikation ermöglicht (z. B. Großtonne „Elbe" in einer Ansammlung vieler anderer Fahrzeuge). Impulszahl und Impulsabstände machen die Kennung eines Racons aus.

4.3 Die Auflösung

4.3.1 Grundsätzliches

Begriff: Unter der Auflösung versteht man die (getrennte) Darstellungsfähigkeit von Radarzielen auf dem Radarschirm.

Auf dem Radarschirm soll möglichst natur- und detailgetreu die schiffsumgebende Wirklichkeit abgebildet werden. Das bedeutet u. a., dass insbesondere gegnerische Fahrzeuge in ihrer Individualität geortet werden und nicht ineinander überfließen.
Auf dem Bildschirm wird ein Signal immer dann abgebildet, wenn ein Reflexionsimpuls von der Radarantenne aufgenommen und die negative Gitterspannung zurückgenommen, der Elektronenstrahl also entsperrt wird.
Diese Entsperrung und damit die Abbildungsgröße auf dem Schirm ist – wie bereits in vorherigen Kapiteln dargestellt – von der Impulslänge und der horizontalen Strah-

Radarkunde

lungsbündelung des Radarimpulses abhängig. Außerdem spielen Entfernung und Größe des Radarobjektes, die Höhe der aussendenden/empfangenden Antenne sowie ihre vertikale Bündelung eine Rolle.

Aufgrund dieser Vorgaben ist deshalb eine (getrennte) Darstellung – die Auflösung – nicht immer gegeben.

4.3.2 Die Nahauflösung

> **Begriff:** Unter der „Nahauflösung" versteht man die kürzeste Entfernung zur Radarantenne, in der noch Ziele aufgefasst und angezeigt werden können, d. h. der Radius des Nahbereichs der Radaranlage.

Nahauflösung in Abhängigkeit von der Impulslänge

Der Nahbereichsradius der Radaranlage ist etwas größer als die halbe Impulslänge, da nach der Aussendung des Radarimpulses die Antenne durch den Sende-Empfangsumschalter auf Empfang geschaltet werden muss. Die Umschaltzeit ist von Baumuster zu Baumuster unterschiedlich lang. Sie ist zwar sehr kurz, aber bei der Feststellung der Nahauflösung nicht zu vernachlässigen. Sollte sie z. B. nur 0,03 µs betragen, so würde das einer Impulslänge von 9 m entsprechen.

Die Nahauflösung ist somit abhängig von der jeweils abgestrahlten Impulslänge und der Umschaltzeit des Sende-Empfangs-Umschalters.

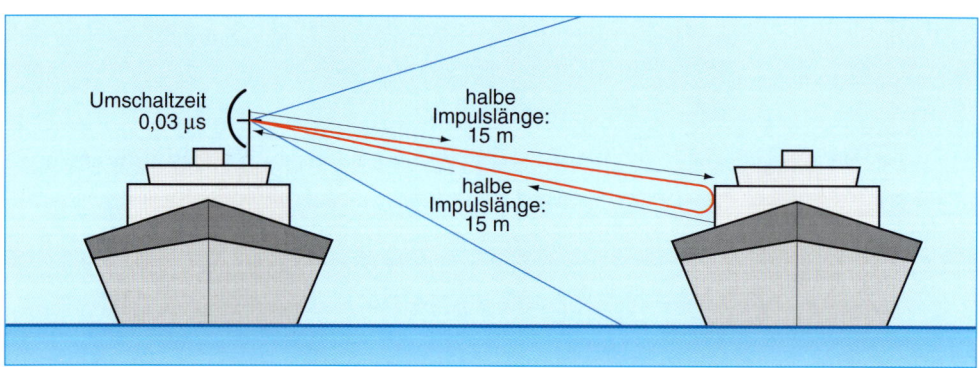

Erklärung

Radarziele, die näher als die halbe Impulslänge zur Antenne stehen, können nicht angezeigt werden, da die Echo-Impulse bereits wieder die Antenne erreichen, wenn das von der Antenne abgestrahlte Impulsende diese erst gerade verlässt, der Sende-Empfangsumschalter also noch auf Senden geschaltet ist.

Beispiel

Die geschaltete Impulsdauer 0,1 µs (bei kleiner Range) entspricht einer Impulslänge von 30 m.
Halbe Impulslänge = 15 m + 9 m für Umschaltzeit (s. o.): *Nahauflösung: 24 m*.

Nahauflösung in Abhängigkeit von der Antennenhöhe

Radarziele, die aufgrund der Antennenhöhe in Verbindung mit der vertikalen Bündelung der abgestrahlten Keule nicht erfasst werden können, kommen selbstverständlich auch nicht zur Anzeige (s. Kapitel 3.3.5).

Will man z. B. auf einer Yacht die Antenne in einer relativ geringen Höhe anbringen um u. a. die Seegangsreflexe zu minimieren und kleinere Radarziele wie Tonnen noch zu erfassen, so sollte der so genannte „tote" Winkel nicht kleiner sein als die durch die Impulslänge und Umschaltzeit bedingte Nahauflösung.

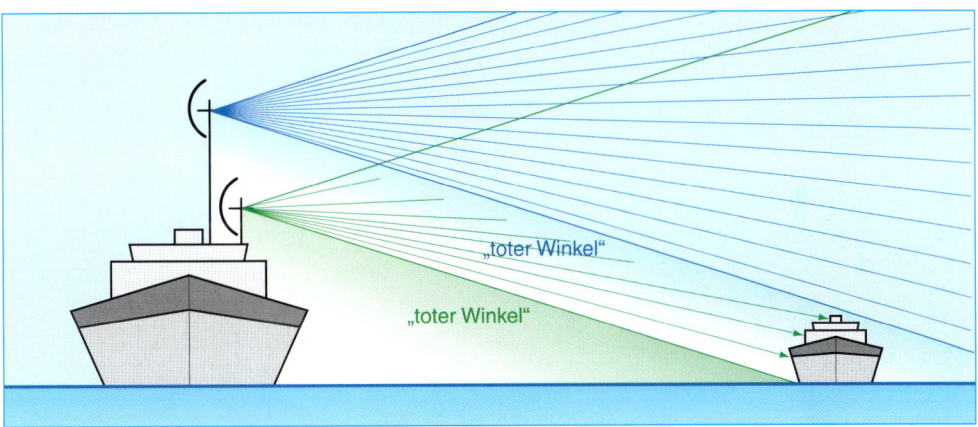

Beispiel

Die Nahauflösung aufgrund der Impulslänge und Sende-Empfangs-Umschaltzeit beträgt 24 m; der „tote" Winkel entsprechend ebenfalls 24 m. Die vertikale Bündelung umfasst 22°.

Die Antennenhöhe sollte dann wenigstens nach der Formel (s. Kapitel 3.3.5)

$$h_{Ant} = e \times \tan \beta/2$$

4,70 m betragen (24 m x tan 11°).

4.3.3 Die radiale Auflösung

Begriff: Unter der „radialen Auflösung" versteht man den Mindestabstand, den zwei hintereinander in der gleichen Peilung liegende Punktziele haben müssen, damit ihre Echoanzeigen auf dem Radarbildschirm getrennt erscheinen.

In den Abbildungen auf Seite 102 oben und unten links werden die beiden in gleicher Peilung, aber unterschiedlichen Abständen zueinander stehenden Punktziele getrennt auf dem Bildschirm dargestellt, d. h. also aufgelöst, da der Abstand der beiden Ziele

Radarkunde

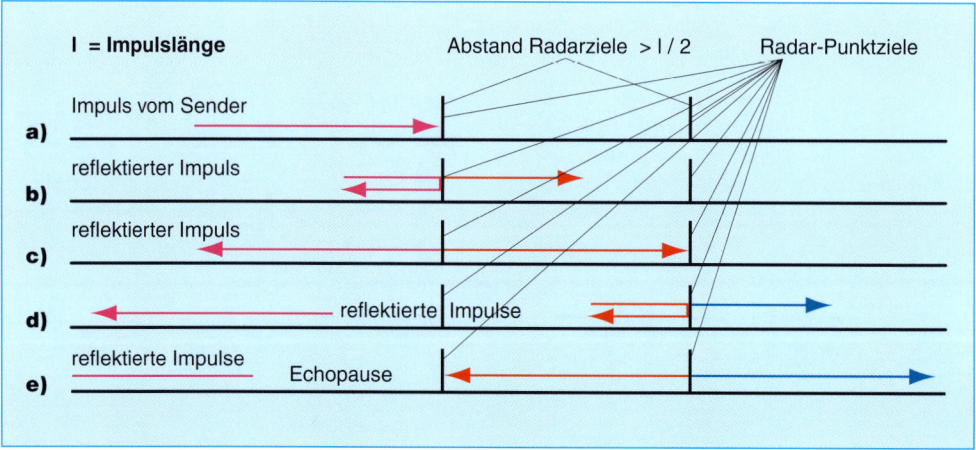

zueinander größer ist als die halbe Impulslänge der von der Radarantenne abgestrahlten Energie.

Sollte z. B. die Impulsdauer 1 ms betragen, was einer Impulslänge von 300 m entspricht, so würden die beiden Radarziele auf dem Bildschirm aufgelöst, wenn ihr Abstand zueinander mehr als 150 m beträgt.

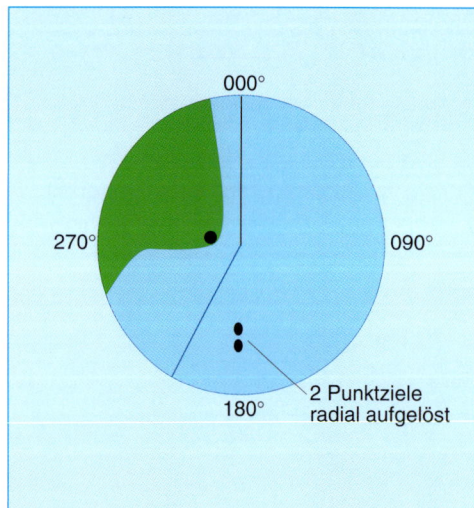
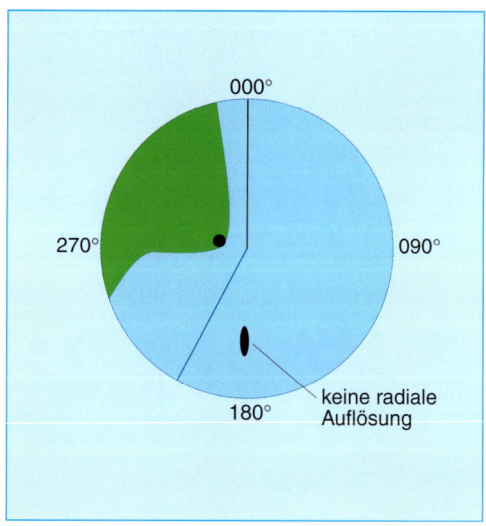

Im Gegensatz dazu ist eine radiale Auflösung nicht möglich, wenn der Abstand der beiden in gleicher Peilung zueinander stehenden Radarziele weniger als die halbe Impulslänge beträgt, wie es in den oben rechts und nachfolgend stehenden Abbildungen der Fall ist, da der vom zweiten Punktziel reflektierte Impuls nahtlos an den vom ersten Objekt abgestrahlten Impuls anschließt und deshalb beim Aufzeichnen auf dem Radarschirm während der gesamten Zeit der aufzeichnende Elektronenpunkt auf seinem Weg zum Bildschirmrand durch die Wegnahme der negativen Gitterspannung entsperrt bleibt und folglich nur ein langes radiales Echo aufzeichnet.

4 Radarziele

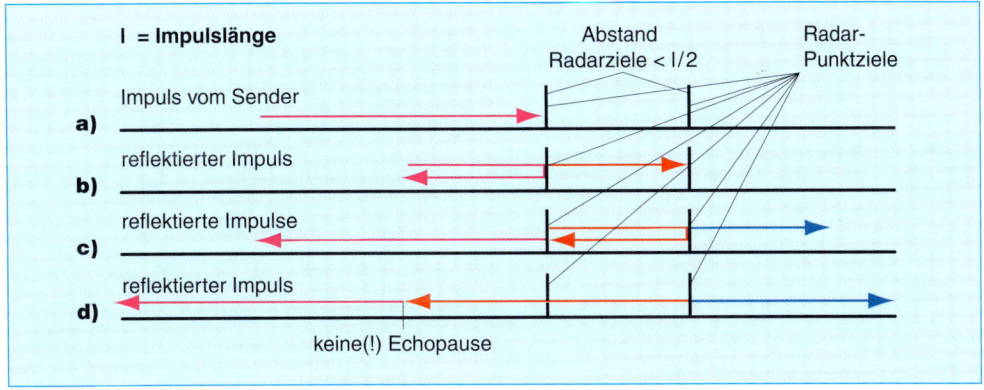

Einige Beispiele

Impulsdauer/-länge und radiale Auflösung

Impulsdauer	1,0 µs	→	Impulslänge	300 m	→	radiale Auflösung	>	150 m
Impulsdauer	0,5 µs	→	Impulslänge	150 m	→	radiale Auflösung	>	75 m
Impulsdauer	0,25 µs	→	Impulslänge	75 m	→	radiale Auflösung	>	38 m
Impulsdauer	0,05 µs	→	Impulslänge	15 m	→	radiale Auflösung	>	8 m

4.3.4 Die azimutale Auflösung

Begriff: Unter der „azimutalen Auflösung" versteht man den geringsten Winkelabstand, den zwei nebeneinander im gleichen Abstand vom Sender liegende Punktziele haben müssen, damit ihre Echoanzeigen auf dem Bildschirm getrennt erscheinen.

Azimutale Auflösung

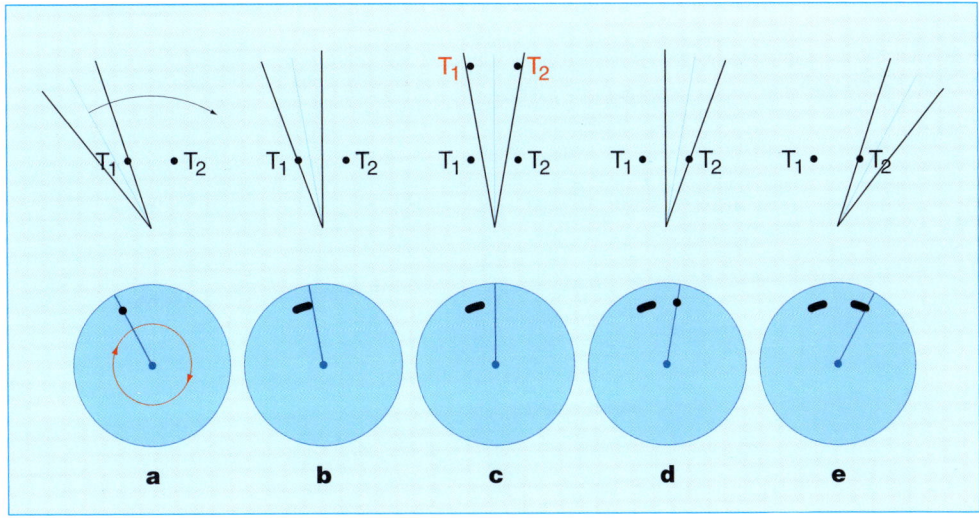

Radarkunde

Es befinden sich diesmal zwei Punktziele im gleichen Abstand, aber in unterschiedlicher Peilung (Azimut) zur Radarantenne. Die horizontal relativ scharf gebündelte Radarkeule überstreicht diese beiden Punktziele. Immer dann, wenn die Keule ein Ziel erfasst, wird Energie reflektiert und dort auf dem Bildschirm aufgezeichnet, wo sich gerade die synchron zur Antenne laufende Ablenkspur befindet, d. h., die Ablenkspur läuft synchron zur Mitte der Radarkeule (z. B. „horizontale Bündelung" 2° – Mitte 1°).

> Aufgrund dieser Erkenntnis haben auch Objekte geringer Ausdehnung (Punktziele) auf dem Bildschirm immer eine aufgezeichnete Mindestgröße entsprechend der am Erfassungsort bestehenden jeweiligen Bündelungsbreite.
> Dieses bedingt z. B. eine um den halben horizontalen Bündelungwinkel falsche Radarpeilung von vorausbefindlichen Landzungen.

In den Situationen a und b wird das Radar-Punktziel T_1 erfasst und deshalb entsprechend der horizontalen Bündelungsbreite (z. B. 2°) aufgezeichnet. In c befindet sich die rotierende Keule zwischen den beiden Zielen, womit keine Abbildung auf dem Schirm erfolgt, während in den Situationen d und e die Keule jetzt das Radar-Punktziel T2 erfasst und es ebenfalls entsprechend der Bündelungsbreite aufzeichnet. Beide Radarziele werden somit getrennt erfasst und damit „aufgelöst", d. h. getrennt auf dem Schirm dargestellt.

Würden dieselben Radarziele allerdings in einer größeren Entfernung zur Radarantenne geortet (Situation c/rot), so würden sie nicht mehr getrennt abgebildet werden können, da sie beide aufgrund der konvergierenden Keulenstruktur mit zunehmender Entfernung beide zur gleichen Zeit von der Keule erfasst würden (Erklärung s. unten).

Keine azimutale Auflösung

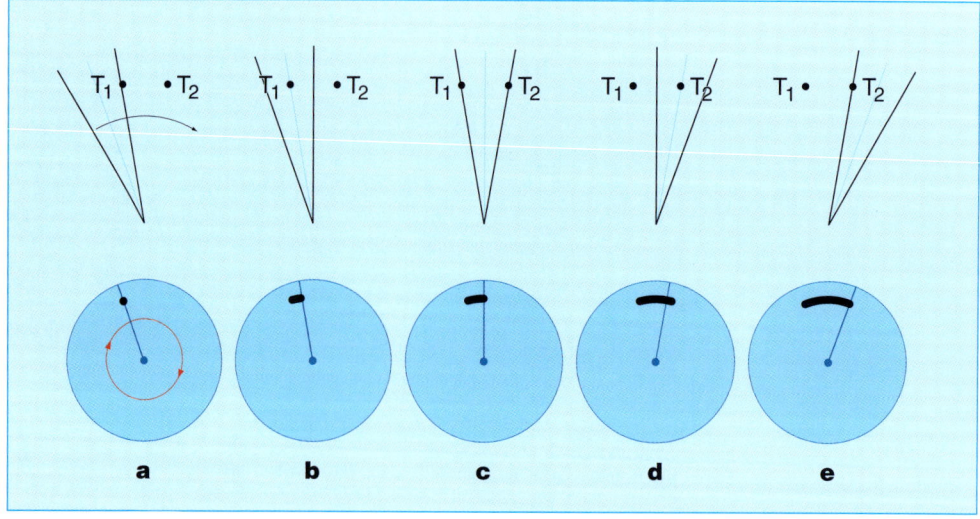

Es befinden sich wieder zwei Punktziele im gleichen Abstand, aber in unterschiedlicher Peilung (Azimut) zur Radarantenne. Die Radarkeule überstreicht diese beiden Punktziele und zeichnet immer dort auf dem Bildschirm auf, wo sich die Ablenkspur befindet („Mitte Radarkeule").

In den Situationen a und b wird das Radar-Punktziel T_1 erfasst und deshalb entsprechend der horizontalen Bündelungsbreite (z. B. 2°) abgebildet. In c verlässt die rotierende Keule das Punktziel T_1 (es wird aber noch Energie reflektiert), erfasst hingegen bereits T_2, sodass auf dem Bildschirm ohne Unterbrechung aufgezeichnet wird.

In den Situationen d und e erfasst die Keule nur noch das Radar-Punktziel T_2 und zeichnet es entsprechend der Bündelungsbreite auf. Beide Radarziele werden hier nicht getrennt erfasst und somit auch nicht „aufgelöst" auf dem Schirm dargestellt.

Aufgrund dieser Überlegungen kann z. B. bei der Ansteuerung einer Küste eine Flussmündung auf größere Entfernung nicht zur Anzeige kommen, d. h. nicht aufgelöst werden.

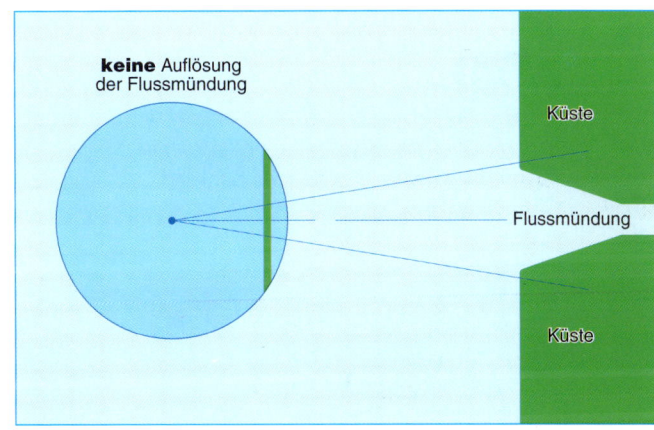

Dieses geschieht erst nach einer gewissen Annäherung des Schiffes an die Küste.

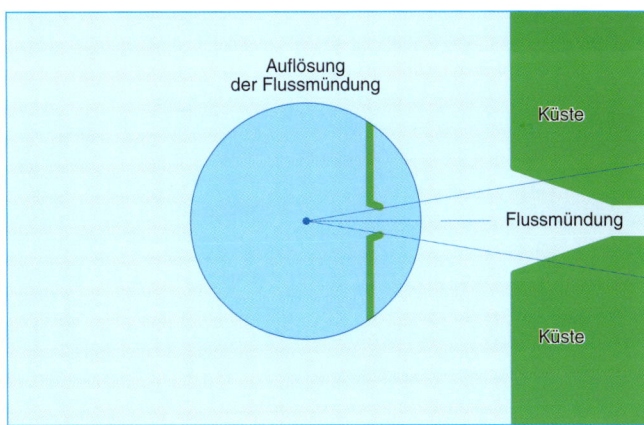

Die „azimutale Auflösung" ist abhängig von
a) der horizontalen Bündelungsbreite des Radarimpulses und von
b) der Nähe bzw. Entfernung der Radarziele zur Radarantenne.

4.4 Störungen des Radarbildes

Leider werden auf dem Radarbildschirm nicht immer die Ortungen abgebildet, die der Radarbenutzer beobachten möchte, sondern es kommt zu Echoanzeigen, die in der Peilung bzw. Entfernung so nicht vorhanden sind (Echomehranzeigen), oder – was noch viel unangenehmer sein kann – vorhandene Objekte werden nicht als Radarziele erkannt und somit nicht dargestellt (Echowenigeranzeigen).

Selbstverständlich muss der/die Radarbeobachter(in) um diese Erscheinungen wissen, damit er/sie nicht zu Fehlhandlungen verleitet wird bzw. es nicht zu Havarien kommt.

4.4.1 Echomehranzeigen

Mehrfachechos durch Reflexion
Das Fehlecho entsteht dadurch, dass der abgestrahlte Impuls vom Radarziel zur Küste gelenkt und von dort zur Schiffsantenne zurückgespiegelt wird, die den Impuls aufnimmt und das „Fehlecho" auf der synchron zur Antenne laufenden Ablenkspur aufzeichnet (die in Richtung des realen Radarziels steht).

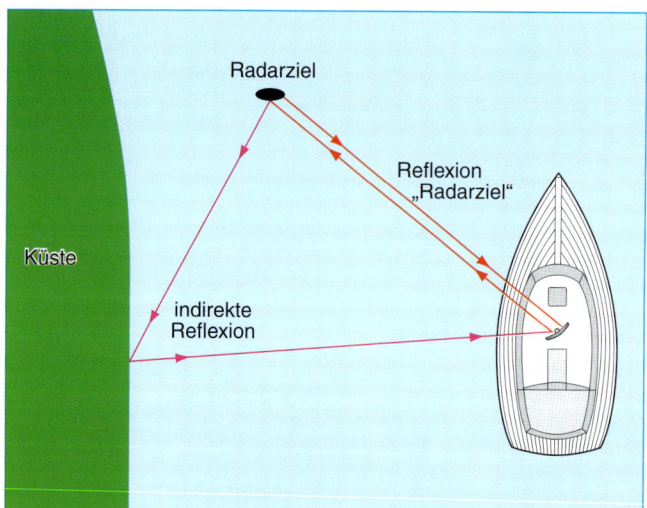

Mehrfachechos können auch dadurch entstehen, dass bei geringem Abstand der Radar-Impuls z. B. zwischen zwei Schiffen oder zwischen dem Eigenschiff und einer Steilküste – je nach Energiestärke – mehrmals hin- und herreflektiert wird und dabei jeweils ein Teil des Echoimpulses von der Empfangsantenne aufgenommen wird und zur Anzeige kommt.

Mehrfachechos haben auf dem Schirm immer den gleichen Abstand voneinander.

Eine hinter dem Gegner verlaufende Küstenlinie (s. oben) kann u. U. unterbrochen erscheinen, da sie im „Schatten" liegt.

Mehrfachechos durch Reflexion können aufgrund einer ganzen Reihe von Ursachen in vielfältiger Form vorkommen.

4 Radarziele

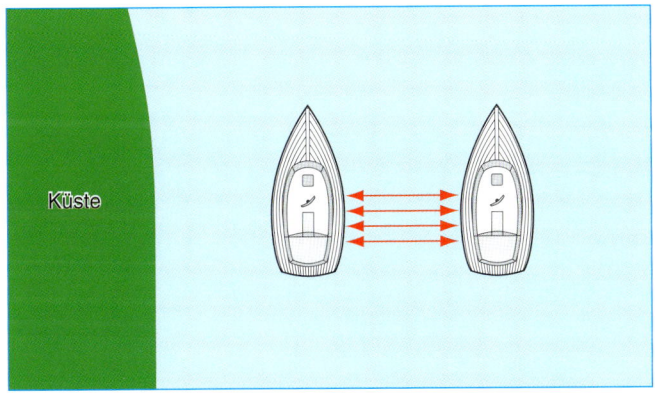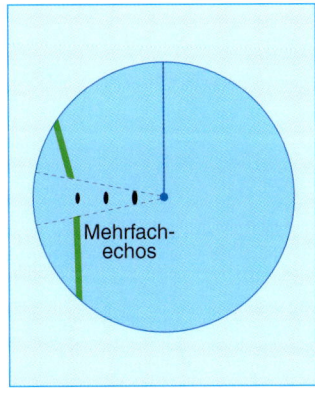

Indirekte Echoanzeigen durch Reflexion

Falsche Echoanzeigen können dadurch entstehen, dass Radarimpulse vor ihrem Empfang reflektiert werden (z. B. an einem Mast) und dann durch diese Reflexion aus einer falschen Richtung beim Empfänger eintreffen. Sie werden dann auf dem Bildschirm durch die Ablenkspur in der falschen Richtung aufgezeichnet, da die Ablenkspur synchron zur Antenne in Richtung ablenkendes Objekt steht (Mast). Die unterschiedlichen Abstände des richtigen Echos und des Fehlechos (etwas längere Laufzeit) vom Bildmittelpunkt sind auf dem Bildschirm nicht zu erkennen.

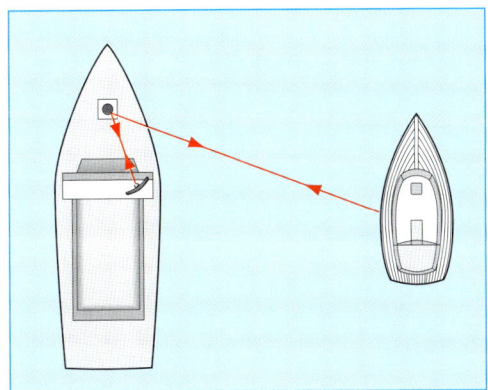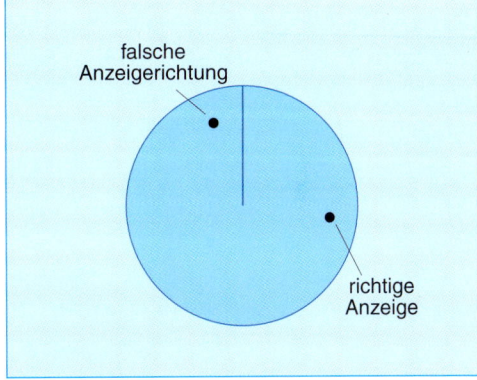

Seitenzipfel-Fehlechos (Schlitzantenne)

Eine Radarantenne strahlt selten nur die Hauptkeule ab; sie erzeugt weitere schwach gebündelte so genannte Nebenkeulen bzw. Seitenzipfel, die mit weniger Energie ausgestattet sind.

In nachstehender Abbildung wird das Strahlungsdiagramm einer Schlitzantenne zu Grunde gelegt.

Sollten in der Nähe befindliche Radarziele durch diese Seitenzipfel erfasst werden, so wird ihre Energie ebenfalls reflektiert, von der Antenne aufgenommen und dann in Richtung der Hauptkeule (Hauptkeule synchron zur Ablenkspur), d. h. somit in falscher Richtung, auf dem Bildschirm aufgezeichnet

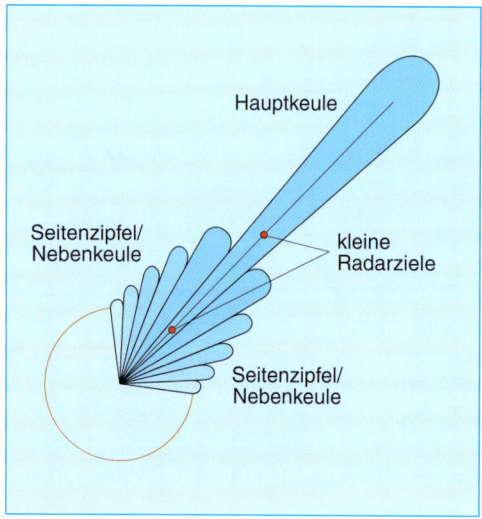
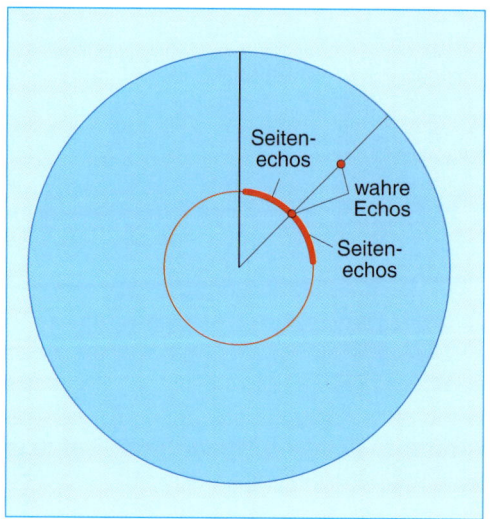

Seitenzipfel-Fehlechos entstehen insbesondere bei kleineren Antennenspannweite und/oder wenn sie beschädigt bzw. verschmutzt sind.

Seitenzipfel-Fehlechos (Parabolantenne)

Bei der nur noch selten in der Schifffahrt anzutreffenden Parabolantenne haben die Fehlechos, die durch die Nebenzipfel hervorgerufen werden, aufgrund des Strahlungsdiagramms dieser Antenne eine etwas andere Form: Sie erzeugen einen vierfach unterbrochenen Kreis, wobei die „richtige" Radarzielortung aufgrund der schärferen Bündelung der horizontalen Keule (z. B. 2°) die enger begrenzte Anzeige ist.

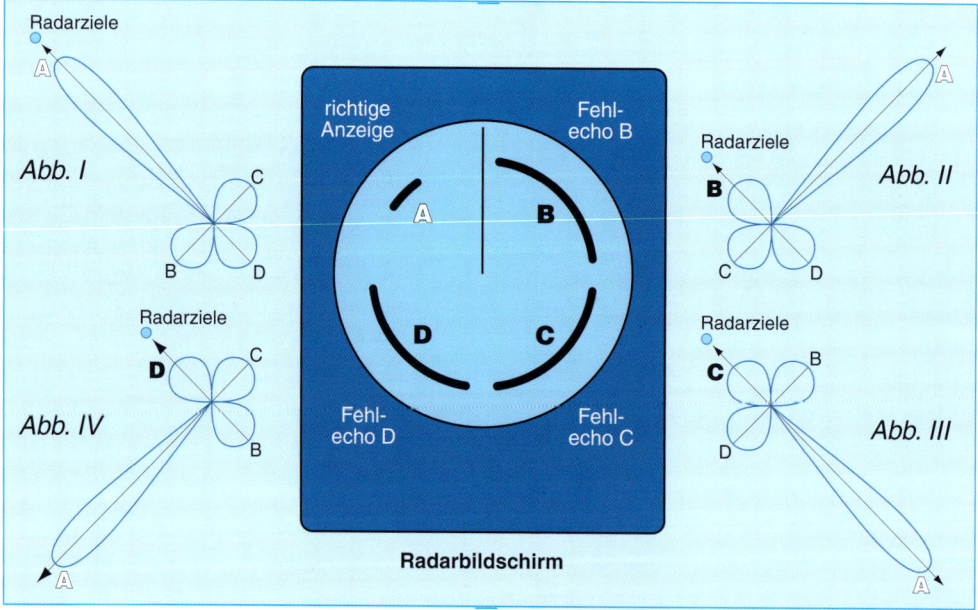

In der Abbildung I. ist die Hauptkeule A auf ein in der Seitenpeilung von 315° befindliches Radarziel gerichtet. Die Ortungsanzeige erfolgt deshalb in der 315°-Richtung auf dem Schirm.

Nach 90° Drehung der Antenne ist jetzt die Nebenkeule B (Abbildung II.) auf das Radarziel gerichtet. Die Ablenkspur zeigt synchron zur Antenne in die Richtung von 45° und zeichnet dort den diffuser strahlenden Echoimpuls dieser Nebenkeule als großes azimutales Echo auf.

Nach weiterer Drehung um 90° wird in gleicher Weise die Nebenkeule C (Abbildung III.), die auf das Radarziel zeigt, in der Richtung von 135° aufgezeichnet und in Abbildung IV. die Nebenkeule D in Richtung 225° abgebildet.

Die Seitenzipfelfehlechos – unabhängig davon, mit welcher Antennenform (Parabol- oder Schlitzantenne) gesendet und empfangen wird – können dadurch vom Schirm gebracht werden, dass die Nahechodämpfung (anticlutter sea) vorsichtig betätigt wird.

Auch lassen sie sich dadurch beseitigen, dass man die Verstärkung (gain) subtil herunterregelt, denn Nebenkeulen haben eine schwächere Strahlungsenergie als die Hauptkeule, womit auch weniger Energie zur Reflexion kommt.

Vorsicht
Mit Herabregelung der Nahechodämpfung oder der Verstärkung können auch „richtige" (gewünschte) Echos auf dem Schirm unterdrückt werden, wobei die Betätigung der Verstärkung auf das gesamte Bild wirkt, während bei der Seegangsenttrübung nur je nach Einstellung ca. $1/3$ des Bildschirms vom Mittelpunkt ausgehend zur Dämpfung kommt.

Fremde Radarsender

Arbeiten fremde Radargeräte auf der gleichen oder einer nur wenig verschiedenen Frequenz wie die eigene Anlage, so werden diese fremden Impulse durch die Haupt- und Nebenkeulen von der eigenen Antenne aufgenommen und zur Anzeige gebracht.

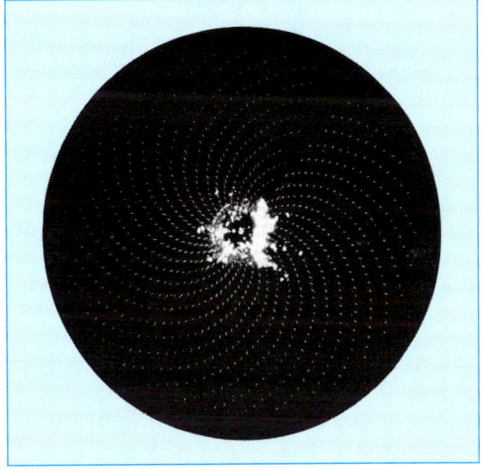

Wären die Impulsfolgefrequenzen genau gleich, was selbst bei identischen Baumustern nicht vorkommt, so würden die Impulse während jeder Ablenkspur an der gleichen Stelle eintreffen, und auf dem Schirm entstände ein leuchtender Kreis.

Da dieses aber – wie gesagt – nicht vorkommt, werden die Impulse in immer größerem Abstand angezeigt, und man erhält Reihen von spiralförmig gekrümmten, von der Mitte des Schirms nach außen laufenden Leuchtpunkten, die dadurch unterbrochen sind, dass nur Fremd-Impulse während der Zeitdauer der Zeitablenkung empfangen werden (Sende-Empfangs-Umschaltung).

Unterdrückung (Interference Rejection)

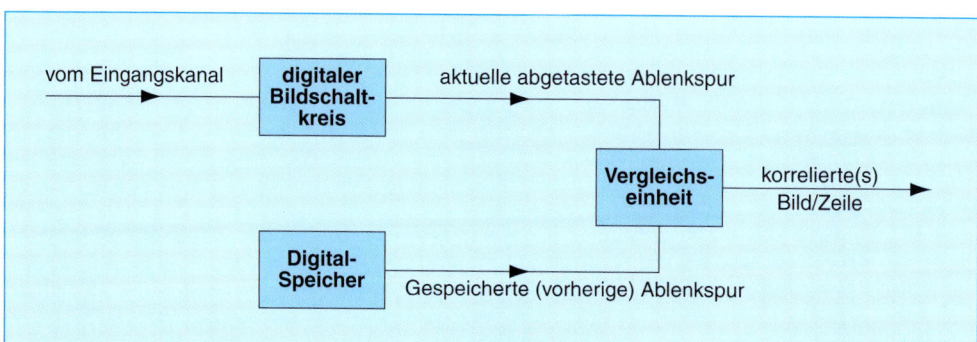

Eine Unterdrückung der unerwünschten, allerdings eindeutig als Fehlechos zu interpretierenden Perlschnüre ist bei Raster-Scan-Bildschirmgeräten durch das Line-to-line-Korrelationsverfahren möglich.

Es wurde umfassend im Kapitel 3.6.5 (Korrelationsverfahren) beschrieben.

In der oberen Abbildung ist in einem einfachen Schaltbild dargestellt, wie die jeweils aktuelle Zeile mit der vorherigen gespeicherten Zeile auf Übereinstimmung verglichen wird. Die untere Abbildung zeigt den Vergleich der gespeicherten 1. Ablenkspur mit der aktuellen abgetasteten 2. Ablenkspur und das auf dem Bildschirm dargestellte Ergebnis: Die durch den fremden Radarsender erzeugten Fehlechos (1) werden auf dem Raster-Scan-Bildschirm nicht zur Anzeige gebracht (0).

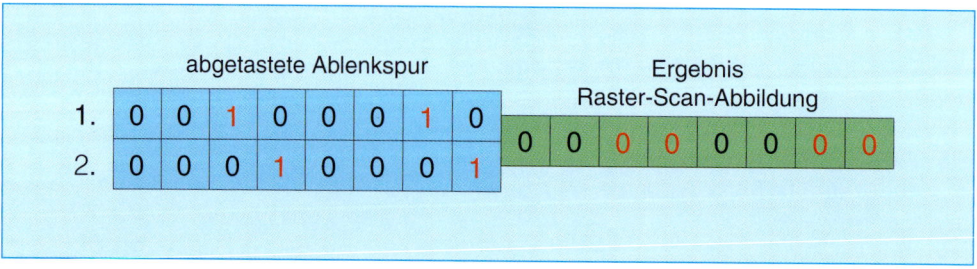

Echoanzeigen auf der zweiten Ablenkspur

Prämisse: geschalteter Messbereich: 12 sm
Impulsfolgefrequenz: 1000 Hz
Impulsabstand: 1000 μs
Sperrbereich: 12 – 81 sm

Radarechos, die sich außerhalb des am Gerät eingestellten Messbereichs befinden, treffen erst nach Ablauf der Zeitablenkung (Zeitraum, den der Elektronenpunkt zum Bildschirmrand läuft – je nach geschaltetem Messbereich) ein und werden nicht mehr angezeigt, da jetzt das Gerät gesperrt ist (nicht mehr empfängt).

4 Radarziele

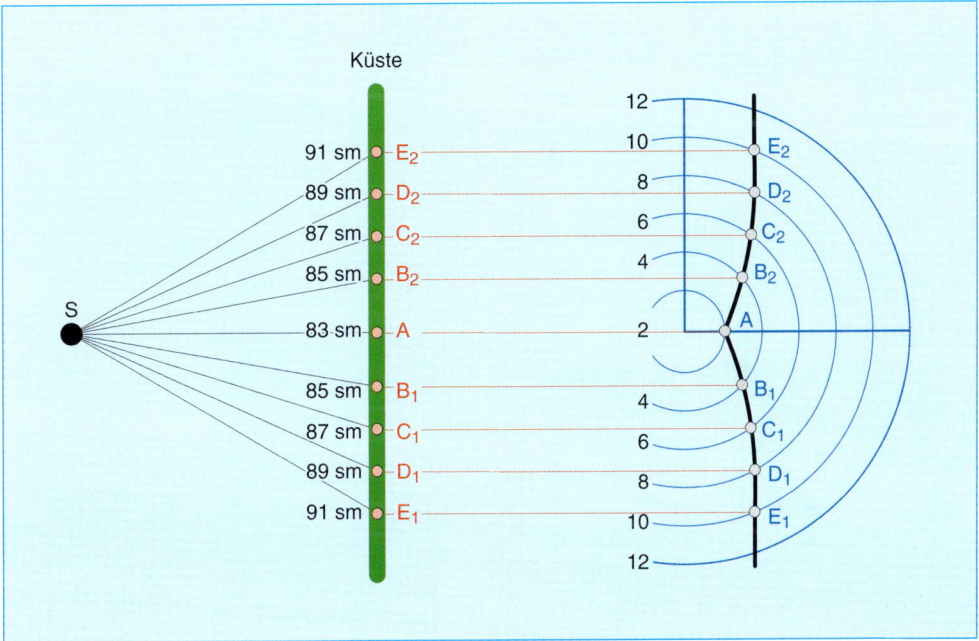

Die Impulsfolgefrequenz wird so gewählt, dass alle zu erwartenden derartigen Echos entsprechend den normalen atmosphärischen Bedingungen in diese Sperrzeit fallen, d. h. also zwischen zwei aufeinander folgende Ablenkungen.

Gibt es nun aber durch besondere atmosphärische Bedingungen (z. B. warme, feuchte Luft liegt tief über kalter, trockener Luft) Überreichweiten, so ist es denkbar, dass der Echoimpuls eines Radarziels von der Empfangsantenne aufgenommen wird, welches so weit entfernt ist (z. B. > 81 sm – s. Beispiel oben), dass dieses Echo nicht mehr in die Sperrzeit fallen würde (im Beispiel oben wäre das Gerät wieder nach 1000 µs geöffnet, was einer Laufzeit von 162 sm und damit einer Radarzielentfernung von 81 sm entspricht), allerdings bei neuer Zeitablenkung (2. Ablenkspur).

Dieses sehr weit entfernte Objekt würde also auf der nächsten – der 2. – Ablenkspur in einer falschen Entfernung angezeigt werden.

Wäre die Impulsfolgefrequenz in einem kleineren geschalteten Messbereich – z. B. 3 sm – 2000 Hz, so würde der Impulsabstand 500 µs betragen, und der Sperrbereich läge bei „nur" 3 – 40,5 sm. Es könnten somit Radarziele über 40,5 sm auf der 2. Ablenkspur zur Anzeige kommen.

Eine scharfe Steilküste bildet sich dann (wie oben gezeichnet) „verzerrt" auf dem Radarschirm ab.

Fehlechos durch Überwasser-Stromkabel

Elektromagnetische Wellen (Radarwellen) können auf elektromagnetische Felder, welche Stromkabel umgeben, so reagieren, dass ein Fehlecho auf dem Radarschirm erscheint. Das so entstandene Fehlecho erscheint auf dem Schirm in der Richtung und Entfernung des Kabels rechtwinklig vom Schiff zum Stromkabel.

Unglücklicherweise wird das Stromkabel selbst nicht reflektiert (außer es ist mit Kugelreflektoren bestückt) und damit angezeigt, sodass es u. U. sehr schwierig ist, das Fehlecho als Reaktion auf das Kabel als falsches Echo zu interpretieren.

Bei einer Kursänderung, z. B. nach Steuerbord, würde aufgrund dieses physikalischen Phänomens selbstverständlich das Fehlecho wieder im rechten Winkel vom Schiff zum Stromkabel angezeigt werden, d. h., der Radarbeobachter würde eine Steuerbord-Bewegung des vermeintlichen Radarziels feststellen und damit eine Kollisionssituation aufgrund der stehenden Peilung.

Dieses Überseekabel-Fehlecho-Phänomen hat sich in dem Moment plötzlich aufgelöst, wo das Überwasserkabel nicht mehr von der vertikalen Strahlungskeule der Antenne erfasst wird.

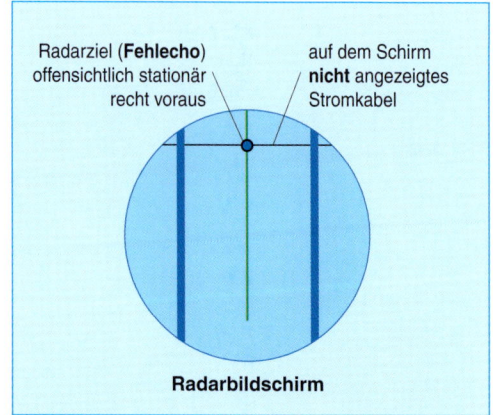

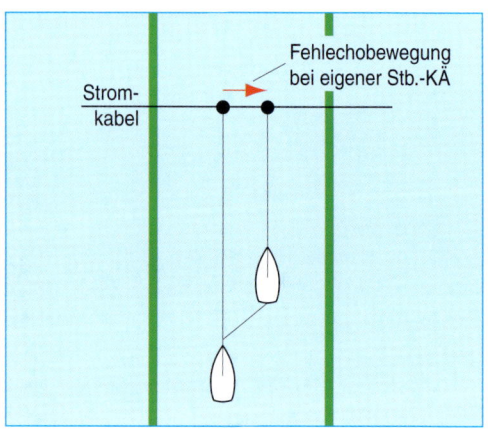

Beispiel

1 Läuft ein Überwasserkabel – wie in der linken Abbildung – schräg zum Fahrwasser, so bildet sich das Fehlecho bei größerer Entfernung des Schiffes im Ufer- bzw. Landbereich auf dem Radarschirm ab. Der Beobachter würde es wahrscheinlich aber nicht registrieren, weil es entweder in den vielen Landechos untergeht oder weil dieser Bereich für ihn nicht von Interesse ist.
2 Mit zunehmender Annäherung des Schiffes wandert jetzt das Fehlecho aus dem Land- in den Flussbereich, sodass der Radarbeobachter von einem querenden Fahrzeug (Fähre?) in stehender Peilung ausgehen muss.

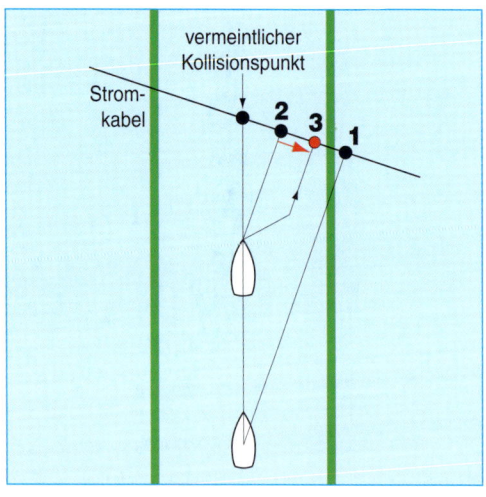

3 Sollte er aufgrund der Kollisionssituation handeln, indem er z. B. seine Fahrt reduziert oder stoppt, so würde auch der „Gegner" reduzieren oder stoppen. Eine Kursänderung – in der Abbildung nach Steuerbord – würde der „Gegner" ebenfalls mit einer rückwärtigen Kursänderung beantworten.
Egal, was also unser Radarbeobachter an Manövern einleitet, die stehende Peilung und damit die Kollisionssituation bleibt bestehen.

4.4.2 Echowenigeranzeigen

Radarschatten

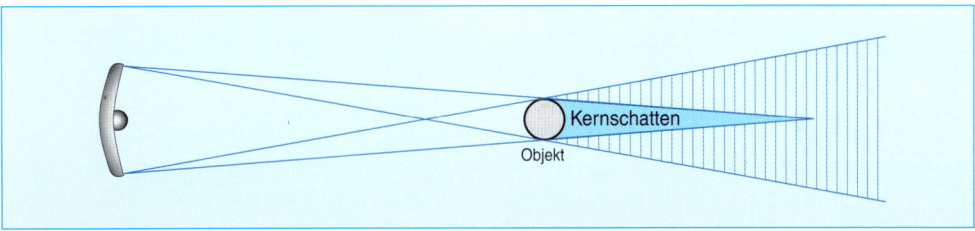

Fallen Radarstrahlen auf ein für sie undurchsichtiges Hindernis, so entsteht hinter diesem ein Schattenraum. Dieses gilt besonders für nahe stehende Objekte, da andernfalls aufgrund ihrer 50.000- bis 150.000fach größeren Wellenlänge gegenüber den Lichtwellen die Radarimpulse um das Hindernis herumgebeugt werden.

Radarantennen werden deshalb so aufgestellt, dass für den nach KVR wichtigen Steuerbord-voraus-Quadranten kein durch eigene Aufbauteile (z. B. Masten, Schornstein, Kräne) gebildeter Radarschatten besteht.

Sollte in einem Schattensektor ein Echo auf dem Bildschirm zu erkennen sein, so handelt es sich wahrscheinlich um ein Fehlecho (oder um ein reales, durch Beugung georteter Echo!).

Interferenz

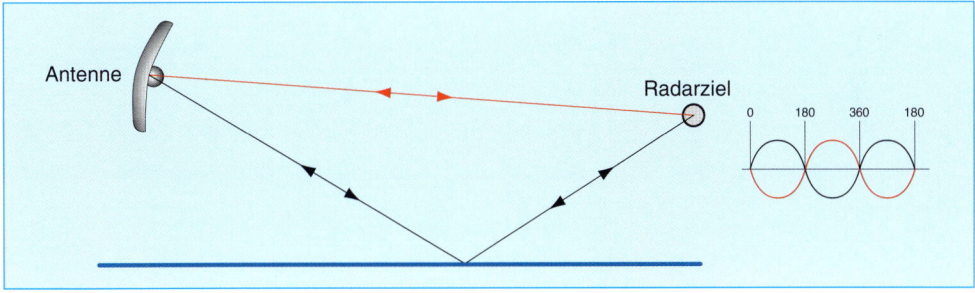

Wie in Kapitel 3.1.6 erläutert, entsteht infolge der Reflexion des Radarimpulses an der Wasseroberfläche durch Überlagerungen eine Aufzipfelung. Es heben sich dabei die Radarwellen mittels Phasenverschub von 180° auf (Interferenz).

Aufgrund dieser Erscheinung kann es vorkommen, dass von Radarzielen, die sich nahebei befinden und eine relativ geringe Rückstrahlfläche aufweisen, kein Echoimpuls empfangen und dementsprechend das Radarziel nicht zur Anzeige gebracht wird.

Diese Erscheinungen kommen allerdings sehr selten vor.

Seegangsreflexe
Die Seegangsreflexe werden unter „Echowenigeranzeigen" behandelt, da Realechos in ihnen oft nicht erkannt werden können.

Eine glatte Wasseroberfläche spiegelt normalerweise die abgestrahlten Impulse in den freien Raum. Bei unruhiger See und insbesondere bei größeren Antennenhöhen dagegen werden die einzelnen Wellen in Richtung der Antenne reflektiert und als Seegangsechos angezeigt, sodass sie oft „richtige" Radarziele überdecken. Die Dämpfung ist durch die Enttrübungseinstellung am Radar automatisch (A/C) oder manuell möglich (STC: Nahechodämpfung).

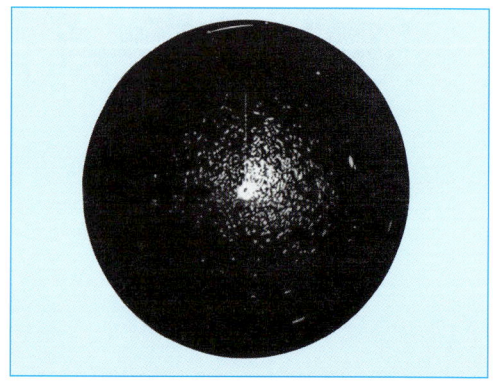

Da luvwärtiger Seegang besonders gut zur Antenne zurückreflektiert, leewärtiger Seegang dagegen in den freien Raum (s. Abb. unten), kann der Radarbeobachter leicht mithilfe des Radarbildes die Windrichtung bestimmen (s. Abb. rechts: Verschiebung der Reflexdarstellung).

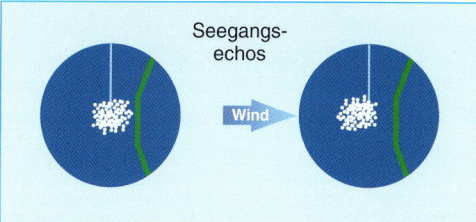

Seegangsechos

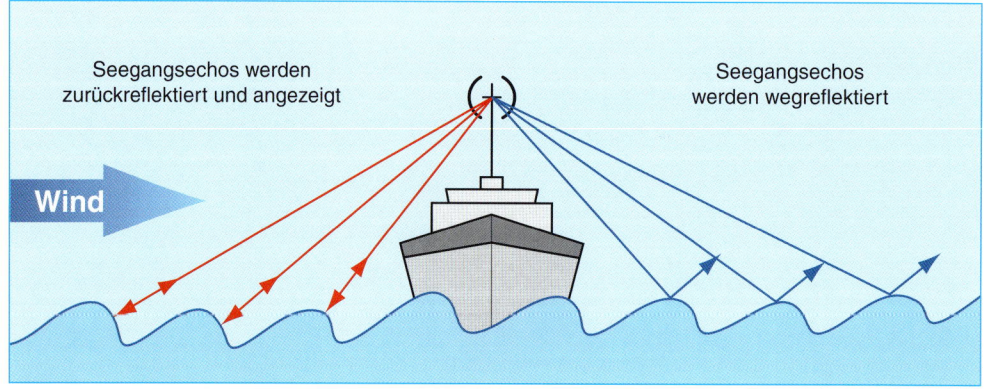

Seegangsechos werden zurückreflektiert und angezeigt

Wind

Seegangsechos werden wegreflektiert

Regen- und Wolkenechos
Da Radarimpulse Regentropfen (aber auch Schnee und Staub) – im Gegensatz zum sehr „feintröpfigen" Nebel – nicht durchdringen, werden sie auch auf dem Bildschirm

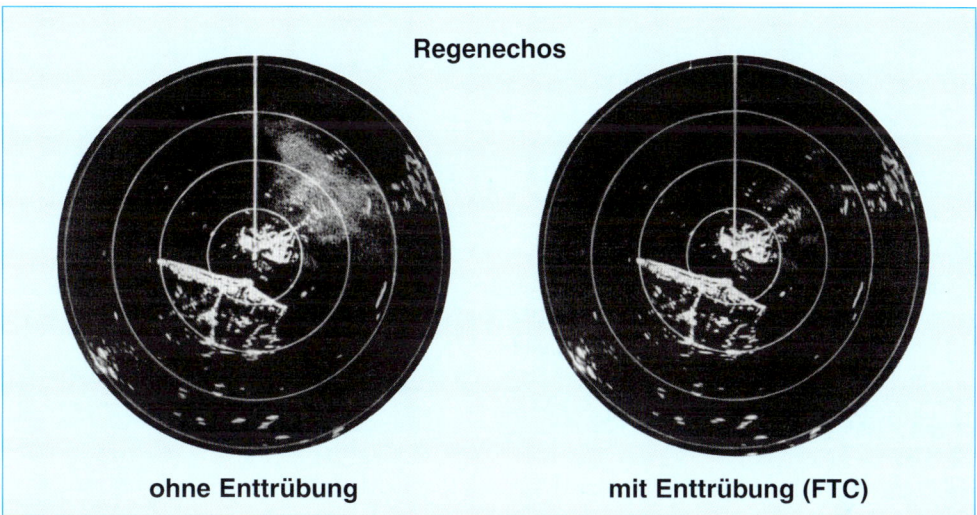

Regenechos

ohne Enttrübung — mit Enttrübung (FTC)

als Echos (u. U. auch Wolkenechos) angezeigt und überdecken „richtige" Radarziele: Die Dämpfung ist durch die Enttrübungseinstellung am Radar automatisch (A/C) oder manuell (FTC: Regenenttrübung) möglich.

> **Vorsicht:**
> Manuelle Einstellung subtil bedienen, da u. U. schwache, aber gewünschte Echos mit weggedämpft werden.

Der Radarbeobachter sollte u. U. vom X- auf das S-Band umschalten, da 10-cm-Wellen in der Trübung Schiffe besser herausfiltern (die Streuung ist bei 3-cm-Wellen stärker).

4.4.3 Radarziel-Falschdarstellung durch Rollbewegungen

Eine gewisse Lage-Instabilität von Radarzielen auf dem Bildschirm kann dadurch erfolgen, dass die auf einem Schiff in größerer Höhe installierte Antenne sich beim Rollen in schwerer See (= seitliches Überholen des Fahrzeugs) um einen parallaktischen Winkel aus der Mittelposition bewegt.

Diese Instabilität kann die Peilungsgenauigkeit des Echos erschweren und außerdem bei Raster-Scan-Anlagen aufgrund der „Roation-to-rotation-Korrelation" (s. Kapitel 3.6.5) dazu führen, dass ein Radarziel geringerer Rückstrahlfläche nicht angezeigt wird.

Der Peilfehler des Radarziels nach jeder Seite aus der Reallage ist am größten, wenn sich das Ziel recht voraus oder recht achteraus befindet; steht es in den Seitenpeilungen von 90° oder 270° ist der Betrag gleich null. Die Zwischenwerte variieren mit dem Kosinus der Seitenpeilung (cos q).

Dieser Wert lässt sich mit folgender Formel berechnen:

Radarkunde

$$e = \frac{180\ H \sin B \cos \gamma}{\pi R}$$

γ = Seitenpeilung
H = Antennenhöhe über Rollzentrum in Metern
B = Rollwinkel
R = Radarzielentfernung in Metern
e = Gesuchter Peilungsfehler

Beispiel

Antennenhöhe über Rollzentrum (!) 35 m, Rollwinkel 20°, Radarzielentfernung 1,5 sm (= 2778 m): Es würde ein Peilungsfehler von ¼ Grad nach jeder Seite entstehen, d. h., das Radarziel würde um ca. ½ Grad auf dem Bildschirm hin- und hergieren, was bei einem geschalteten Messbereich von 3 sm durchaus unangenehme Wirkungen hat. Je größer die Radarzielentfernung, desto kleiner wird allerdings der Gierwinkel.

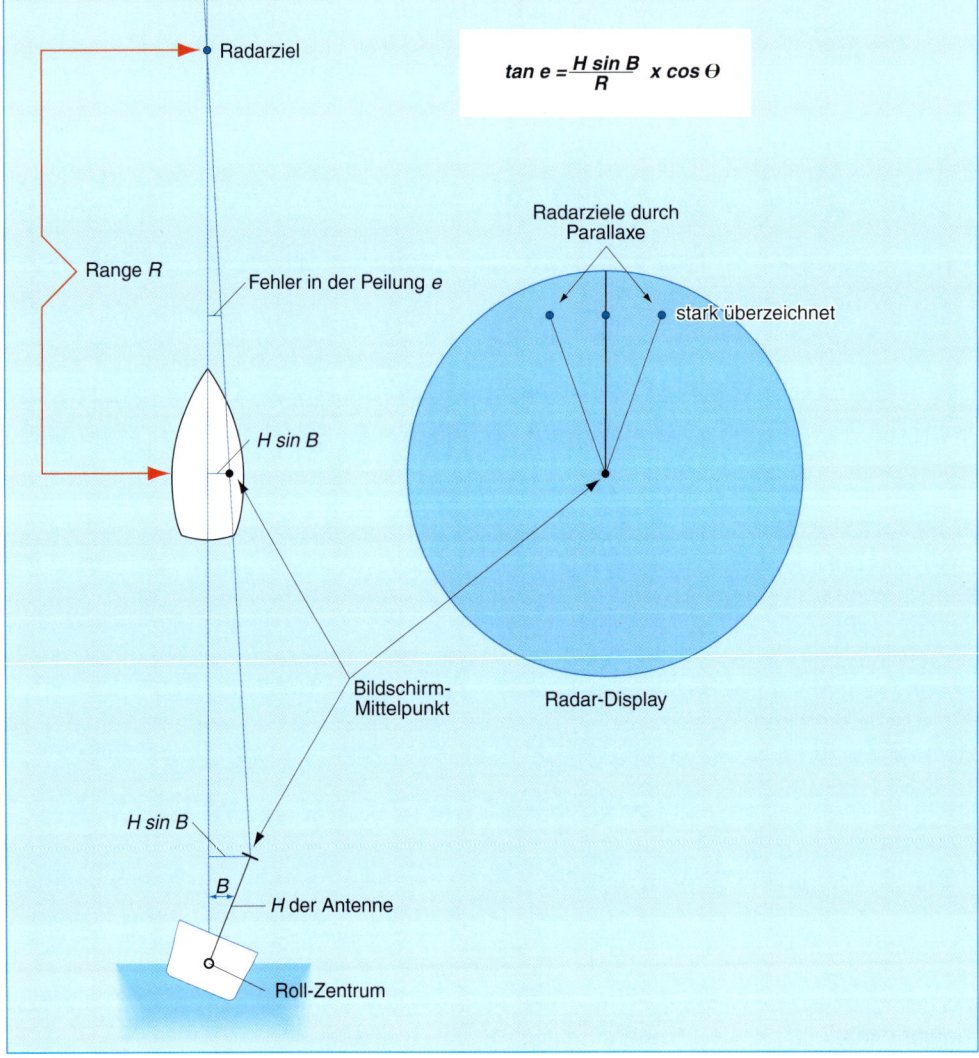

Segelyachten, die bei Segelfahrt maximal bis 20° (= Rollwinkel) überliegen, würden bei einer Antennenhöhe über dem Rollzentrum von z. B. 9 m und einer Radarzielentfernung von 1,5 sm die Vorausortung eines Objektes nur 0,06° an Steuerbord bzw. Backbord der Kurslinie beobachten. Solch eine Größe in der Radarziel-Falschdarstellung ist offensichtlich für diese Fahrzeuge nicht relevant! Bei Nebel wäre die Auswirkung noch geringer, da der Überliegewinkel aufgrund des kaum vorhandenen Windes noch kleiner ausfallen würde. Eine gedämpft-kardanisch aufgehängte Antenne wäre in diesem Fall kaum sinnvoll.

4.4.4 Reichweiten

Normale Reichweite

Die Reichweite eines abgestrahlten Radarimpulses ist, neben der notwendigen Energie, abhängig vom Luftdruck, der Lufttemperatur und bis zu einem gewissen Grade von der relativen Luftfeuchtigkeit.

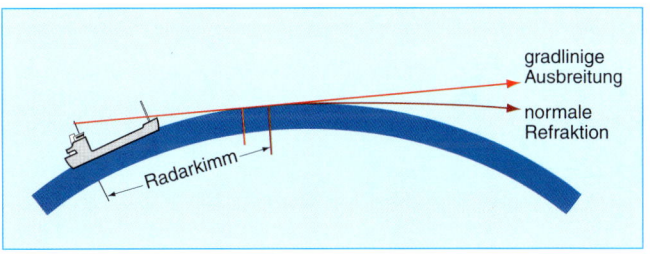

Als „normale" Konditionen hat man einen Luftdruck von 1013 hPa, eine Temperatur von 15° C und eine relative Luftfeuchte von 60 % zugrunde gelegt.

Unter diesen Umständen gilt ein Brechungsindex von 1,00325 (je größer der Wert, desto größer die Brechung/Refraktion im Medium; z. B.: Index im Vakuum = 1, Wasser = 1,3332, Diamant = 2,42).

Die „normale" Reichweite ist allgemein nur schwer zu definieren, da sie in hohem Maße von der Vertikalstruktur der Atmosphäre während der Jahreszeiten in den verschiedenen Breiten der Erde abhängt.

Super-Refraktion

Die „Super-Refraktion" erzeugt eine Überreichweite, d. h., es werden noch Radarziele erfasst, die normalerweise nicht mehr geortet werden können, weil sie hinter der Radarkimm liegen.

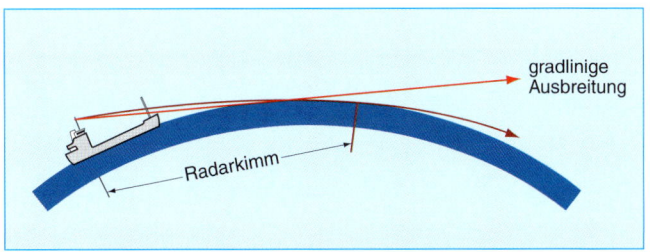

Überreichweiten von bis zu 40 % über der normalen Reichweite sind nicht ungewöhnlich.

Solch eine große und gute Empfangsreichweite ist im Allgemeinen immer dann gegeben, wenn der Brechungsindex mit zunehmender Höhe größer als normal ist, z. B. hervorgerufen durch eine geringere Temperaturabnahme oder sogar ansteigende Temperatur als normal und/oder eine Abnahme der relativen Luftfeuchte (mit zunehmender Höhe).

Diese Konditionen, so genannte Schönwetter-Konditionen mit hohem Luftdruck, sind insbesondere in den Tropen anzutreffen, im Sommer auch im Mittelmeer, dem Arabischen Golf und im Roten Meer.

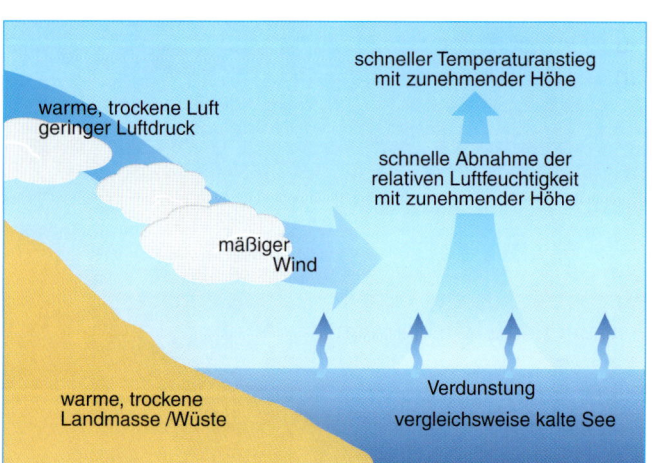

Für den Radarbeobachter ist aber im jeweiligen Seegebiet nicht grundsätzlich erkennbar, ob die Bedingungen für eine Super-Refraktion und damit für eine besonders gute Reichweite der Radarimpulse herrschen. Sich darauf aufgrund der oben genannten Voraussetzungen zu verlassen, sollte tunlichst unterbleiben.

Sub-Refraktion

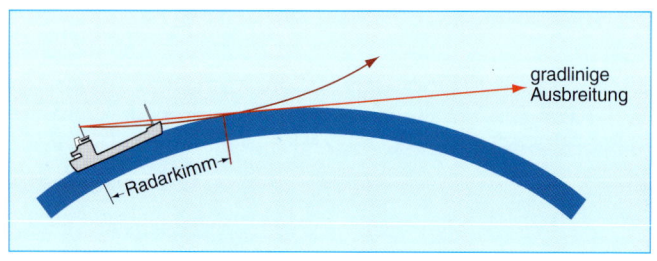

Unter der „Sub-Refraktion" (Sub = unter) – nicht zu verwechseln mit der Super-Refraktion – wird eine Unterreichweite verstanden. Bei ihr werden bestimmte Radarziele nicht mehr erreicht, die gewöhnlich noch innerhalb des Bereichs zur „normalen" Radarkimm erfasst werden müssten.

Unterreichweiten von bis zu 80 % der normalen Reichweite sind durchaus üblich.

Solch eine geringe und damit schlechte Ausbreitung ist bevorzugt immer dann gegeben, wenn der Brechungsindex mit zunehmender Höhe kleiner als normal ist, z. B. durch eine größere Temperaturabnahme mit zunehmender Höhe als üblich (kalte Luft über warmem Wasser: Einbruch polarer Luftmassen in niedrige Breiten) und/oder ein Anstieg der relativen Luftfeuchte mit der Höhe.

Diese Konditionen sind im Allgemeinen Schlechtwetter-Konditionen mit niedrigem Luftdruck, die in kleinerer oder größerer Ausdehnung überall auf der Erde entstehen können. Vermehrt treten sie aber in den Polarregionen sowie im Winter östlich von Japan und im Mittelmeer auf.

Wenn diese schlechten Konditionen herrschen, besteht leider oft auch eine Wettersituation, die den Einsatz von Radar aus Gründen der Schiffs- und Verkehrssicherheit erfordert.

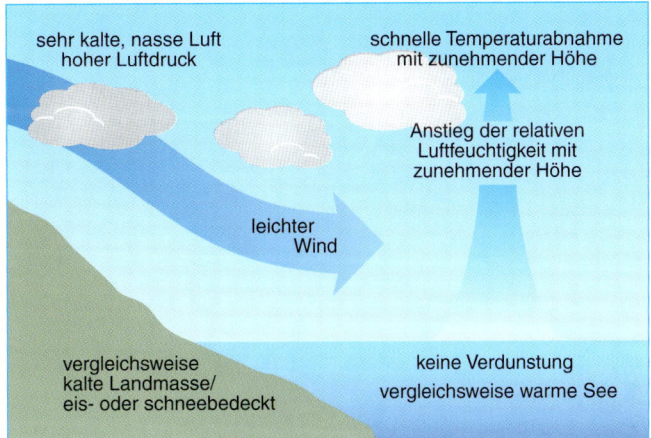

Ducting – Höhenduct

Das „ducting" (engl.: duct, dt.: Röhre, Kanal) ist eine Erscheinungsform, bei der die Impulsenergie des Radarstrahls in einer der Erdkrümmung folgenden Leiterschicht (ähnlich dem Hohlleiter) „gefangen" ist und deshalb bei geringer Dämpfung große Entfernungen überwindet.

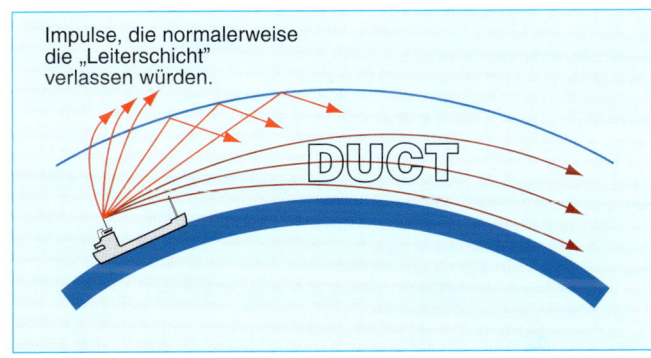

Aufgrund dieser Überreichweiten kann es zu „Echos auf der zweiten Ablenkspur" kommen (s. Kapitel 4.4.1).

Wenn der Brechungsindex viermal so groß ist wie normal, wird die Impulsenergie zwischen der Erde und der Schicht mit diesem hohen Brechungsindex (z. B. eine Inversionsschicht/Temperaturumkehrschicht oder noch effektiver z. B. ein starkes Gefälle der relativen Luftfeuchtigkeit) festgehalten und wie in einer Röhre weitergeleitet.

Dieses Phänomen der besonders großen Strahlenbrechung und Überreichweite, das überall in der Welt auftreten kann, wurde besonders im Arabischen Golf, im Roten Meer, im Mittelmeer (im Sommer bei südlichem Wind) und vor der Westküste Afrikas in Höhe der Kanarischen Inseln beobachtet.

Wenn die Leiterschicht direkt über der Erde verläuft, reicht sie ca. 30 m in die Höhe.

Man hat aber auch bereits beobachtet, dass die Duct-Bahn erst ab ca. 10 m über der Wasseroberfläche vorhanden war (Höhenduct), was neben den oben beschriebenen Effekten die Gefahr in sich birgt, dass kleinere Radarziele, die sich unterhalb dieser Leiterschicht befinden, von den abgestrahlten Radarimpulsen einer Antenne nicht erfasst werden können, wenn die Antenne selbst in die Schicht hineinreicht und somit die abgestrahlte Energie dort gefangen gehalten wird.

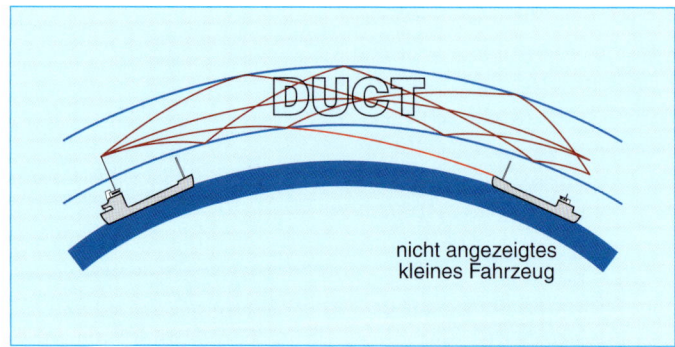

Skip-Effekt
(Engl.: to skip – dt.: überspringen / engl.: skip – dt.: Kübel, Eimer)

Sollte der Brechungsindex einer Inversionsschicht nicht so extrem hoch sein wie beim Ducting, so können Teile der abgestrahlten Radarimpulse in diese Temperaturumkehrschichtung gelangen und dort über größere Entfernungen transportiert werden, ohne dass sie wie beim Ducting „gefangen" sind.

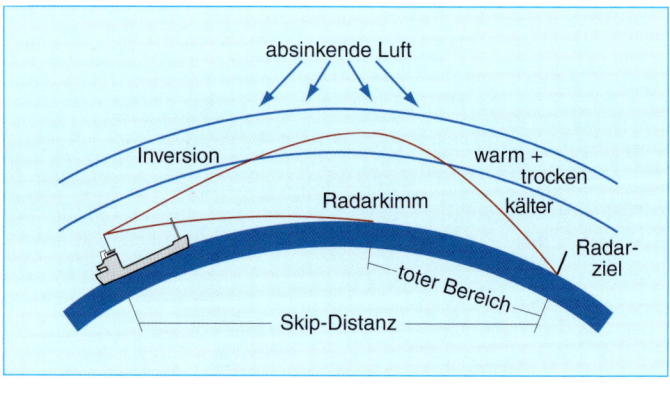

Für diese Energie ist die Radarkimm weiter entfernt als für den Teil der Radarstrahlen, die auf ganz normalem Weg laufen.

Dadurch entsteht aber ein Bereich, in dem Radarziele nicht erfasst werden.

Beispiel

Ist die normale Radarkimm z. B. 13 sm entfernt, so sind Radarziele jenseits dieser Grenze nicht zu empfangen (außer sie reichen durch ihre vertikale Ausdehnung über die Kimm hinaus). Aufgrund des „Kübeleffekts" werden dagegen Ziele, die sich z. B. in einer Entfernung von 20 sm befinden, wieder reflektiert werden können. Es würde somit ein „toter Bereich" in diesem Beispiel von 7 sm entstehen.

Ein Radarbeobachter könnte nun zu einer Fehleinschätzung der Verkehrssituation deshalb kommen, weil er der irrigen Auffassung unterliegt, dass, wenn er auf einer Entfernung von 21 sm ein Radarziel erfasst, er auch näher befindliche Ziele orten müsste. Dieses gilt aber, wie dargestellt, nicht für den „toten Bereich", sondern erst wieder in dem Entfernungskreis von 0 bis 13 sm.

5 Deutung relativer Radarbilder

Kollisionsverhütung ist in der Seeschifffahrt eine der originären Aufgaben des Wachhabenden bzw. Skippers. Die KVR verlangt in Regel 7a ausdrücklich, dass „jedes Fahrzeug mit allen verfügbaren Mitteln entsprechend den gegebenen Umständen und Bedingungen feststellen muss, ob die Möglichkeit der Gefahr eines Zusammenstoßes besteht. Im Zweifelsfall ist diese Möglichkeit anzunehmen."

Eine Kollisionsgefahr festzustellen, kann leicht gefordert werden, ist aber in der Praxis nicht unbedingt leicht umzusetzen. Bei Klarwettersituationen wird das profane Mittel der nicht oder nur gering auswandernden optischen Gegnerpeilung empfohlen, bei unsichtigem Wetter wird die gleiche Erkenntnis mit Radarpeilungen gewonnen (natürlich auch bei guter Sicht einsetzbar). Um aber ein wirksames Ausweichmanöver oder „Manöver zur Vermeidung des Nahbereichs" durchführen zu können, sind weitere Informationen vom Gegner hilfreich, wie z. B. seine dichteste Annäherung zu welchem Zeitpunkt oder sein relativer und wahrer Kurs bzw. seine Geschwindigkeiten.

Die Kollisionsverhütungsregeln 1972 geben sich demnach auch nicht mit der alleinigen Feststellung einer stehenden Peilung zufrieden, sondern fordern in Regel 7b: „Um eine frühzeitige Warnung vor der Möglichkeit der Gefahr eines Zusammenstoßes zu erhalten, muss eine vorhandene und betriebsfähige Radaranlage gehörig gebraucht werden, und zwar einschließlich der Anwendung der großen Entfernungsbereiche, **des Plottens oder eines gleichwertigen systematischen Verfahrens** zur Überwachung georteter Objekte."

Und in Regel 19 (Verhalten von Fahrzeugen bei verminderter Sicht) verlangt die KVR unter 19d: „Ein Fahrzeug, das ein anderes Fahrzeug lediglich mit Radar ortet, **muss ermitteln**, ob sich eine Nahbereichslage entwickelt und/oder die Möglichkeit der Gefahr eines Zusammenstoßes besteht".

Die mathematischen Grundlagen für die Ermittlung der relevanten Daten bereiteten seit Einführung des Radars keine Probleme, wohingegen die Verfahren der Auswertung z. T. in der Praxis problematisch waren. Welcher Wachoffizier auf der Brücke eines Handelsschiffes oder gar welcher Skipper auf einer Yacht hat schon die zeitliche, räumliche und technische Möglichkeit, manuelles Radarzeichnen ohne Vernachlässigung seiner Wachaufgaben angemessen zu praktizieren. Deshalb versuchte der Handel, dem/der Nautiker(in) Möglichkeiten zu entwickeln und anzubieten, die von der manuellen Zeichenmethode im Plottingsheet zu einfacher zu handhabenden Verfahren übergig. Reflexionplotter und True-Motion-Darstellungen waren Intermezzi zu computergestützten Kollisionsvermeidungs-Systemen. Das ARPA-Gerät (ARPA steht für „Automatic Radar Plotting Aid") ermöglicht dem/der Anwender(in) die schnelle und relativ sichere Feststellung der für die Kollisionsverhütung bzw. Vermeidung einer Nahbereichslage erforderlichen Daten.

Dieses Gerät ist aber aufgrund seines höheren Anschaffungspreises nicht überall an Bord verfügbar. Außerdem kann es auch einmal funktionsunfähig sein. In der Sportschifffahrt ist das ARPA-Gerät aufgrund seiner Größe und seines höheren Gewichtes – jedenfalls zurzeit – noch nicht einsetzbar. Deshalb ist es für den Wachhabenden und Skipper nach wie vor wichtig, die Grundzüge der mathematischen Auswertung zu kennen. Wer das Verfahren bei der Radarbeobachtung verinnerlicht hat, ist in der Lage, ein Radarbild – insbesondere ein Relativbild – optimaler und schneller zu interpretieren („geistiges Plotten").

Aus diesem Grunde werden in den folgenden Abschnitten systematisch die verschiedenen mathematisch-zeichnerischen Verfahren zur Ermittlung der in den Vorschriften geforderten Informationen zur Vermeidung des Nahbereichs vorgestellt. Bei intensiver Beschäftigung mit den Darstellungen – was sich, zugegeben, für den Leser etwas schwierig gestalten kann – sollte es sowohl dem Wachoffizier als auch dem Skipper bei entsprechender Übung mit der Zeit gelingen, ein Radarbild, ohne manuell zeichnen zu müssen, richtig zu deuten.

5.1   Das Wegedreieck

Um die Fragen nach der absoluten Fahrt und Kursrichtung eines Gegners beantworten zu können sowie außerdem die dichteste Annäherung (CPA – closest point of approach) und ihren Zeitpunkt (TCPA – time to closest point of approach) herauszufinden, bedient man sich eines Wegedreiecks. Dieses Dreieck besteht aus folgenden Seiten:

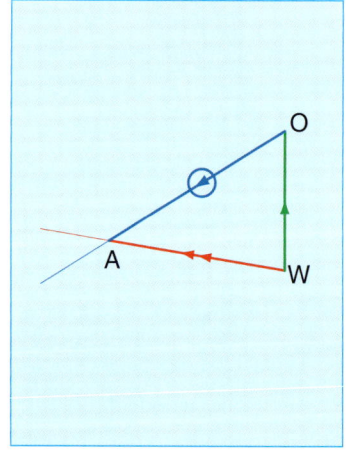

blaue Seite: relative Bewegung eines Radarziels von O (original Position) bis A (arrived position) in einer bestimmten Zeit (z. B. 6 Minuten = $^1/_{10}$ Stunde);

grüne Seite: absolute (wahre) Bewegung des eigenen Schiffes von W (way of own ship) nach O in einer bestimmten Zeit (6 Minuten);

rote Seite: absolute (wahre) Bewegung des Gegners von W nach A in einer bestimmten Zeit (6 Minuten).

Die Bezeichnung der Eckpunkte wird beim Zeichnen unterschlagen. Auf die grafische Symbolik der Seiten (1 Pfeil = Eigenbewegung, 2 Pfeile = absolute Bewegung des Radarziels, 1 Pfeil im Kreis = Relativbewegung) sollte wegen der besseren Interpretierbarkeit nicht verzichtet werden. Alle Seitenlängen entsprechen demselben Zeitraum.

5 Deutung relativer Radarbilder

5.1.1 Stillliegendes Eigenschiff – stillliegender Gegner

Wenn weder das Eigenschiff noch der oder die Gegner Fahrt machen, stellen sich dem Radarbeobachter alle Radarziele auf dem Bildschirm als stationäre Echos dar.

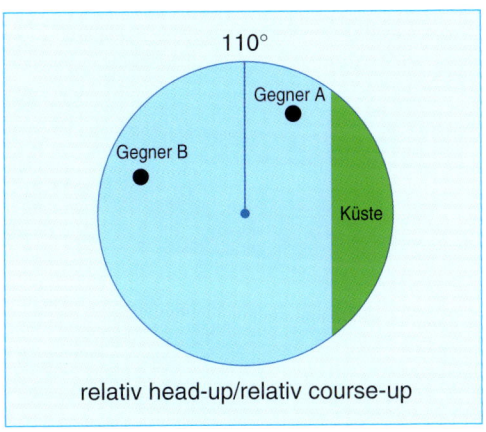
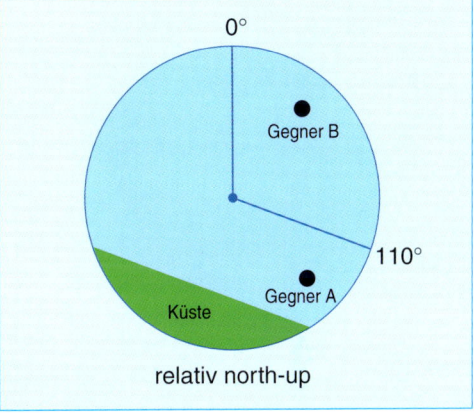

5.1.2 Eigenschiff und Gegner mit konstantem Kurs/konstanter Fahrt

Eigenschiff fährt – Gegner liegt still

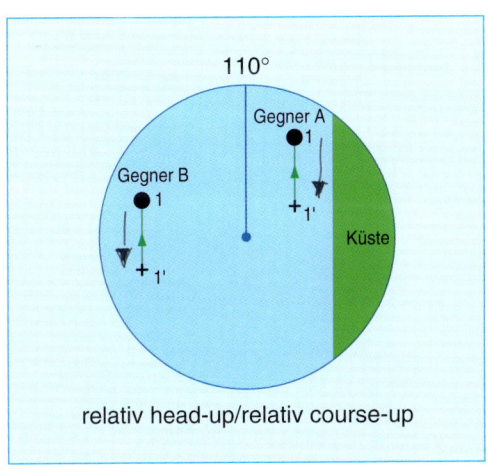
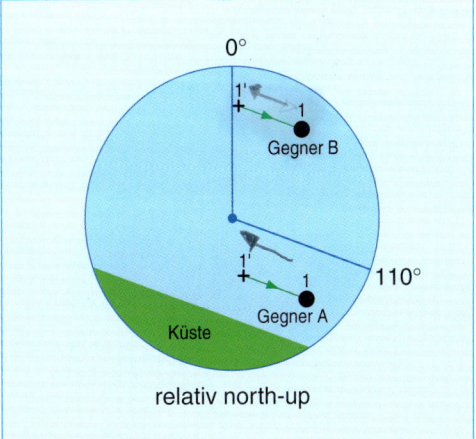

Beispiel

Eigenkurs 110°, Fahrt 15 kn, 6-Minuten-Vektoren.

Alle Radarziele (Fahrzeuge und Landmarken) bewegen sich in entgegengesetzter Richtung entsprechend der Eigenfahrt über den Bildschirm. D. h., die stillliegenden Gegner A und B haben sich nach 6 Minuten von der Ortung 1 in die Position 1' bewegt.

Radarkunde

Eigenschiff liegt still – Gegner fährt

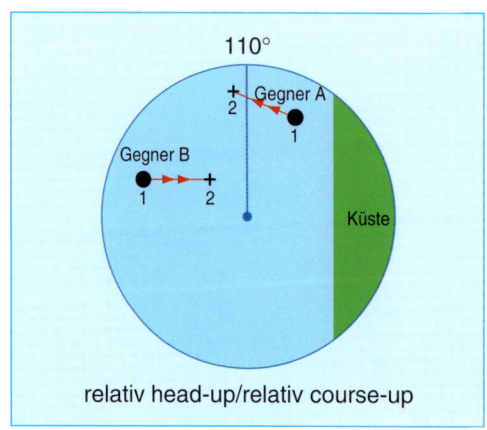
relativ head-up/relativ course-up

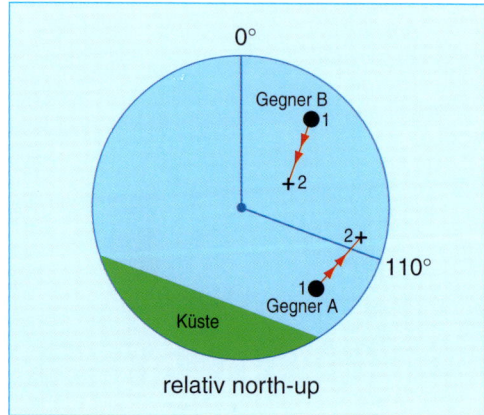
relativ north-up

Beispiel

Gegnerkurs A = 43°, Fahrt 14 kn; Gegnerkurs B = 200°, Fahrt 14 kn.

Auf dem Bildschirm wird die absolute (wahre) Bewegung der Gegner A und B abgebildet. D. h., nach 6 Minuten haben sich die Ortungen entsprechend der richtigen Geschwindigkeit der Fahrzeuge von 1 nach 2 bewegt. Die Küste liegt stationär.

Eigenschiff und Gegner fahren – Entstehung des Wegedreiecks

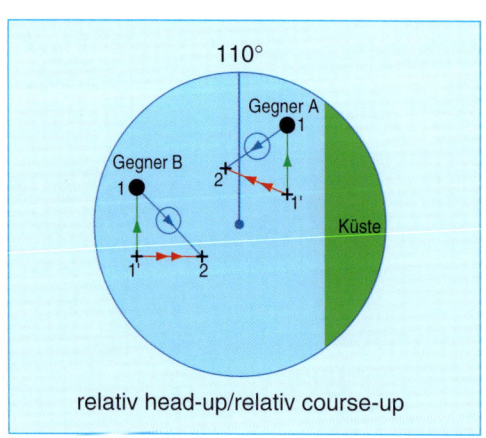
relativ head-up/relativ course-up

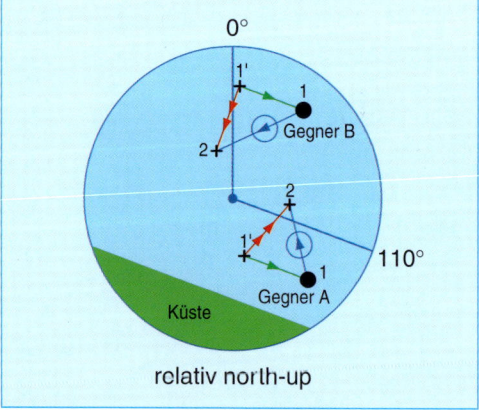
relativ north-up

Stellt man sich vor, nur das Eigenschiff würde entsprechend den vorgenannten Beispielen fahren (die Gegner liegen still), dann befänden sich nach 6 Minuten die Ortungen jeweils in 1'.

Jetzt würde das Eigenschiff stillliegen, und die beiden Gegner A und B würden nur fahren, dann würden sie sich in 6 Minuten jeweils von 1' nach 2 bewegen. – Da aber sowohl die Bewegung des Eigenschiffes als auch die der beiden Gegner zeitgleich erfolgt, müssen sich die Ortungen der Gegner A und B relativ über den Bildschirm in 6 Minuten von 1 nach 2 verschieben.

Eigenschiff und Gegner fahren – zeichnerische Auswertung

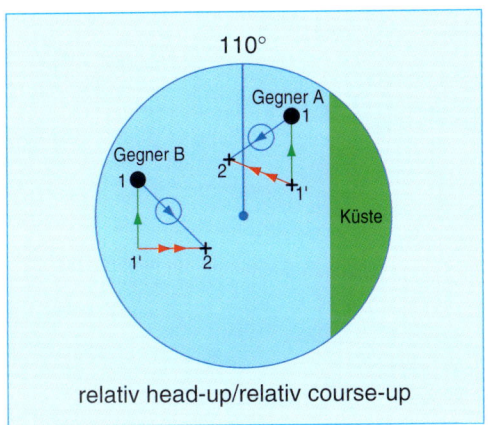
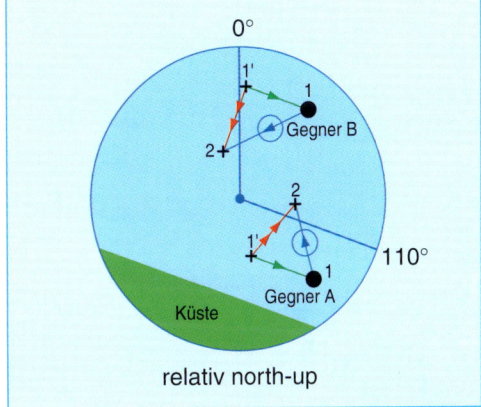

Bei der zeichnerischen Auswertung wird jetzt umgekehrt vorgegangen. Unter Zugrundelegung unseres Beispiels ortet man die Gegner A und B auf dem Bildschirm zu einem bestimmten Zeitpunkt 1 (z. B. um 10.00 Uhr) in den abgebildeten Positionen. Nach Ablauf eines Zeitraums von z. B. 6 Minuten befinden sich die Gegner in den Ortungspunkten 2. Die Verbindungslinie 1 – 2 ist der Relativkurs, aus dem die Kollisionsgefahr/Nahbereichslage, relative Annäherung, CPA und TCPA entnommen bzw. errechnet werden kann. – Um nun die absoluten Gegnerbewegungen zu erhalten, bringt man an die Ortungen 1 in entgegengesetzter Richtung den Eigenkurs/Eigenfahrt (Vektorenlänge) an und erhält die Hilfspunkte 1'. Die Verbindungslinie 1' – Ortung 2 ist die absolute Bewegungsrichtung der Gegner (wahrer Kurs/Geschwindigkeit entsprechend der Vektorenlänge).

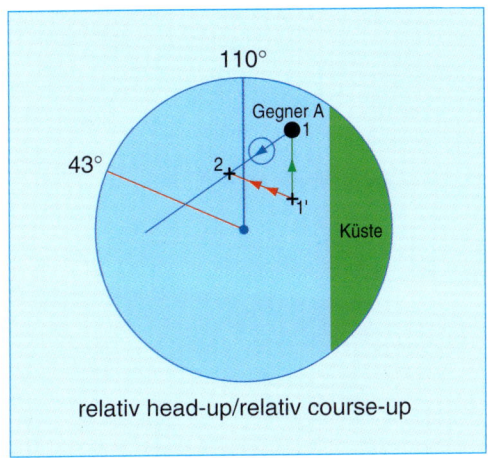
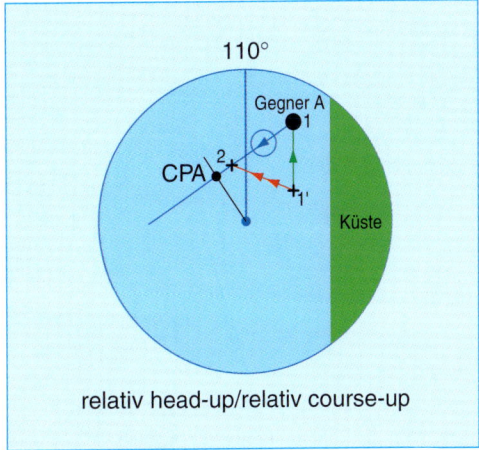

Radarkunde

Der Gegnerkurs lässt sich leicht entnehmen, in dem der Vektor durch den Bildmittelpunkt parallel verschoben wird und man dann am Rand den Kurs abliest (s. S. 125 Abb. links unten). Der dichteste Punkt der Annäherung (CPA) wird festgestellt, in dem der Relativvektor verlängert und durch den Bildmittelpunkt das Lot errichtet wird (s. S. 125 rechts unten). TPCA lässt sich mithilfe der Relativgeschwindigkeit (1 – 2 = 6 Minuten) errechnen.

5.1.3 Eigenschiff ändert Kurs

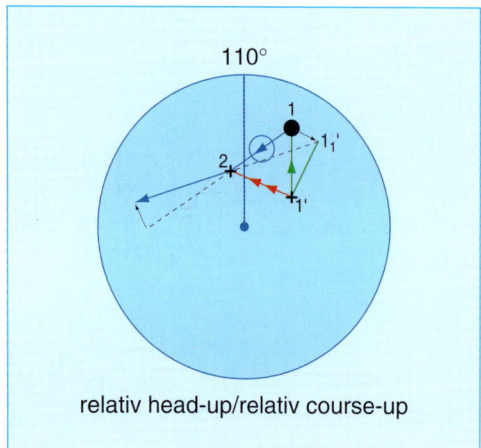
relativ head-up/relativ course-up

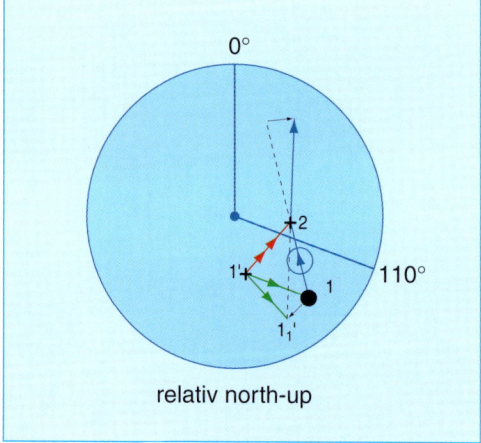
relativ north-up

Ändert das Eigenschiff den Kurs zum Zeitpunkt 2 bzw. (um 10.06 Uhr) z. B. um 30° nach Steuerbord auf 140°, so wird zeichnerisch der Eigenkurs-Vektor um den Punkt 1' 30° nach Steuerbord gedreht (Backbord-Änderung nach Backbord!). Der über Punkt 2 (von 1_1') hinaus verlängerte neue Relativvektor zeigt an, dass die Relativbewegung aufgrund der Eigenkursänderung nach rechts abknickt und sich damit der Passierabstand vergrößert.

Auswirkung einer Kursänderung auf Gegner-Radarschirm
Die Auswirkung einer eigenen Kursänderung auf dem Radarschirm des jeweiligen Gegners ist abhängig von der Eigenfahrt im Verhältnis zur absoluten Gegnerfahrt.

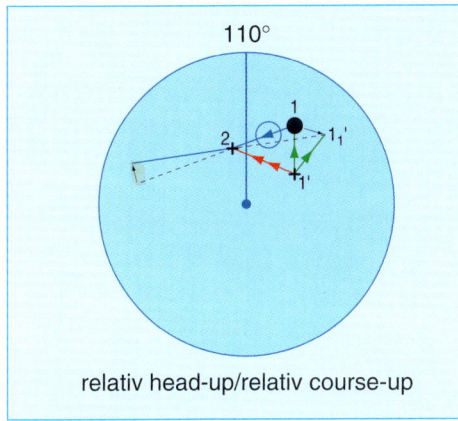

Abb. I:
Die Gegnerfahrt ist höher als die Eigenfahrt.

Eine Eigenkursänderung, z. B. um 30° nach Steuerbord, lässt die Relativbewegung um <u>weniger als die Hälfte</u> des Kursänderungsbetrages abknicken.

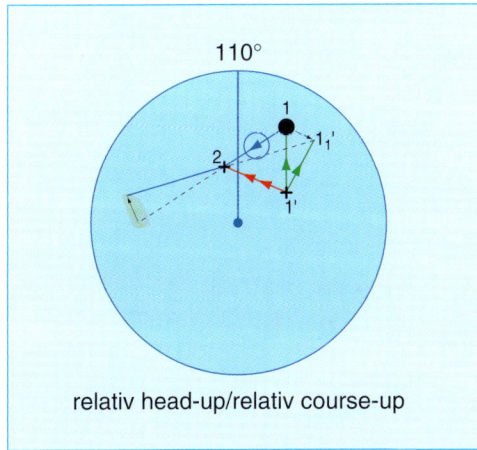

Abb. II:
Die Gegnerfahrt ist gleich der Eigenfahrt.

Eine Eigenkursänderung, z. B. um 30° nach Steuerbord, lässt die Relativbewegung um <u>die Hälfte</u> des Kursänderungsbetrages abknicken

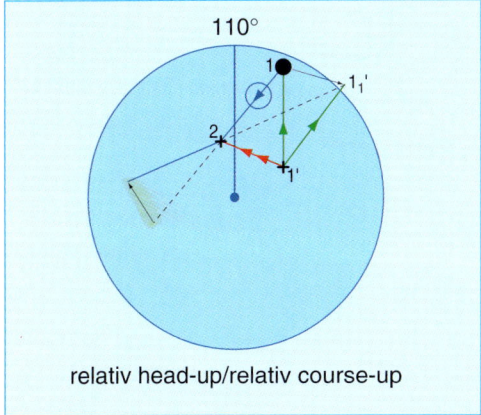

Abb. III:
Die Gegnerfahrt ist geringer als die Eigenfahrt.

Eine Eigenkursänderung, z. B. um 30° nach Steuerbord, lässt die Relativbewegung um <u>mehr als die Hälfte</u> des Kursänderungsbetrages abknicken.

Beurteilung
Sollte die Eigenfahrt (Strecke 1 – 1') – z. B. im Nebel – im Verhältnis zur übrigen Schifffahrt relativ hoch sein, so würden Kursänderungen (neu: Strecke $1_1' - 1'$) auf dem Bildschirm der Gegner allgemein schnell erkannt werden (Abb. III); Kursänderungen von Fremdfahrzeugen dagegen sind auf dem eigenen Schirm spät festzustellen (Umkehrschluss: Abb. I).
Es wäre deshalb aber eine gefährliche Fehleinschätzung, bei verminderter Sicht mit hoher Fahrt zu laufen, damit die Gegner Richtungsänderungen schnell erkennen. Umgekehrtes Verhalten ist richtig, da bei geringerer Fahrt gegenüber der übrigen Schifffahrt deren Kursänderungen auf dem eigenen Bildschirm unverzüglich zu bemerken wären (immer auf das eigene Handeln und Beobachten verlassen!).

> **Merke**
> Auf den Radarbildschirmen langsam laufender Yachten (oder anderer Fahrzeuge) sind gegnerische Kursänderungen verhältnismäßig gut und schnell erkennbar, da die Relativbewegung um mehr als die Hälfte der Gegenkursänderung abknickt!

> **Faustregel**
> Ist die Fahrt eines Gegners nicht bekannt, so gilt als Faustregel, dass die eigene Kursänderung bei ihm auf dem Radarschirm ca. mit der Hälfte des Änderungsbetrages wirksam wird.

Da – unabhängig von einer Fahrtdifferenz – Manöver zur Meidung des Nahbereichs oder gar einer Kollisionssituation immer auf dem Fremdschirm mit weniger als dem eigenen Kursänderungsbetrag wirksam werden (außer der Gegner treibt), sollte in diesen Situationen das Manöver nicht nur frühzeitig, sondern auch mit einem ausreichend großen Kurswinkel durchgeführt werden (Forderung der „schnellen Erkennbarkeit" laut Regel 8b KVR).

Kritische Kursänderungen
Regel 8d der KVR verlangt ausdrücklich, dass „*ein Manöver zur Vermeidung eines Zusammenstoßes mit einem anderen Fahrzeug zu einem sicheren Passierabstand führen muss. Die Wirksamkeit des Manövers muss sorgfältig überprüft werden, bis das andere Fahrzeug endgültig vorbei und klar ist*".

Nach welcher Seite ein Ausweichmanöver gefahren werden muss, schreibt für klare Sichtverhältnisse die KVR nicht vor. Im Allgemeinen wird aber bei kreuzenden Kursen von Maschinenfahrzeugen eine Steuerbord-Kursänderung des Ausweichpflichtigen die Regel sein.

Bei der Einleitung der Manöver sollte der Wachhabende bzw. Skipper sich möglichst sicher sein, dass sein Manöver auch zum Erfolg führt. Leider können bestimmte Kursänderungen aber nicht diesen Erfolg herbeiführen, da die Relativbewegung des Gegners sich nicht oder kaum ändert (Berechnung der kritischen Manöver

5 Deutung relativer Radarbilder

Formeln zur Berechnung der kritischen Kursänderung

voraus

4. Quadrant
(270° – 360°)

Kursänderung
nach Stb. um:
1) 2 x [(KB$_r$ – KA) – 90°]
2) bei stehender Peilung
2 x (SP – 270°)

1. Quadrant
(0° – 90°)

Kursänderung
nach Bb. um:
1) 2 x [270° – (KB$_r$ – KA)]
2) bei stehender Peilung:
2 x (90° – SP)

— 0 —

Kursänderung
nach Bb. um:
1) [90° – (KB$_r$ – KA)]
2) bei stehender Peilung:
2 x (270° – SP)

Kursänderung
nach Stb. um:
1) [(KB$_r$ – KA) – 270°]
2) bei stehender Peilung:
2 x (SP – 90°)

3. Quadrant
(180° – 270°)

2. Quadrant
(90° – 180°)

KB$_r$ = relativer Gegnerkurs; KA = Eigenkurs; SP = Seitenpeilung

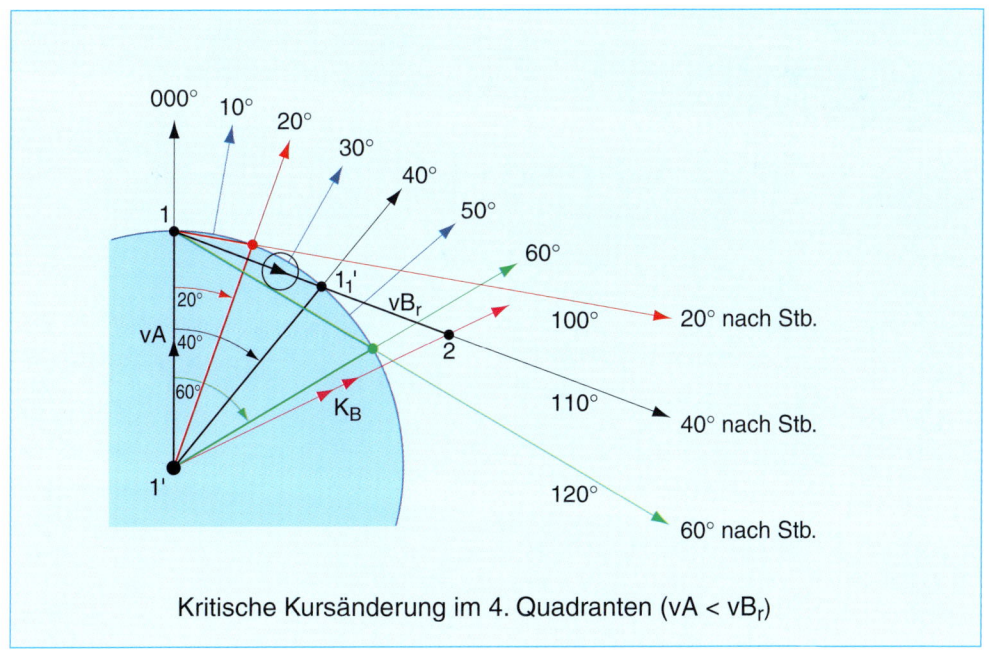

Kritische Kursänderung im 4. Quadranten (vA < vB$_r$)

s. Abbildung). Gleiches gilt auch bei bestimmten Kurs- und Fahrtänderungen (s. Kapitel 5.1.6).

Bei verminderter Sicht fordert die KVR in Regel 19d ziemlich restriktiv, dass Folgendes nach Möglichkeit zu vermeiden ist: „*Eine Kursänderung nach Backbord gegenüber einem Fahrzeug vorlicher als querab, außer beim Überholen*", und „*eine Kursänderung auf ein Fahrzeug zu, das querab oder achterlicher als querab ist*".

In der Praxis bedeutet dieses, dass gegnüber Fahrzeugen, die sich im 1. Quadranten auf Nahbereichskurs befinden, ein Steuerbordmanöver zur Meidung des Nahbereichs zu fahren wäre.

Wie noch in der Abbildung in Kapitel 5.1.6 zu zeigen sein wird, würde das auch zum Erfolg führen, da nur eine Kursänderung nach Backbord kritisch wäre.

Kommt dagegen ein Fahrzeug im 4. Quadranten gefährlich ein, so könnte die „vorgeschriebene" Steuerbord-Kursänderung äußerst problematisch sein!

Im 2. und 3. Quadranten wiederum beständen diese Probleme nicht, da ein Manöver nicht auf sich gefährlich annähernde Fahrzeuge zu gefahren werden dürfte. Im 2. Quadranten ist somit ein Backbord- (kritisch: Steuerbordmanöver) und im 3. Quadranten ein Steuerbordmanöver (kritisch: Backbordmanöver) einzuleiten.

5.1.4 Eigenschiff ändert Fahrt

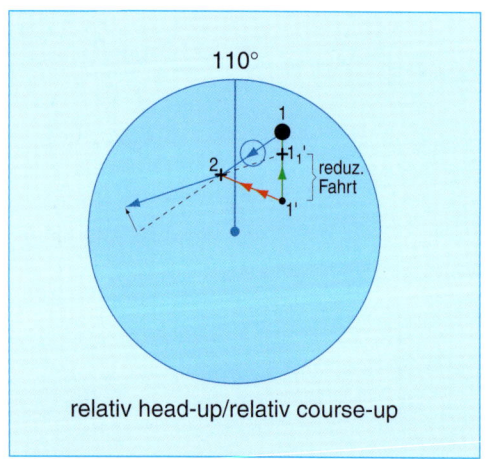
relativ head-up/relativ course-up

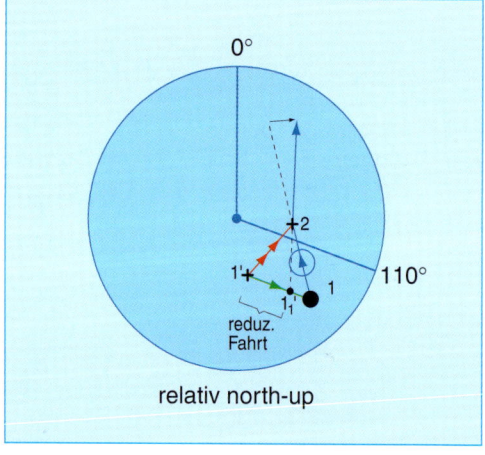
relativ north-up

Reduziert das Eigenschiff seine Fahrt, z. B um ein Drittel von 15 kn auf 10 kn, so wird die neue Geschwindigkeit ebenfalls im Punkt 1' nach oben neu angetragen (Gleiches gilt selbstverständlich auch bei einer Fahrterhöhung). Der über Punkt 2 (von 1_1') hinaus verlängerte neue Relativvektor zeigt an, dass die Relativbewegung aufgrund der Eigenfahrtänderung nach rechts abknickt und sich damit der Passierabstand vergrößert.

5.1.5 Ermittlung eines Manövers zur Meidung des Nahbereichs

In der Abbildung unten besteht eine Kollisionsgefahr, da die Relativbewegung des Gegners den Bildmittelpunkt schneidet.

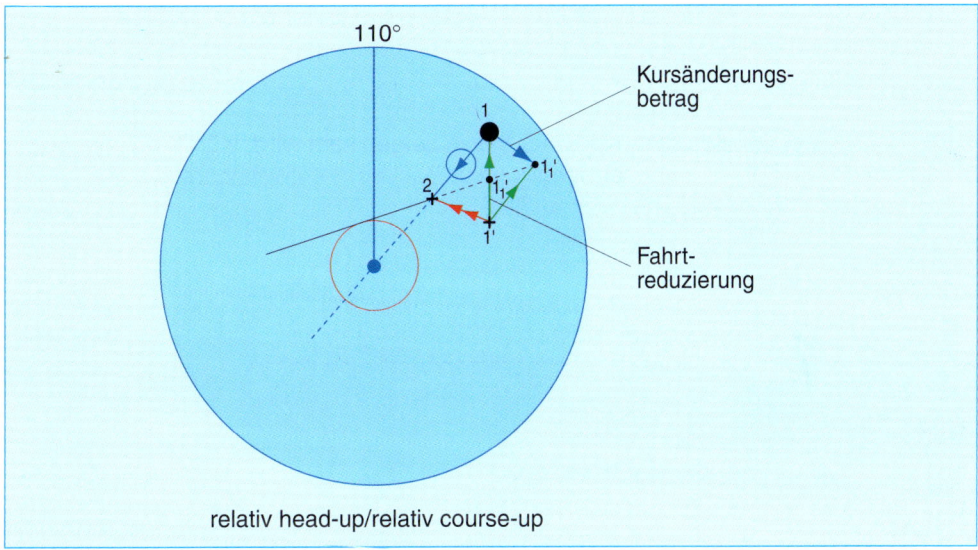

Es soll zum Zeitpunkt 2 ein Manöver zur Meidung des Nahbereichs eingeleitet werden, wobei man ca. 2 sm Passierabstand haben möchte.

Deshalb wird um den Bildmittelpunkt im Abstand von 2 sm ein Nahbereichskreis gezogen, an den die neue Relativrichtung von Punkt 2 ausgehend als Tangente gelegt wird. Diese Tangente wird achteraus in das Wegedrei-eck hinein verlängert. Es schneidet die Eigenbewegung in 1_1', womit man die neue Fahrtstufe mit der Strecke 1' – 1_1' gefunden hätte (also würde eine Fahrtreduzierung auf diese Geschwindigkeit das gewünschte Abknicken des Relativkurses bewirken).

Will man nicht mit einer Fahrtreduzierung, sondern mit einer Kursänderung arbeiten, dreht man den Eigenkurs (Strecke 1 – 1' um Punkt 1') so lange (hier nach Steuerbord), bis er die nach „hinten" verlängerte, erwünschte neue Relativrichtung ebenfalls schneidet. Der Winkel zwischen der Srecke 1 – 1' und der neuen Eigenbewegungsstrecke ist die notwendige Kursänderung (hier Kursänderung nach Steuerbord um ca. 47°).

Der Nahbereich könnte somit durch eine Fahrtreduzierung um fast die Hälfte der ursprünglichen Geschwindigkeit oder durch eine Kursänderung um ca. 47° nach Steuerbord gemieden werden, wobei die Manöververzögerungszeit selbstverständlich noch berücksichtigt werden muss.

5.1.6 Keine Relativkursänderung trotz Kurs- und/oder Fahrtänderung

Im Kapitel 5.1.3 wurde bereits angedeutet, dass bestimmte Kurs- und/oder Fahrtänderungen nicht aus dem Nahbereich führen. In der Abbildung wird dieses, bezogen

Radarkunde

auf verschiedene Fremdschiffe, deutlich, die aus unterschiedlichen Richtungen jeweils auf Kollisionskurs auf das Eigenschiff zulaufen.

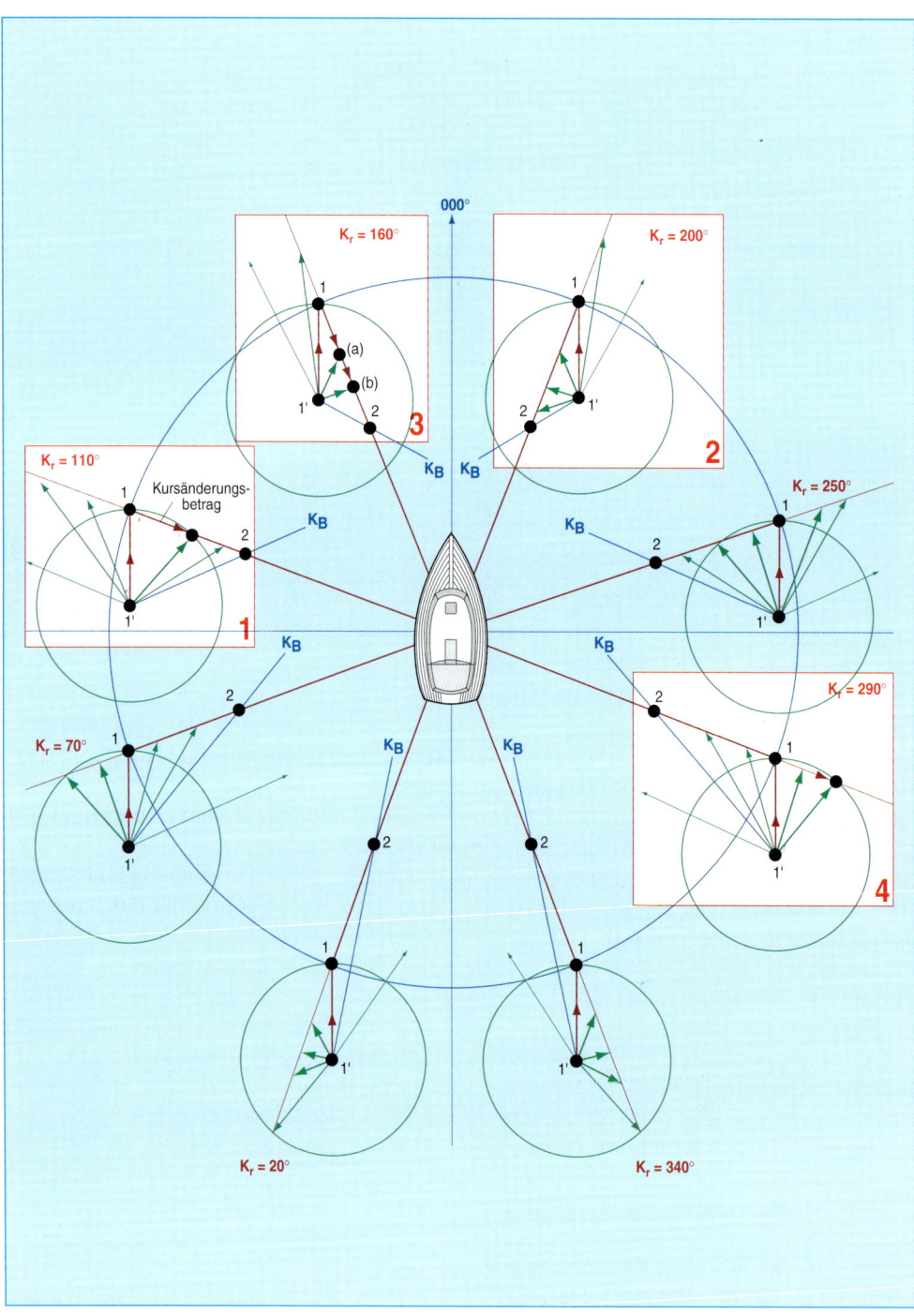

Beispiel 1

Ein Fahrzeug (vollkreisige Seitenpeilung = 290°) läuft mit einem Relativkurs von 110° auf das Eigenschiff A zu (4. Quadrant).

Eine Kursänderung von 40° nach Steuerbord würde die Kollisionsgefahr nicht beheben, da der Relativkurs nicht wegknickt, sondern weiterhin 110° wäre. Außerdem besteht das (psychologische) Problem, dass durch eine Kursänderung von 40° nach Steuerbord der Gegner auf dem Bildschirm nach Achteraus auswandert und nicht mehr die Beachtung findet, die notwendig wäre, da sich der Radarbeobachter wahrscheinlich stärker auf den Vorausbereich konzentriert.

Wenn beide Fahrzeuge jetzt ihre Kurse und Geschwindigkeiten beibehalten, würde der Gegner quasi von achtern in die Kollision hineinlaufen. Die anschließende Seeamtsverhandlung hätte sicherlich einen hohen Unterhaltungswert.

Beispiel 2

Ein Fahrzeug (vollkreisige Seitenpeilung = 20°) läuft mit einem Relativkurs von 200° auf das Eigenschiff A zu (1. Quadrant).

In diesem Beispiel wären realistisch nur Kursänderungen nach Backbord bei gleichzeitig starker Fahrtreduzierung kritisch. Diese Manöver zur Meidung des Nahbereichs würde aber kein(e) Radarbeobachter(in) einleiten (beachte Regel 19d KVR). Eine Kursänderung nach Steuerbord wäre nur bei gleichzeitiger Fahrterhöhung um 100 % kritisch (ebenfalls unrealistisch!). Ansonsten ist das Steuerbordmanöver grundsätzlich erfolgreich.

Beispiel 3

Ein Fahrzeug (vollkreisige Seitenpeilung = 340°) läuft mit einem Relativkurs von 160° auf das Eigenschiff A zu (4. Quadrant).

Würde ein Schiffsführer vermeintlich durchgreifend handeln, indem er den Kurs um 20° nach Steuerbord ändert und gleichzeitig die Fahrt um ca. die Hälfte (!) zurücknimmt (a), so bestände gleichwohl die Kollisionsgefahr weiter. Dasselbe Resultat wird erzielt, wenn der Kurs sogar um 65° nach Steuerbord geändert und die Fahrt auf ca. $1/3$ der ursprünglichen Geschwindigkeit gedrosselt würde (b).

Beispiel 4

Ein Fahrzeug (vollkreisige Seitenpeilung = 110°) läuft mit einem Relativkurs von 290° auf das Eigenschiff A zu (2. Quadrant).

Der Gegner befindet sich achterlicher als querab. Lt. Regel 19d KVR soll nach Möglichkeit eine Kursänderung zur Meidung des Nahbereichs auf das Fahrzeug zu nicht durchgeführt werden: Das wäre also eine Steuerbord-Kursänderung! Wie aus den Wegedreiecken bzw. der Abbildung leicht zu erkennen ist, wäre aber auch nur diese kritisch (Kursänderung um 40° nach Steuerbord ändert nicht den Relativkurs). Eine Backbord-Kursänderung – wie von der KVR erwartet – würde nur dann nicht aus dem Kollisionsbereich führen, wenn sie gleichzeitig mit einer Fahrterhöhung verbunden wäre.

In der Abbildung wird, wie auch in den anderen dargestellten, hier aber nicht in Beispielen beschriebenen Situationen, noch einmal das eindrucksvoll bestätigt, was bereits im Abschnitt „Kritische Kursänderungen" in Verbindung mit den in Regel 19d KVR verlangten Manövern ausgesagt wurde: Gefährliche Kurs- und/oder Geschwindigkeitsänderungen bestehen nur gegenüber Gegnern, die aus dem 4. Qudranten einkommen, wenn die Schiffsführung entsprechend KVR handelt.

Im Übrigen gilt als Faustregel, dass gegenüber Gegnern, die aus spitzem Winkel in den Nahbereich einlaufen (Seitenpeilungen von 315° über 0° bis 45°) das wirksamste Mittel zur Meidung dieses Nahbereichs eine Kursänderung ist. In der linken Abbildung wird dieses an einem Beispiel deutlich (der absolute Gegnervektor wurde aufgrund der Übersichtlichkeit nicht eingezeichnet). In der Situation A knickt die Relativbewegung deutlich stärker ab als in der Situation B – bei jeweils gleich großem Kursänderungswinkel (30° nach Steuerbord).

Gegenüber Fahrzeugen, die aus größeren seitlichen Winkeln einkommen, ist im Allgemeinen eine Fahrtänderung das wirksamste Mittel zur Meidung des Nahbereichs. In der rechten Zeichnung wurde in beiden Beispielen die Fahrt jeweils um die Hälfte reduziert. Die Relativbewegung knickt in B deutlich stärker ab als in A.

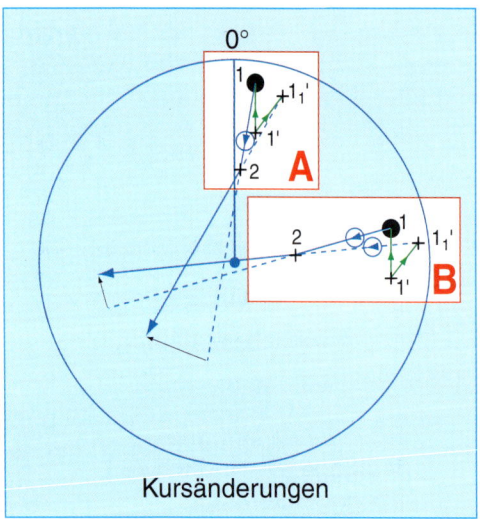
Kursänderungen

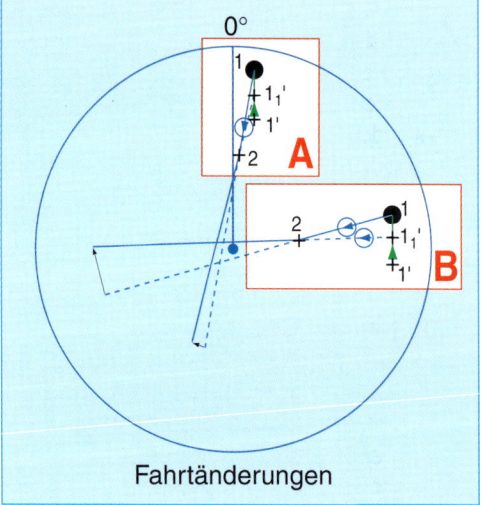
Fahrtänderungen

5 Deutung relativer Radarbilder

5.2 Deutung relativer Radarbilder

5.2.1 Zusammenstellung

Allgemeines

1. Die relative Radarzielbewegung wird durch Objektverfolgung (Echopositionen festhalten) bzw. an einer Nachleuchtschleppe interpretierbar.
   Führt sie auf das Eigenschiff zu, nähert sich der Gegner in stehender Peilung, und es besteht Kollisionsgefahr. Eine gefährliche Annäherung ist wegen etwaiger Zeichen- und/oder Messfehler und der Ungewissheit über das Gegnerverhalten auch noch anzunehmen, wenn der relative Kurs in einem geringen Passierabstand am Eigenschiff vorbeiführt; schnelle Änderungen erhöhen selbstverständlich noch die Gefahr!

2. Der absolute Gegnerkurs (rot) führt stets zur selben Seite wie der kreuzende Relativkurs (blau), jedoch vorlicher als dieser (je höher die Eigenfahrt – grün –, desto vorlicher): Absolute Bewegung und Fahrt erhält man zeichnerisch mit dem Wegedreieck oder über ARPA. Der absolute 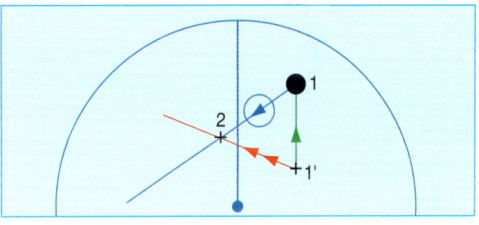 Kurs des Gegners ist u. U. auch an seiner Bewegung gegenüber sich in der Nähe befindlicher fester Radarobjekte (Ufer, Tonnen) festzustellen.

3. Es bedeuten Echos, die den **gleichen Abstand von der Kurslinie** behalten und

   – sich in eigene Vorausrichtung bewegen: schnellere **Mitläufer**,
   – in gleicher Ortung bleiben: gleich schnelle **Mitläufer**,
   – sich in eigene Achterausrichtung
     bewegen mit einer relativen Fahrt
       – geringer als die Eigenfahrt: langsamere **Mitläufer**,
       – gleich groß der Eigenfahrt: **festliegende Radarziele**,
       – größer als die Eigenfahrt: **Entgegenkommer**.

4. Es bedeuten Echos, die sich der **Kurslinie gefährlich nähern** von

   – achterlicher als 112,5 Grad: **Überholer** (von Stb. mit „ROT", von Bb. mit „GRÜN"),
   – 67,5 bis 112,5 Grad: **Kurskreuzer** (von Stb. mit „ROT", von Bb. mit „GRÜN"),
   – vorlicher als 67,5 Grad: **Kurskreuzer** oder eventuell zu **Überholende**, wenn die Eigenfahrt die Relativ-Fahrt überwiegt (Hecklicht-Sektor).

Auswirkungen eigener Manöver auf die Relativbewegung
1. Der Betrag der relativen Kursänderung ist

- beim **Fahrtändern umso kleiner**, je mehr sich der Kursunterschied (zwischen Eigenkurs und Gegner-Relativkurs) 180° oder 0° nähert (bei Annäherung auf genau oder fast entgegengesetzten Kursen ist eine Kursänderung nach Steuerbord vorzunehmen),

- beim **Kursändern** (s. Kapitel 5.1.3)
  - **gleich der Hälfte** der wirklichen Kursänderung bei *fahrtgleichen* Schiffen,
  - umso **größer als die Hälfte**, je mehr die *Eigenfahrt überwiegt*,
  - umso **weniger als die Hälfte**, je mehr die *Gegnerfahrt überwiegt* (ausgenommen bei geringen Kursunterschieden),
    - **klein** bei *großer seitlicher* und *schneller Annäherung* (hier sind Fahrtreduzierungen vorzunehmen),
    - eventuell **null**, wenn die *Peilung* eines schnelleren Kollisionsgegners *querab durchwandert* (Umkehrung der Wirkung unter 1.),

- beim **gleichzeitigen Kurs- und Fahrtändern**
  - **groß**, wenn beide *Wirkungen sich ergänzen*,
  - **klein oder null**, wenn beide *Wirkungen sich widersprechen* (z. B. beim Abdrehen von einem vorlichen Kollisionsgegner und beim Fahrtmindern).

2. Der Relativkurs wird abgelenkt durch eigene

- **Fahrtminderung** in: *eigene Vorausrichtung (bei kreuzendem Relativkurs)*,

- **Fahrterhöhung** in: *eigene Achterausrichtung (bei kreuzendem Relativkurs)*,

- **Stb.-Kursänderung** nach: *rechts*, solange sich das Echo in achterliche Richtung bewegt,

- **Bb.-Kursänderung** nach: links, solange sich das Echo in achterliche Richtung bewegt *(Kursänderungen jeweils in relativer Kursrichtung gesehen)*.

5.2.2 Deutung einer Gegnerannäherung (relativ) an einem Beispiel (s. Abb. S. 137)

Das Relativbild links zeigt einen Gegner, dessen Ortung im Abstand von 6 Minuten festgehalten wurde. Die Relativbewegungen sind eingezeichnet.

Da das eigene Fahrzeug während der gesamten Zeit seinen Kurs und seine Fahrt konstant gehalten hat, muss das fremde Radarziel offensichtlich im Zeitpunkt 2 und 3 seinen Kurs und/oder seine Fahrt verändert haben.

5 Deutung relativer Radarbilder

Der ungeübte Radarbeobachter wäre jetzt schnell geneigt, aus dem Verlauf der Relativbewegungen zu folgern, dass der Gegner zum Zeitpunkt 2 seine Fahrt reduzierte und seinen Kurs nach Steuerbord änderte, während er im Zeitpunkt 3 wieder seine Fahrt erhöhte und den Kurs nach Backbord änderte.

Diese oberflächliche Deutung der relativen Gegnerbewegung kann zu einer folgenschweren Fehleinschätzung führen!

Wie durch das Einzeichnen der Wegedreiecke in der nächsten Abbildung deutlich wird, hat der Gegner tatsächlich im Zeitpunkt 2 seine Fahrt gedrosselt, seinen Kurs hat er aber nicht nach Steuerbord, sondern um ca. 80° nach Backbord (!) geändert. Und auch im Zeitpunkt 3 wurde nicht eine Kursänderung nach Backbord, sondern um ca. 40° nach Steuerbord durchgeführt (bei gleichzeitiger Fahrterhöhung).

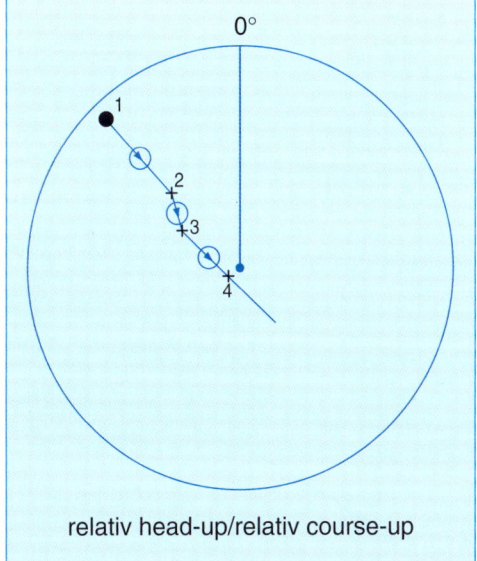

relativ head-up/relativ course-up

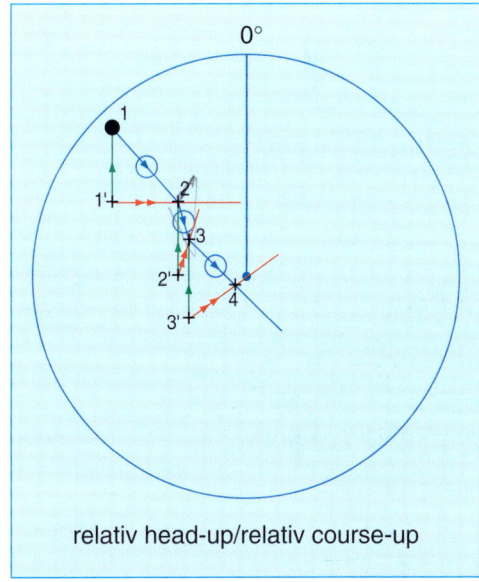

relativ head-up/relativ course-up

Um diese Erkenntnisse zu verdeutlichen, wurden im kleinen Bildausschnitt die durch die Wegedreiecke herausgefundenen jeweiligen absoluten Kurse des Gegners aneinander gefügt, sodass die Kurs- und Fahrtänderungen (Vektorenlänge) schnell zu erkennen sind.

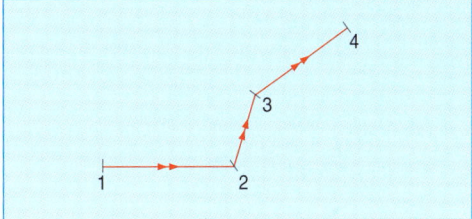

6 ARPA

6.1 Allgemeines

Der Terminus „**ARPA**" ist entstanden aus den Anfangsbuchstaben der englischen Begriffsaussage „**A**utomatic **R**adar **P**lotting **A**id", was übersetzt „Automatische Radar-Plot-Hilfe" bedeutet.

Damit ist auch bereits weitgehend gesagt, was sich inhaltlich dahinter verbirgt: Es handelt sich um ein modernes Radargerät, welches zusätzlich mithilfe der elektronischen Datenverarbeitung in der Lage ist, automatisch zu plotten.
Ein ARPA-Gerät berechnet elektronisch die Informationen, die in Kapitel 5 („Deutung relativer Radarbilder") bei der Behandlung des Wegedreiecks angesprochen wurden, d. h., es kann z. B. den absoluten und relativen Kurs, die absolute und relative Fahrt, CPA, TCPA, Peilung, Abstand, Bow-Cross usw. anzeigen und dem/der Anwender(in) zur Verfügung stellen.

Bei der Einführung von ARPA bestand die große Befürchtung, dass es genauso wie bei der Einführung von Radar (Radar-Kollisionen) aufgrund der exzellenten elektronischen Anwendungsvorteile zu so genannten „ARPA-assisted collisions" kommen könnte. Dieses ist glücklicherweise nicht eingetreten. Trotzdem sollte sich der/die Radar-(ARPA-)Beobachter(in) immer darüber im Klaren sein, dass er/sie es zwar mit einer intelligenten Technik zu tun hat, dass diese aber nicht intelligent aus eigenem Bewusstsein (!) handeln kann.
Mögliche Fehlerquellen, Leistungsgrenzen und optimale Synthese zwischen den speziellen Anforderungen des jeweiligen Seegebietes in Verbindung mit der Funktionsvielfalt des ARPA-Gerätes müssen beherrscht werden. Die gute Qualität des Radarbildes und der zur Verfügung stehenden Daten darf nicht zu Nachlässigkeiten bei der Befolgung der KVR sowie der Sorgfalt bei der Radarbildauswertung führen.

6.2 IMO-Essentials

6.2.1 Ausrüstungspflicht mit Radar und ARPA

Auszüge aus der IMO-SOLAS-Convention
Regulation 12, Chapter V (1974) – ergänzt 1983

> **Anmerkung:**
> *Innerhalb dieses Auszuges aus der Konvention wurde die Paragraphenbenennung des Originaltextes beibehalten. Es handelt sich um eine freie Übersetzung des Autors aus dem englischen Originaltext.*

Die Ausrüstungspflicht mit RADAR und ARPA

(g) Schiffe mit 500 BRZ und mehr, die am oder nach dem 1. September 1984 gebaut wurden, und Schiffe mit 1.600 BRZ und mehr, die vor dem 1. September gebaut wurden, müssen mit **einem Radar** ausgerüstet sein.

(h) Schiffe mit 10.000 BRZ und mehr müssen mit **zwei (2) Radargeräten** ausgerüstet sein, die jedes für sich unabhängig voneinander betrieben werden können.

(j) (i) Mit einer **ARPA-Anlage** müssen ausgerüstet sein

　　　(1) Schiffe von 10.000 BRZ und mehr, die am und
　　　　 nach dem 1. September 1984 gebaut wurden;

　(iii) Die Verwaltung kann Schiffe von den Anforderungen dieses Paragraphen befreien in den Fällen, in denen es unvernünftig oder unnötig erscheint, dass solch eine Ausrüstung vorhanden ist …

6.2.2 Mindestanforderungen an die ARPA-Ausbildung

Essentials **IMO-Entschließung Nr. A.482**

Empfehlungen an Mitgliedsstaaten

- Bei der Entwicklung von Ausbildungsprogrammen für Kurse in der Benutzung von automatischen Radarbildauswertegeräten (ARPA) ist sicherzustellen, dass solche Programme Anforderungen entsprechen, die nicht unter denen liegen, die in Anhang 2 zu dieser Resolution aufgeführt sind;

- Es ist zu verlangen, dass alle Kapitäne, Erste Offiziere, Nautische Wachoffiziere auf Schiffen, die mit automatischen Radarbildauswertegeräten (ARPA) ausgerüstet sind, für die sichere Anwendung dieser Geräte ausgebildet werden;

- Es ist sicherzustellen, dass kein Nautischer Offizier, der eine Ausbildung in ARPA haben muss, eine solche Ausbildung abschließt, bevor er gemäß IMO-Empfehlung in der Radarbildauswertung und im Plotten unterwiesen worden ist.

Mindestanforderungen für die Ausbildung in der Benutzung von Radar und ARPA (abgeleitet aus Kapitel II des Internationalen Übereinkommens über Normen für die Ausbildung, die Erteilung von Befähigungszeugnissen und den Wachdienst von Seeleuten [STCW]):

Jeder Kapitän, Erste Offizier und Wachoffizier auf einem Schiff, das mit einem automatischen Radarbildauswertegerät ausgerüstet ist, muss einen anerkannten Ausbildungskursus für die sichere Anwendung automatischer Radarbildauswertegeräte abgeschlossen haben.

Der Kursus muss folgende Ausbildungsziele erreichen:
- Die Gewährleistung einer sicheren Schifffahrt durch den Gebrauch von Radar und ARPA sowie modernen Navigationssystemen zur Unterstützung und Entscheidungsfindung auf der Kommandoebene.
- Die Verwendung von Radargerät(en) mit automatischer Radarbildauswertehilfe (ARPA) für die sichere Schiffsführung.

Folgende Inhalte sollen vermittelt werden:
- Kenntnisse der Systemfehler und gründliches Verständnis der Arbeitsweise moderner Navigationssysteme, einschließlich Radar und ARPA.
- Blind pilotage techniques
Bewertung der aus allen Quellen – einschließlich Radar und ARPA – abgeleiteten Informationen für die Schiffsführung, um Entscheidungen auf der Kommandoebene zur Verhütung von Zusammenstößen und Anweisungen zur sicheren Führung des Schiffes zu treffen und umzusetzen.
Die wechselseitigen Beziehungen und die optimale Verwendung aller für die Führung des Schiffes verfügbaren Navigationsdaten.
Fähigkeit, ein Radargerät zu bedienen und durch Radar erhaltene Informationen zu deuten und auszuwerten; dazu gehört Folgendes:

Leistungsfähigkeit, darunter:
– die Faktoren, die Leistung und Genauigkeit beeinflussen,
– das Einstellen und Nachregulieren des Radarbildes,
– das Erkennen einer fehlerhaften Darstellung von Informationen, Geisterechos, Seegangsechos usw., von Radarantwortbaken und von SAR-Transpondern.

Verwendung, darunter:
– Abstand und Peilung; Kurs und Geschwindigkeit anderer Schiffe; Zeit und Entfernung des geringsten Passierabstands zu einem kreuzenden, entgegenkommenden oder überholenden Schiff,
– die Erkennung kritischer Echos, das Erkennen von Kurs- und Geschwindigkeitsänderungen anderer Schiffe, die Auswirkungen von Kurs- und/oder Geschwindigkeitsänderungen des eigenen Schiffes,
– die Anwendung der internationalen Regeln zur Verhütung von Zusammenstößen auf See,
– Plot-Techniken sowie Relativ- und True-Motion-Konzepte,
– Parallel indexing.

Grundsätzliche Arten der ARPA, ihre Radarbildeigenschaften, Leistungsnormen und die Gefahren eines übermäßigen Vertrauens auf die Zuverlässigkeit der ARPA.

Fähigkeit zum Betrieb, zur Deutung und Auswertung der durch ARPA gewonnenen Informationen, darunter:
– systembedingte Leistungsfähigkeit und Genauigkeit, Fähigkeiten und Grenzen der Spurenverfolgung und Verzögerungen bei der Verarbeitung von Signalen,
– Verwendung von Betriebsstöranzeigen und Systemerprobungen,
– Methoden der Zielerfassung und ihre Grenzen,
– wahre und relative Vektoren; grafische Darstellung von Zieldaten und Gefahrenzonen,
– Ableitung und Auswertung von Informationen, kritische Echos, ausgeschlossene Gebiete und Erprobungsmanöver.

Folgende Übungen sollen am Radarsimulator durchgeführt werden:
- Auswertung des Radarbildes am konventionellen und am ARPA-Gerät; manuelle und ARPA-Auswerteverfahren,
- Einsatz von konventionellen Radargeräten und des ARPA-Gerätes zur Kollisionsverhütung,
- Navigation mithilfe des konventionellen Radargerätes und des ARPA-Gerätes.

6.2.3 IMO: Genauigkeitsanforderungen an ARPA

Trotz der hohen Benutzerfreundlichkeit, der Leistungsfähigkeit und Effektivität von ARPA ist auch dieses System nicht frei von Fehlern, die der ARPA-Anwender kennen sollte, da sie in seine navigatorischen Entscheidungen mit einfließen müssen.

Die Genauigkeitsanforderungen an ARPA sind nur schwer zu definieren, da sie von der jeweiligen Geometrie der Wegedreiecke abhängig ist, d. h. von den gesteuerten Kursen und der Fahrt der beteiligten Fahrzeuge sowie der Peilung, aus der sie in den Nahbereich einlaufen. (Der ARPA-Benutzer/die -Benutzerin muss allerdings wissen, dass andere ARPA-Fehler, die im Kapitel 6.4 z. T. noch behandelt werden, in den IMO-Genauigkeitsanforderungen nicht berücksichtigt werden können.)

Aus diesem Grunde hat die IMO in ihren „Performance Standards" als Prämisse vier sorgfältig ausgewählte Test-Szenarien erstellt. Für diese vier Szenarien werden die Anforderungen an die Akkuratesse festgelegt, die nach einer Minute und nach drei Minuten erreicht sein müssen.

Die Hersteller von ARPA-Geräten müssen diese Anforderungen erfüllen, sodass sich der Benutzer darauf verlassen können sollte, dass die Genauigkeitsgrenzen auch erreicht werden.

In der Praxis wird im Allgemeinen ein ARPA-Gerät präziser arbeiten, als es die IMO-Grenzwerte vorgeben, allerdings darf er/sie sich nicht darauf verlassen.

Die IMO geht davon aus, dass bereits nach spätestens drei Minuten durch den ARPA-Computer so viele Rechenoperationen durchgeführt wurden, dass das höchste Genauigkeitsmaß erreicht ist. Deshalb darf der/die Radarbeobachter(in) auch nicht davon ausgehen, dass das Gerät nach diesen drei Minuten zu noch besseren Ergebnissen kommt, obwohl dieses nicht unrealistisch ist.

Die Genauigkeitsanforderungen der IMO – bezogen auf die vier Test-Szenarien – legen eine Wahrscheinlichkeit von 95 % zugrunde. Dieses ist in der Statistik durchaus üblich, da eine 100-%-Aussage nicht möglich ist.

Den vier Szenarien wurden folgende Werte zugrunde gelegt:

Test-Szenarium 1:
  Eigenschiff: Kurs 000°, Fahrt 10 kn;
  Fremdschiff: Kurs 180°, Fahrt 10 kn
  Gegnerdistanz 8 sm, Gegnerpeilung 000°;
  Relativkurs 180°, Relativfahrt 10 kn

Test-Szenarium 2:
  Eigenschiff: Kurs 000°, Fahrt 10 kn;
  Fremdschiff: Kurs 045°, Fahrt 14 kn
  Gegnerdistanz 1 sm, Gegnerpeilung 000°;
  Relativkurs 090°, Relativfahrt 10 kn
  Bei diesem Test-Szenarium besteht <u>nicht</u> die Gefahr einer Kollisionssituation bzw. Nahbereichslage.

Test-Szenarium 3:
  Eigenschiff: Kurs 000°, Fahrt 5 kn;
  Fremdschiff: Kurs 238°, Fahrt 16,75 kn
  Gegnerdistanz 8 sm, Gegnerpeilung 045°;
  Relativkurs 225°, Relativfahrt 20 kn

Test-Szenarium 4:
  Eigenschiff: Kurs 000°, Fahrt 25 kn;
  Fremdschiff: Kurs 308°, Fahrt 18 kn
  Gegnerdistanz 8 sm, Gegnerpeilung 045°;
  Relativkurs 225°, Relativfahrt 20 kn

Geforderte <u>ARPA-Genauigkeitswerte</u> (95-%-Wahrscheinlichkeit) nach **einer Minute**:

Szenarium	Relativkurs (in Grad)	Relativgeschwindigkeit (in Knoten)	CPA (naut. Meilen)
1	11	2,8	1,6
2	7	0,6	
3	14	2,2	1,8
4	15	1,5	2,0

Nach nur einer Minute sind die errechneten ARPA-Werte noch als sehr ungenau einzuschätzen. So schwankt der Relativkurs im Szenario 4 u. U. um den tatsächlichen Relativkurs um 15° nach jeder Seite, die Relativgeschwindigkeit im Szenario 3 um ± 2,2 kn und der für die Beurteilung der Nahbereichs- bzw. Kollisionssituation wichtige CPA-Wert um 2 sm (!) im Szenario 4.

Geforderte <u>ARPA-Genauigkeitswerte</u> (95-%-Wahrscheinlichkeit)
nach **drei Minuten**:

Szenario	Relativ-kurs (in Grad)	Relativ-geschwindigk. (in Knoten)	CPA (sm)	TCPA (min)	Wahrer Kurs (in Grad)	Wahre Geschwindigk. (in Kn)
1	3,0	0,8	0,5	1,0	7,4	1,2
2	2,3	0,3			2,8	0,8
3	4,4	0,9	0,7	1,0	3,3	1,0
4	4,6	0,8	0,7	1,0	2,6	1,2

Aber auch nach drei Minuten Erfassungszeit und fortlaufender Berechnung der Werte durch den Computer (und damit auch für die nachfolgende Zeit) muss bei der CPA-Angabe noch eine Ungenauigkeit von bis zu 0,7 sm erwartet werden.

Einen vom ARPA-Rechner z. B. permanent angezeigten Wert von 0,7 sm Passierabstand (CPA) als ausreichend anzunehmen, weil er sich nicht ändert, und dieses insbesondere bei unsichtigen Wetterverhältnissen, ist höchst gefährlich und kann in eine Kollision führen, abgesehen davon, dass der Nahbereich nicht gemieden wird!

Die vier Test-Szenarien werden mit ihren Grenzwerten in den nachfolgenden Illustrationen optisch übersichtlicher abgebildet. Sie wurden in Anlehnung an die Zeichnungen im „RADAR AND ARPA MANUAL" von A. G. Bole und W. O. Dineley (Seite 365 – 367) erstellt.

Radarkunde

IMO-Test-Szenarium Nr. 1
Eigenschiff: Kurs 000°, Fahrt 10 kn; **Fremdschiff**: Kurs 180°, Fahrt 10 kn
Gegnerdistanz 8 sm, Gegnerpeilung 000°; Relativkurs 180°, Relativfahrt 10 kn

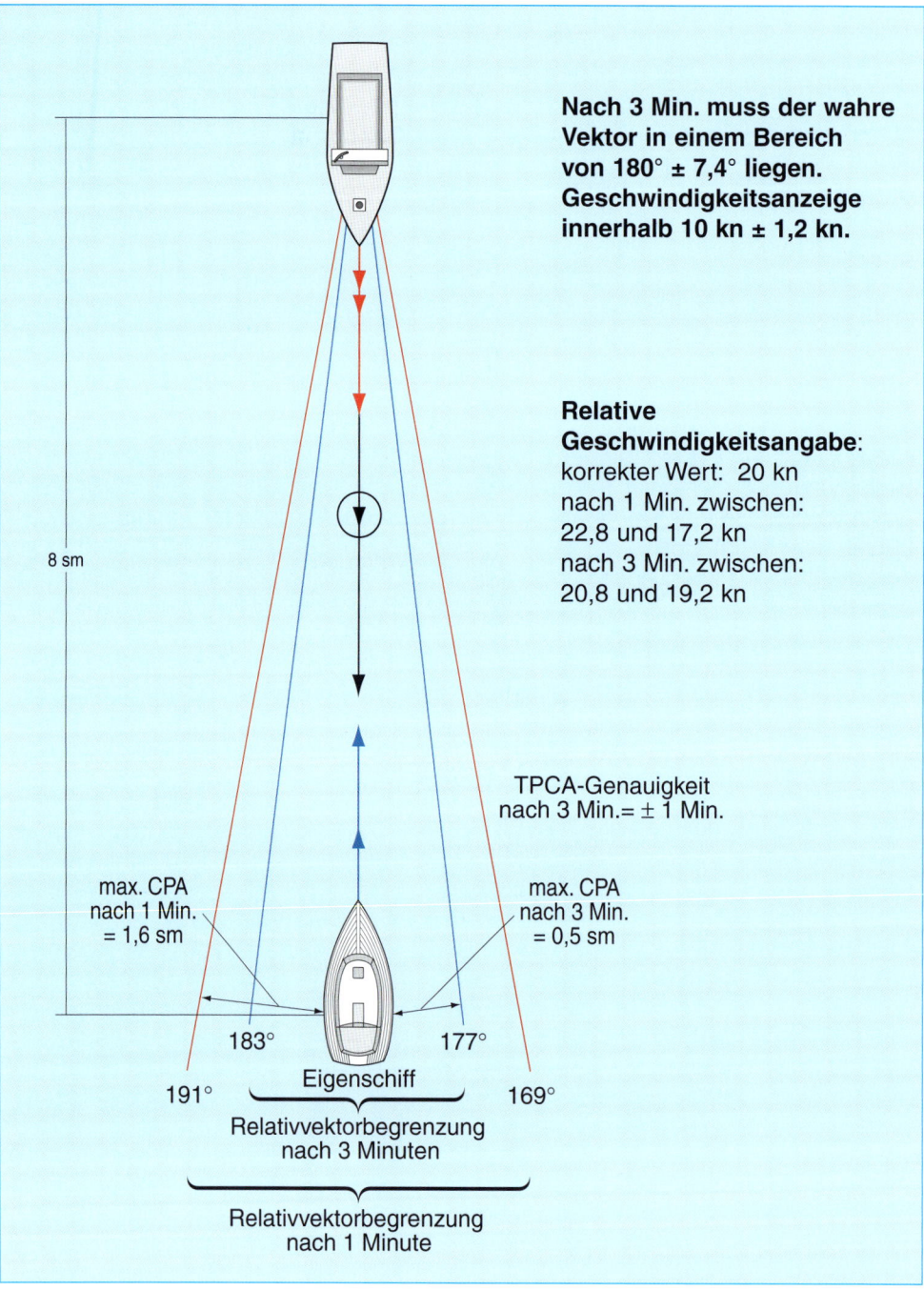

IMO-Test-Szenarium Nr. 2

Eigenschiff: Kurs 000°, Fahrt 10 kn; **Fremdschiff**: Kurs 045°, Fahrt 14 kn
Gegnerdistanz 1 sm, Gegnerpeilung 000°; Relativkurs 090°, Relativfahrt 10 kn

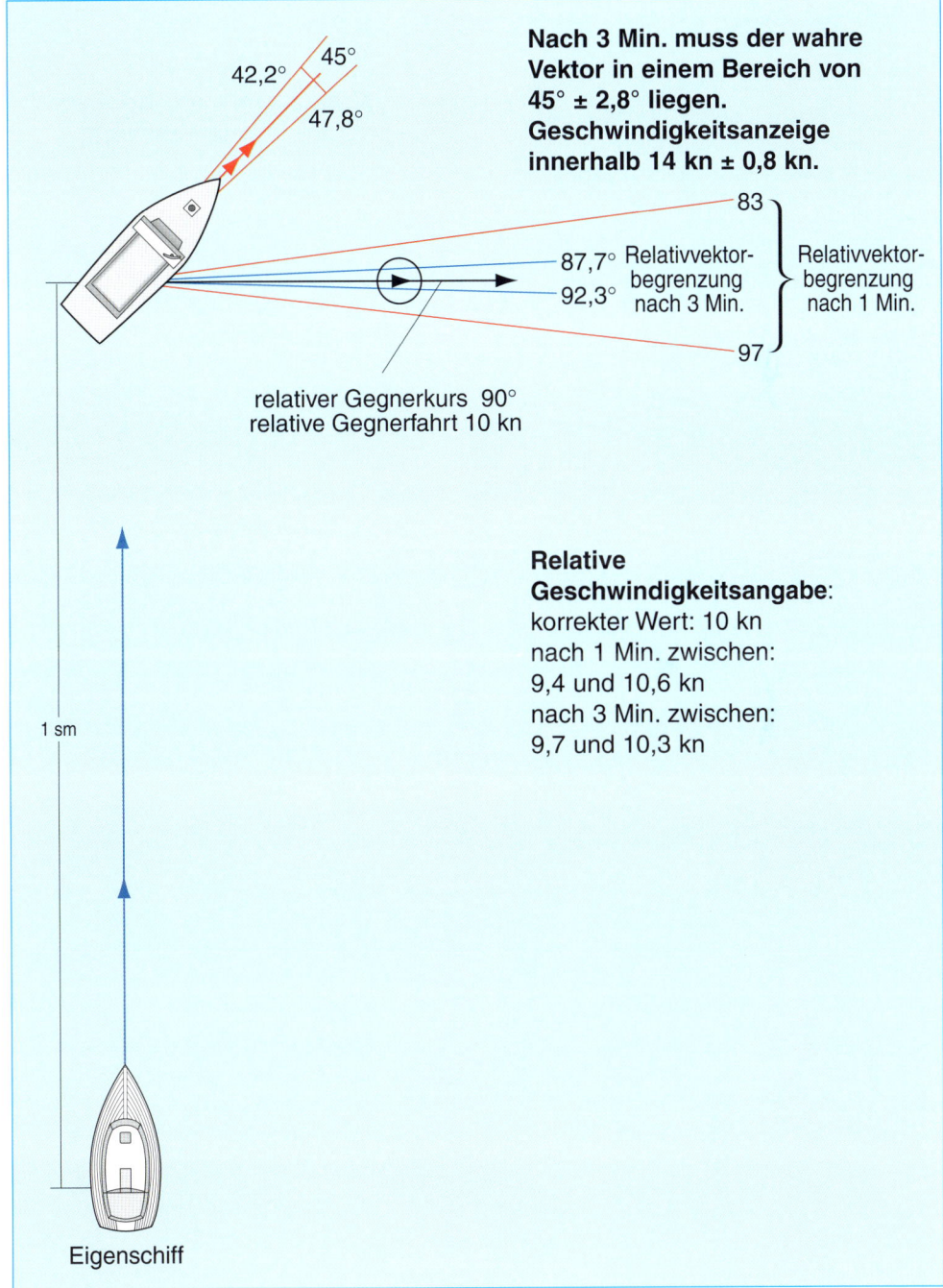

Radarkunde

IMO-Test-Szenarium Nr. 3
Eigenschiff: Kurs 000°, Fahrt 5 kn; **Fremdschiff**: Kurs 238°, Fahrt 16,75 kn
Gegnerdistanz 8 sm, Gegnerpeilung 045°; Relativkurs 225°, Relativfahrt 20 kn

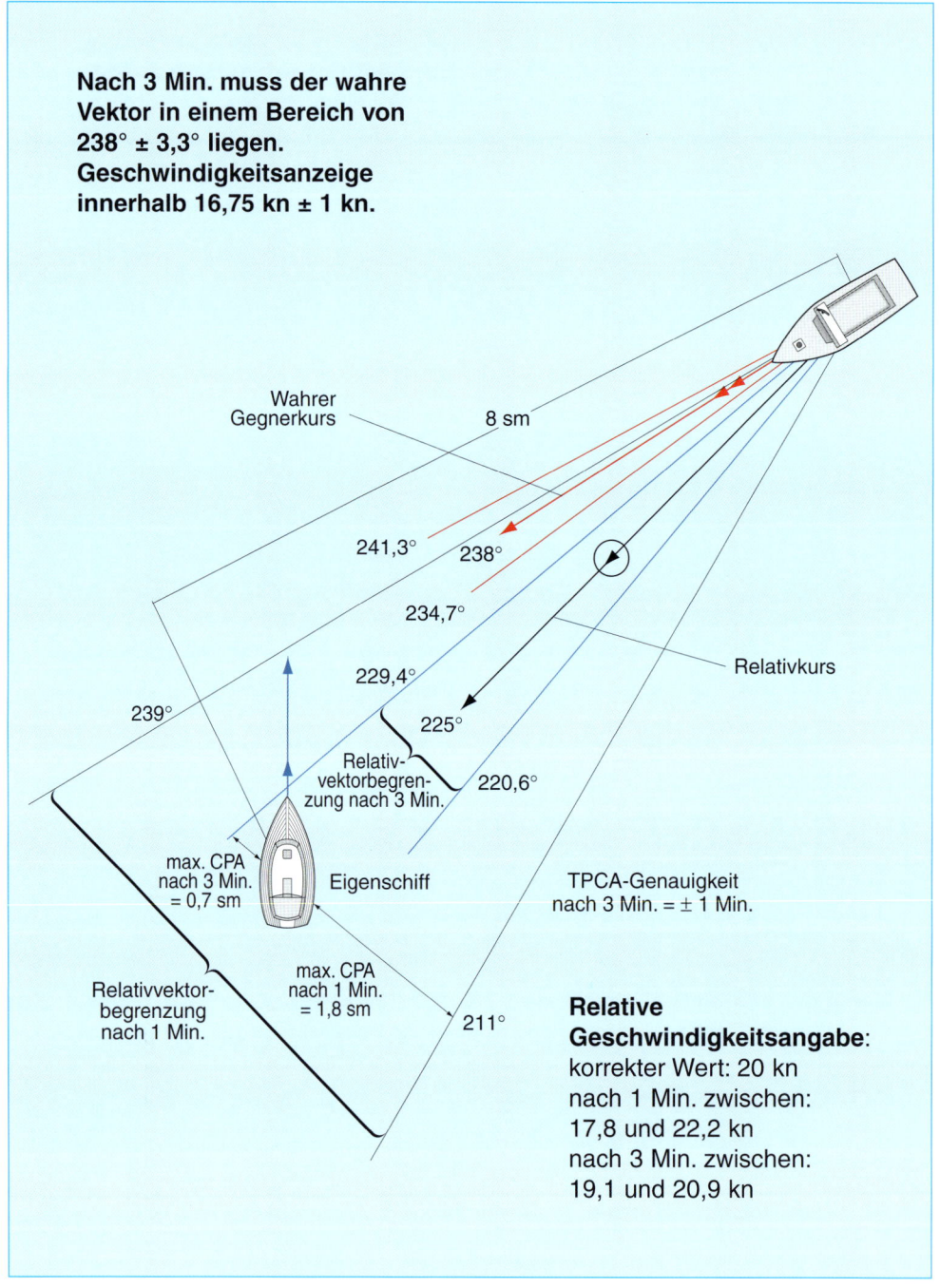

146

IMO-Test-Szenarium Nr. 4
Eigenschiff: Kurs 000°, Fahrt 25 kn; **Fremdschiff**: Kurs 308°, Fahrt 18 kn
Gegnerdistanz 8 sm, Gegnerpeilung 045°; Relativkurs 225°, Relativfahrt 20 kn

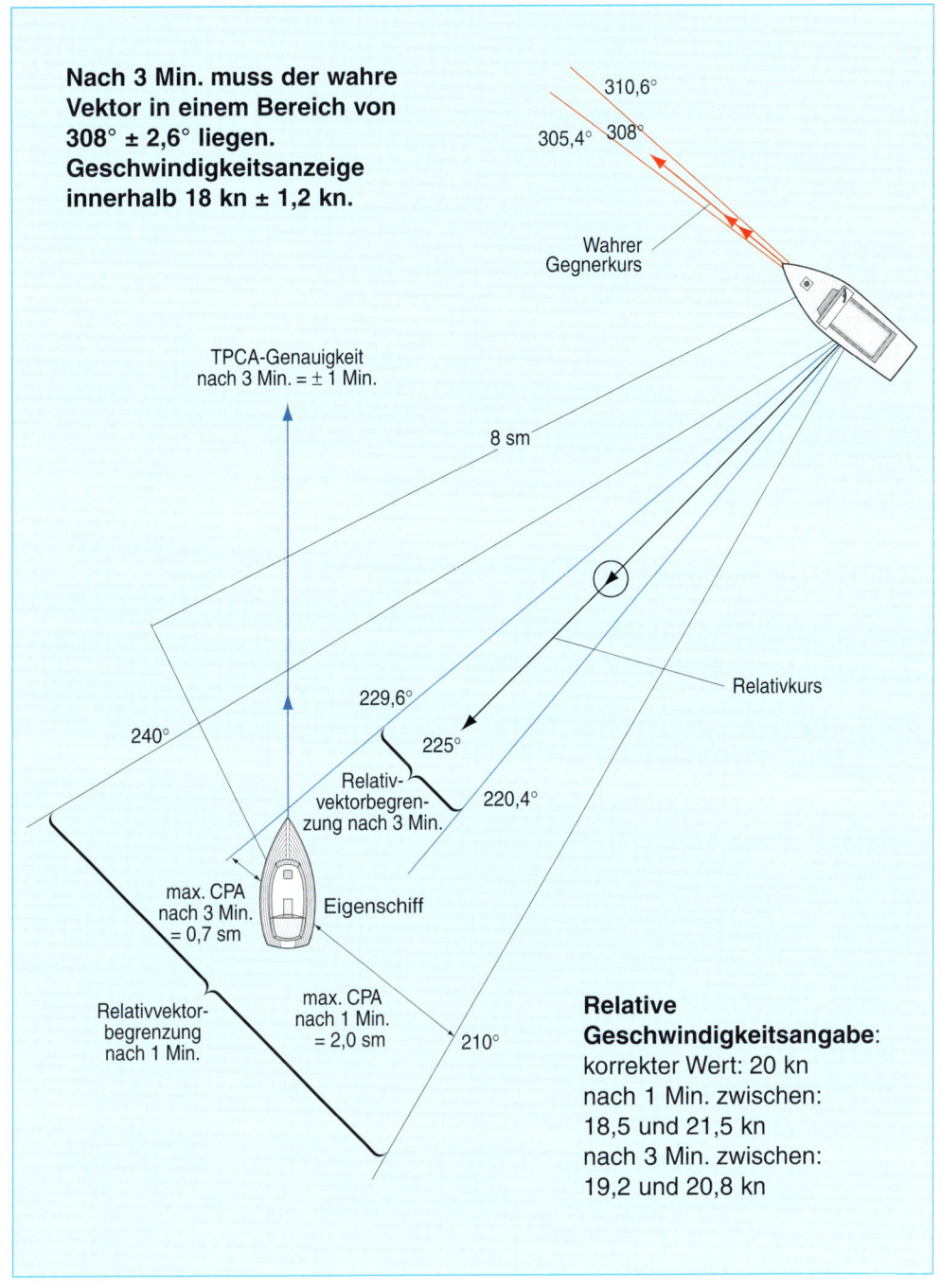

6.3 Zusammenstellungen

6.3.1 Überblick über die ARPA-Funktionen

In der IMO-Resolution A422(XI) sind die „Performance Standards" für die automatischen Radar-Plot-Hilfen (ARPA) abschließend aufgeführt, wobei es sich um Mindeststandards handelt.

ARPA-Geräte fast aller Hersteller bieten dem/der Nutzer(in) darüber hinaus eine Reihe nützlicher weiterer Funktionen an.

Erfassung und Aufhebung von Zielen (Acquisition/Cancellation)
- Manuell* (mind. 10 Ziele) oder
- Automatisch in bestimmten Gebieten (Guard Zones)

Zielbewegungen auf dem Schirm (Display)
- Vektoren mit einzustellender veränderbarer Vektorzeit*
  Relative Vektoren*/Absolute Vektoren*
- Vergangenheitspositionen*
  (mindestens 4 Past-Positions auf Zeitraum von mindestens 8 Minuten)

Zielverfolgung* (Tracking)
- Mind. 10 Ziele, wenn nur manuelle Erfassung möglich
- Mind. 20 Ziele, wenn manuelle und automatische Erfassung möglich

Manöversimulation (Trial manoeuvre)
- Kurs- und Fahrtänderung (mit Verzögerungsfunktion/Delay)*

Zieldatenanzeige (Data requirements)
- Peilung und Abstand*
- CPA und TCPA*
- Absolute(r) Kurs/Fahrt*
- Abstand „kreuzender Kurs" (bow cross)

Gefahrenanzeigen
- PPCs (Predicted Points of Collision/Potenzielle Kollisionspunkte)
- PADs (Predicted Areas of Danger/Vorhergesagte Gefahrengebiete)
- Verbotene Sektoren

Eigenfahrt und -kurs
- Manuelle Eingabe
- Log mit Fahrt-durchs-Wasser-Angabe*
- Referenzechos

Warnungen/Alarme (Operational warnings) – aktivier-/deaktivierbar
- Visuelle und/oder auditive Radarzielalarme* (abstandsdefiniert)
- Automatische Zielerfassung* (guard zones)

- Unterschreitung von benutzerdefinierten CPA/TCPA-Grenzen*
- Echoverlust eines erfassten Zieles* (target lost)

ARPA-Funktions-Tests und Alarme (Performance tests and warnings)
- ARPA-Systemfehler-Darstellung*
- Test-Programm für Gesamt-Funktionsdarstellung*
- Sensorenfehler

Zusätzliche Funktionen
- Synthetische Karten (Video Maps)
- Markerpositionierung (polar oder kartesisch)
- Navigationslinien

* Funktionen werden von der IMO gefordert (IMO-Resolution A422)

6.3.2 Zusammenstellung der Alarme (Beispiel)

Die folgende Tabelle führt die Alarme auf, die auf dem Radar-Display angezeigt werden können. Die Alarme sind in der Reihenfolge ihrer Priorität aufgelistet. Wenn mehr als eine Alarmvoraussetzung gegeben ist, wird der Alarm mit der höheren Priorität angezeigt.

ALARM	Full explanation
KEYBORD	Key stuck, two keys pressed, keyboard disconnected
JOYSTICK	Joystick faulty – try re-start
PROCESSOR	Microprocessor failed its test
MEMORY	RAM, EPROM or EEPROM test failure – see MEMORY menu for detail
CRYSTAL	Selected crystal, NM or metric has failed
STBY/TX	Stand-by-Transmit tell-back differs from requestet state
AZI ERROR	Azimuth error – see test menue for detail
COMPASS	Compass information faulty
MISSING HM	No heading marker for 12 seconds – re-asserts alarm after 15 seconds
MISSING SM	No stern marker for 12 seconds – re-asserts alarm after 15 seconds
TRIG ERROR	No change in PRF, faulty readings or count > 5000
LOG ERROR	Apparent loss of pulses or speed > 75 kts
AUTOTRACK	No communication with autotrack
GEOGRAPHICS	No communication with geographics
LOST REF	Loss of echo reference target
BOW CROSS	Set CPA and TCPA limits exceeded, bow cross possible (target identified)
CPA/TCPA	CPA or TCPA limit exceeded
NAV INPUT	No GLL (ownship LAT/LONG) messages received for 6 seconds
PL ERROR	Pulse length tell-back differs from requested pulse length
TM RESET	True motion reset will occur in approximately 30 seconds
TRACKS FULL	29 targets have been acquired
GUARD LINE	Ownship has crossed a defined guard line

GZ1 FULL	Guard zone 1 full – 10 targets have been acquired, no more targets will be acquired
GZ2 FULL	Guard zone 2 full – 10 targets have been acquired, no more targets will be acquired
GZ1 ALARM	Target has entered guard zone 1
GZ2 ALARM	Target has entered guard zone 2
LOST TARGET	Previously tracked target is lost
TRACKS FULL	No more manual targets can be acquired
MARKS FULL	No more marks can be made
WATCH ALARM	No controls used for watch alarm period set

6.4 Einige zu beachtende ARPA-Besonderheiten

6.4.1 ARPA-Fehler (Auflistung)

ARPA-Funktionen bieten dem/der Anwender(in) exzellente Möglichkeiten der automatischen Verkehrsraumüberwachung, der Kollisionsverhütung, der Navigation und einer insgesamt weitgehend optimalen Situationsbeurteilung der Verkehrslage. Dabei stehen die Daten relativ schnell zur Verfügung.

Wie aber bereits in Kapitel 6.2 deutlich wurde, kann nicht davon ausgegangen werden, dass die gelieferten Daten und Informationen 100%ig genau sind. Die Leistungsgrenzen nach einer bzw. nach drei Minuten Erfassungszeit wurden in den IMO-Performance-Standards definiert.
Zusätzlich können noch weitere Unkorrektheiten auftreten, deren sich der/die Radarbeobachter(in) immer bewusst sein sollte.

Im Folgenden werden die wichtigsten Unzulänglichkeiten in einer Übersicht aufgelistet. Sie können aufgrund ihrer jeweiligen Entstehung in Gruppen unterteilt werden.
Einige dieser Fehler bedürfen keiner weiteren Interpretation, da sie für sich sprechen, andere dagegen werden anschließend zwecks besseren Verständnisses detaillierter erläutert.

1. Geräte-immanente Fehler
   a) erzeugt durch die Radartechnik selbst,
   b) zurückzuführen auf das Verhalten der Signale bei bestimmter Frequenz,
   c) resultierend aus den technischen Gegebenheiten bzw. Beschränkungen angeschlossener Geräte wie z. B. Log oder Kreiselkompass.

2. Verfahrens-immanente Fehler
   a) durch Ungenauigkeiten/Unkorrektheiten während des Verarbeitens der Radardaten,
   b) zurückzuführen auf Unzulänglichkeiten der ausgewählten Algorithmen (Rechenverfahren),
   c) durch die vorgegebenen und akzeptierten Genauigkeitsgrenzen.

3. Interpretationsfehler u. a.
a) durch Verwechslung des Relativ-Vektors mit dem True-Vektor und umgekehrt
   - bei der CPA-Beurteilung (relative/true course!),
   - bei der Gegnerkurs-Beurteilung (relative/true),
b) durch Verwechslung einer Manöversimulation (Trial manoeuvre) mit dem Realbild auf dem Schirm,
c) durch Richtungsunterschiede zwischen der Relativ-/True-Vektor-Anzeige mit der Nachleuchtschleppe (es wird z. B. bei einem Relativ-Motion-Bild die True-Vektor-Darstellung gewählt, die abgebildete Nachleuchtschleppe ist bei dieser Darstellungsart aber „relative" ausgerichtet, oder bei einem True-Motion-Bild ist die Relativ-Vektor-Darstellung gewählt, und die abgebildete Nachleuchtschleppe ist „true" ausgerichtet).

4. Peilungsfehler
Durch das ARPA-Radar bedingte Peilungsfehler werden als falsche Positionsangaben eines Radarziels auf beiden Seiten seines tatsächlichen Relativkurses angezeigt, was dann kausal zu Fehlern in der vorhergesagten CPA sowie ebenfalls zu Fehlern in der dargestellten Schiffskursrichtung (Geschwindigkeitsvektor) führt. Unglücklicherweise entstehen die größten Fehler in den Fällen, wo die richtige Target-Schiffsposition sich nahe der Rechtvorausrichtung befindet.

6.4.2 Filterung von Zieldaten

Radarziele werden bei jedem Antennenumlauf in Peilung und Abstand abgetastet, damit sie u. a. vektoriell auf dem Raster-Scan-Radarbildschirm dargestellt werden können. Leider sind diese Messwerte jedesmal mit Fehlern behaftet, da Peilung und Abstand der Echoanzeigen nicht homogen sind, weshalb die dargestellten Vektoren in Richtung und Länge immer hin- und herspringen würden.

Damit dieses nicht geschieht, müssen die Schwankungen auf einen statistischen Mittelwert „geglättet" werden. Das geschieht durch Filterung, d. h. durch Vergleich der aufeinander folgenden Positionen.

Eine optimale Filterung erfordert bis zu 30 s Zeit, weshalb die angezeigten ARPA-Funktionen (z. B. Vektoren) mit einem entsprechenden Nachlauffehler behaftet sind.

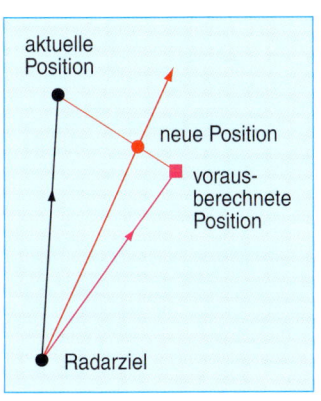

Verfahren

– Mithilfe der bisherigen Bewegungsdaten für jede Antennenumdrehung ermittelt der Computer die „**vorausberechnete Position**".

– Diese Position wird mit der durch Abstand und Peilung festgestellten „**aktuellen Position**" verglichen.

– Die „neue Position" – die bestmögliche Position (best-estimated position) – wird mithilfe der Gewichtungsfaktoren $\alpha + \beta$ festgelegt:

Radarkunde

α legt fest, ob die neue Position dichter an der vorausberechneten Position (α klein) oder dichter an der aktuellen Position (α groß) liegt.

β legt fest, ob die bisherige Geschwindigkeit eher beibehalten (β klein) oder eher an die neueste Beobachtung angepasst werden soll (β groß).

Beispiel für eine α-β-Filterung (geglättete Zielspur) – bezogen auf drei Antennenumläufe:

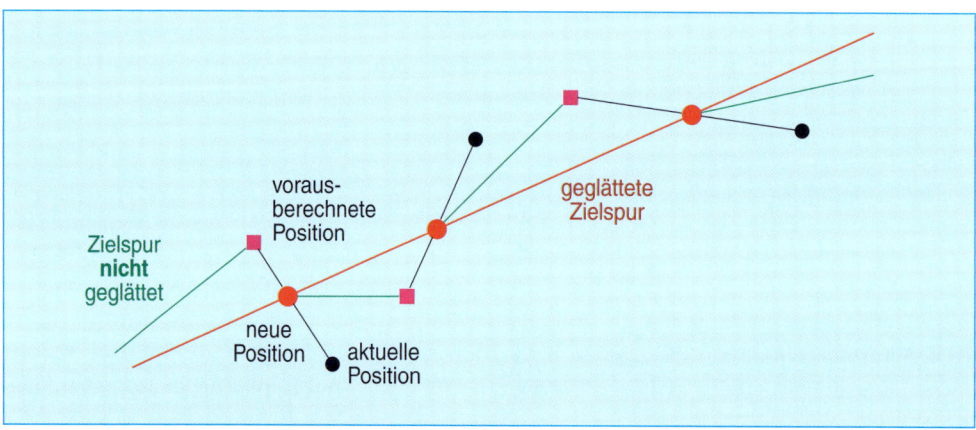

Damit das Glättungsverfahren mittels Filterung in der Abbildung deutlich wird, wurde sie stark „überzeichnet" dargestellt.

Nachlauffehler bei Kursänderungen

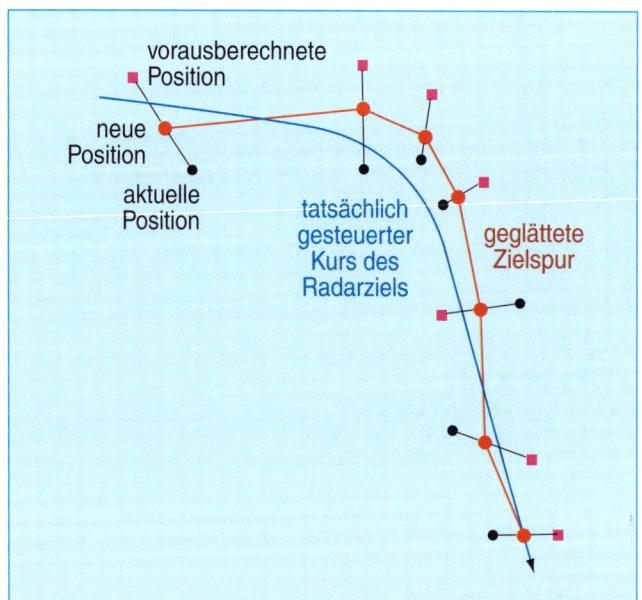

Die Gewichtungsfaktoren α und β errechnen bzw. bestimmen sich aus statistischen Werten (Streuverhalten der Radarziele).

Ist die Streuung groß, werden α und β automatisch hoch gesetzt, das Filter ist somit schnell, bei nur geringer Streuung dagegen ist es langsam (α und β niedrig).

Bei einer Kursänderung des Radarziels ist es wichtig, dass diese auf dem Bildschirm schnell und richtig angezeigt werden. Es wird somit auch ein schnelles Filter benötigt (α und β hoch), damit die letzten aktuellen Positionen nur einen geringeren Einfluss auf die geglättete Zielspur haben.

Trotzdem vergeht auch bei einer Kurs- und Fahrtänderung des Gegners eine gewisse Zeit, bis das Filter sich angepasst hat, sodass unmittelbar danach auf dem Bildschirm die wahre Zielbewegung über den Vektor sowie Kurs und Fahrt in der Datenanzeige mit einer gewissen Unsicherheit behaftet ist, was man als Nachlauffehler bezeichnet.

6.4.3 Zielverlust bei schnellen Radarziel-Manövern

Problem
Wegen des Glättungsvorgangs (Filterung) werden Abweichungen von den durch das Filter zu erwartenden Echopositionen durch Manöver des Radarziels erst nach mehreren Antennenumläufen erkannt, somit also nicht sofort als solche angezeigt.
Daher kann ein Ziel durch ein schnelles und durchgreifendes Manöver außerhalb des Verfolgungsfensters gelangen und damit verloren gehen!

Unerwünschtes Ergebnis:
Obwohl eine automatische Filteranpassung erfolgt, reagiert der Rechner scheinbar zu langsam.

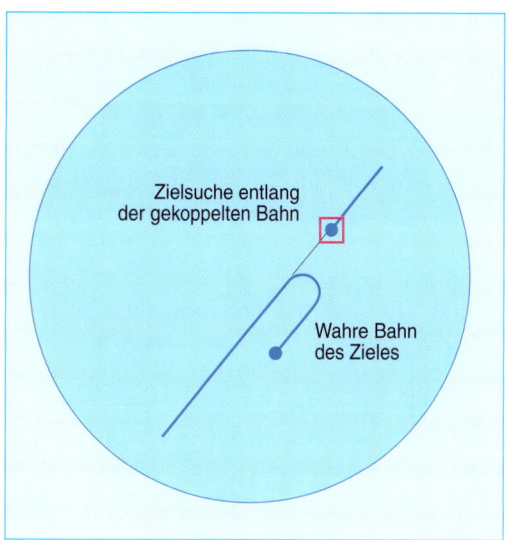

Dieses kann zu folgenden Ergebnissen führen:

- verspätete Manöverentdeckung und damit falsche Daten (Ziel geht allerdings nicht verloren),

- zeitweiliger Zielverlust (Zieldaten werden erst drei Minuten nach dem Wiedereinfangen über das Erfassungsfenster verlässlich),

- endgültiger Zielverlust.

Beispiel

Ein Hochgeschwindigkeitskatamaran stoppt in einer schwierigen Verkehrssituation plötzlich auf und dreht auf kleinem Raum hart nach Steuerbord ab.
Zielverlust bei schnellen Manövern des Zieles dadurch, dass das gespeicherte Ziel (mit Vektor und Erfassungsfenster) sich vom Radarecho löst.

6.4.4 Einfluss von Fahrt- und Kursfehlern

Fehlereinfluss auf numerische Daten

Die Resultate der Rechenleistungen von elektronischen Datenverarbeitungssystemen beruhen immer darauf, dass ihnen Bezugsgrößen (so genannte „Referenzwerte") vorgegeben werden, auf deren Grundlage sie dann die Ergebnisse kalkulieren.

Dieser Grundsatz gilt selbstverständlich auch für den ARPA-Rechner. Entweder er „holt" sich die Eingangswerte durch Abtastung aus dem Radarbild, und/oder ihm werden die Werte manuell bzw. über Sensoren – auch extern angeschlossener Geräte – zugeführt. Sind die Eingangsdaten fehlerhaft, so kann das Rechenergebnis auch nicht richtig sein.

Inkorrekte Fahrt- und/oder Kurswerte des eigenen Schiffes beeinflussen allerdings nur die absoluten, nicht die relativen Vektoren auf dem Radarschirm (auch die errechnete CPA und TCPA wird korrekt angezeigt).

Das ist darauf zurückzuführen, dass auf dem Schirm die Peilungen und Abstände der Radarziele jeweils abgetastet werden. Diese sind immer „richtig", egal ob die Eigenfahrt oder der Eigenkurs korrekt oder inkorrekt eingegeben ist. Somit geht die Bewegung des eigenen Schiffes nicht in diese ARPA-Rechnungen ein.
Deshalb sollte bei der Kollisionsvermeidung die Nutzung relativer Vektoren den absoluten Vektoren vorgezogen werden.

Bei <u>Manöversimulationen</u> (Trial-Manöver) sind allerdings auch die daraus kalkulierten möglichen CPA- und TCPA-Werte falsch, weil sie auf der Basis der absoluten Bewegungsdaten des Schiffes errechnet werden. Denn wenn hier Fahrt und/oder Kurs inkorrekt eingespeist wurden, muss natürlich ebenfalls das Ergebnis fehlerhaft sein.

Wie bei der „Deutung relativer Radarbilder" beschrieben (Kapitel 5.2), sind diese bei der Kollisionsverhütung den True-Motion-Darstellungen vorzuziehen, weil eine Nahbereich- bzw. Kollisionssituation mithilfe von Relativbewegungen der Gegner schneller erkannt werden kann.

Deshalb sind einige ARPA-Geräte-Hersteller dazu übergegangen, Relativbildern grundsätzlich Relativvektoren zuzuordnen (True-Motion-Bildern dagegen Absolutvektoren). Zwar kann auf Absolutvektoren umgeschaltet werden, diese springen aber nach kurzer Zeit – z. B. 1 Minute – wieder automatisch auf Relativvektoren zurück (Gleiches gilt umgekehrt bei True-Motion-Darstellungen).

*Für die vom ARPA ausgewiesenen alphanumerischen Zieldaten **CPA, TCPA, Range, Bearing, True Course, True Speed** und u. U. **Bow Cross** zeigt die folgende Aufstellung, inwieweit aufgrund falscher Fahrt- und/oder Kursvorgaben des Eigenschiffes diese korrekt oder inkorrekt angegeben werden.*

6 ARPA

Wert	Angabe korrekt/inkorrekt
CPA	korrekt
TCPA	korrekt
CPA (Trial-Manöver)	inkorrekt
TCPA (Trial-Manöver)	inkorrekt
Range	korrekt
Bearing	korrekt
True Course	inkorrekt
True Speed	inkorrekt
Relative Course	korrekt
Relative Speed	korrekt
Bow Cross	korrekt

Vektorenanzeige bei inkorrekter Fahrteingabe

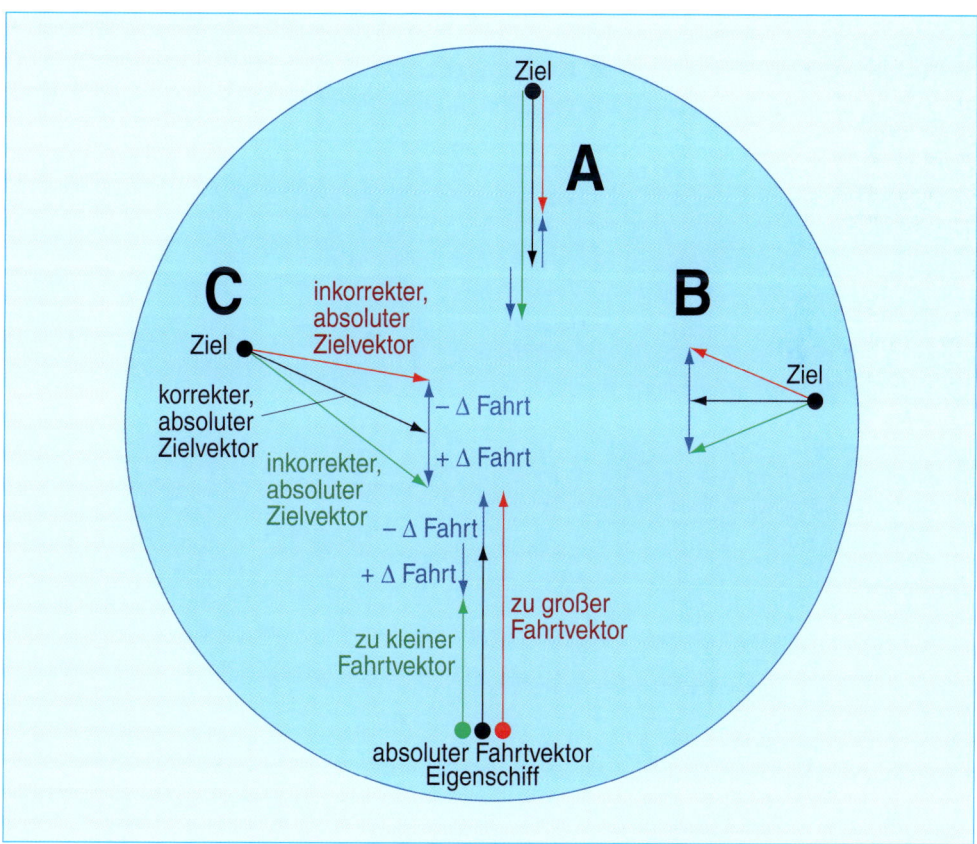

Wie vorstehend dargestellt, ist es für die korrekte Darstellung der absoluten Vektoren der gegnerischen Radarziele unerlässlich, dem ARPA-Rechner neben dem richtigen

Kurs auch die richtige Fahrt (über Grund) des eigenen Schiffes zuzuführen. Dieses ist in der Praxis nicht immer so leicht möglich, da die Schiffe im Allgemeinen mit Loggen ausgerüstet sind, welche die Fahrt durchs Wasser anzeigen. Aber auch die Doppler-Loggen geben aus Gründen, die hier nicht näher beschrieben werden sollen, nicht immer korrekt die Fahrt über Grund an.

In der Abbildung wird an drei Beispielen dargestellt, wie sich eine zu hoch (rot) oder eine zu gering (grün) eingegebene (falsche) Fahrt auf die Darstellung der absoluten Vektoren auswirkt.

Im Beispiel A könnte bei zu hoher Fahrteingabe der Eindruck entstehen, dass sich ein langsameres Fahrzeug (rot) als tatsächlich (schwarz) nähert, bei zu niedriger Fahrteingabe entsteht der entgegengesetzte Eindruck (grün). In Beispiel B dagegen kann der rote (falsche) Vektor aufgrund zu großer Fahrteingabe den/die Beobachter(in) zum Fehlschluss verleiten, dass der Gegnerkurs nicht in den Nahbereich führt; der grüne Vektor ihn/sie Glauben machen, dass sicher vor dessen Vorsteven passiert wird. Ähnliches gilt in Abbildung C.

Vektorenanzeige bei inkorrekter Kurseingabe

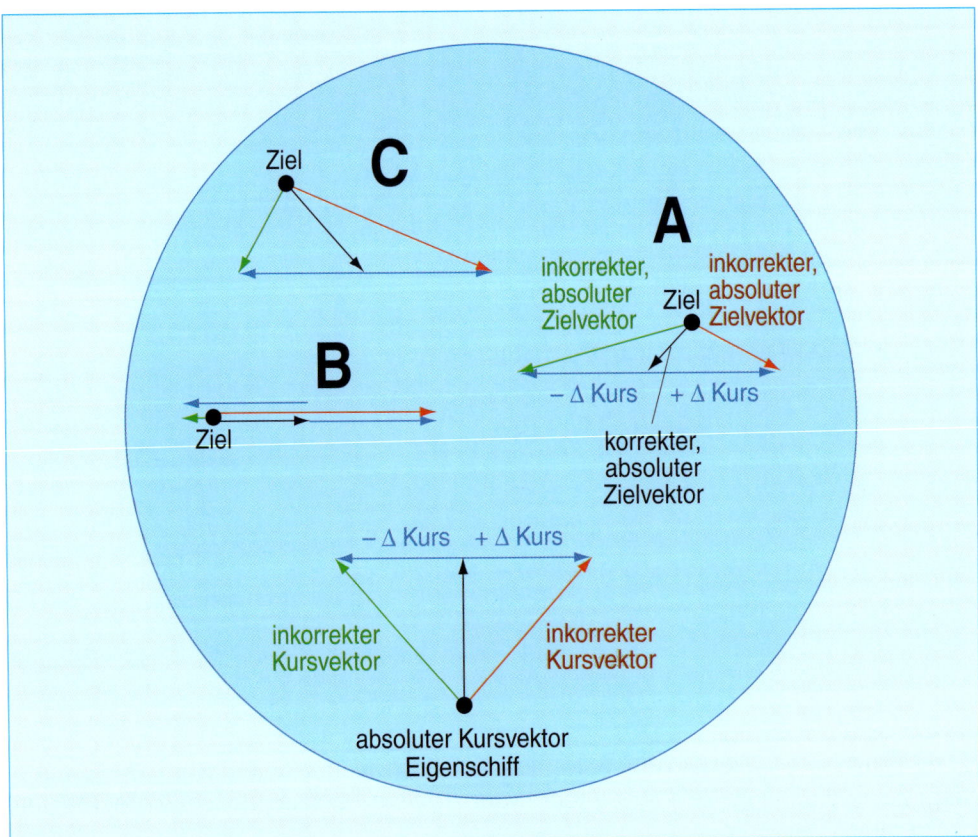

In der Abbildung wird – stark überzeichnet (damit die Aussage deutlicher wird) – dargestellt, wie die Eingabe eines inkorrekten Eigenkurses zu falschen absoluten Vektoren bei den drei gegnerischen Radarzielen (Beispiele A, B und C) führt.

Wie stark der jeweils inkorrekte Vektor vom korrekten absoluten Vektor in Länge und Richtung abweicht, ist ebenso abhängig von der Peilung des Radarziels wie von seinem Kurs und seiner Fahrt sowie von der Fehlerdifferenz (Δ Kurs). Diese Aussage gilt auch für die inkorrekte Fahrteingabe, wobei als Fehlerdifferenz allerdings die Δ Fahrt berücksichtigt werden muss.

Im <u>Beispiel A</u> könnte bei falscher nach Steuerbord abweichender Kurseingabe der Eindruck entstehen, das der Gegner nach Steuerbord wegläuft (rot), bei Backbord-Kursfehler dagegen die Entstehung einer Nahbereichslage (grün). Ähnliches gilt in <u>Beispiel C,</u> nur umgekehrt.

<u>Beispiel B</u> zeigt korrekt einen absoluten 90°-Kurs an mit einer geringfügig geringeren Eigenfahrt. Bei falscher Kurseingabe mit einer Kursdifferenz nach Steuerbord (+ Δ Kurs) würde der absolute Kursvektor auf mehr als das Doppelte der richtigen Geschwindigkeit anwachsen (rot) und bei einer Kursdifferenz nach Backbord (– Δ Kurs) der angezeigte falsche absolute Vektor sogar in die entgegengesetzte Richtung weisen (grün/Kurs 270°!) bei nur geringer Fahrt.

6.4.5 Zielvertauschung

Beim manuellen Erfassen (Aquisition) wird mithilfe des Joysticks oder Tracker-Balls über dem Radarziel ein grafisches Symbol, der so genannte „Screen-Marker", gesetzt. Nach dem Drücken des Erfassungsknopfes wird um den Screen-Marker herum ein Verfolgungs- bzw. Erfassungsfenster (Tracking-Window/Tracking-Gate) ausgelöst, welches je nach Radartyp abgebildet oder nur angedeutet wird.

In diesem Fester sucht der Computer das Radarziel, wobei seine Größe der Prognosezuverlässigkeit des Radarziels angepasst wird: Langsame mit konstantem Kurs fahrende Ziele haben kleine Fenster; schnelle, manövrierende Ziele dagegen große Fenster.

Die Tracking Windows „laufen" quasi mit dem Ziel mit, da sie bei jedem Antennenumlauf automatisch der aktuellen Zielposition angepasst werden. Sollte der Computer das Radarziel im Vorhersagefenster nicht orten, so plottet er mit den bisherigen Bewegungsdaten weiter und sucht dort nach dem Ziel. Findet er es, so wird die Zielverfolgung fortgesetzt (u. U. auch ein anderes Echo!), nach mehr als fünf hintereinander erfolglosen Erfassungsversuchen wird der „Target-Lost-Alarm" ausgelöst.

Im abgebildeten Beispiel (Abb. 1, S. 158) ist das Radarziel B aquiriert, C nicht. Gerät nun B in den Radarschatten (kein Echosignal mehr) von C, weil Letzteres vor B nahebei passiert, so wird in diesem Erfassungsbereich nur C „gefunden" und als das bisherige Ziel B interpretiert.

Durch diese Zielvertauschung (target swop) entsteht bei einem nicht aufmerksamen Radarbeobachter der Eindruck, dass sich die mögliche Kollisionssituation gegenüber Fahrzeug B entspannt hat, weil (nach der Zielvertauschung) jetzt die ARPA-Daten CPA (dichtester Punkt der Annäherung) und TCPA (Zeitpunkt der dichtesten Annäherung) keine dramatischen Werte mehr ergeben, da es sich ja jetzt um die Werte vom Fahrzeug C handelt.

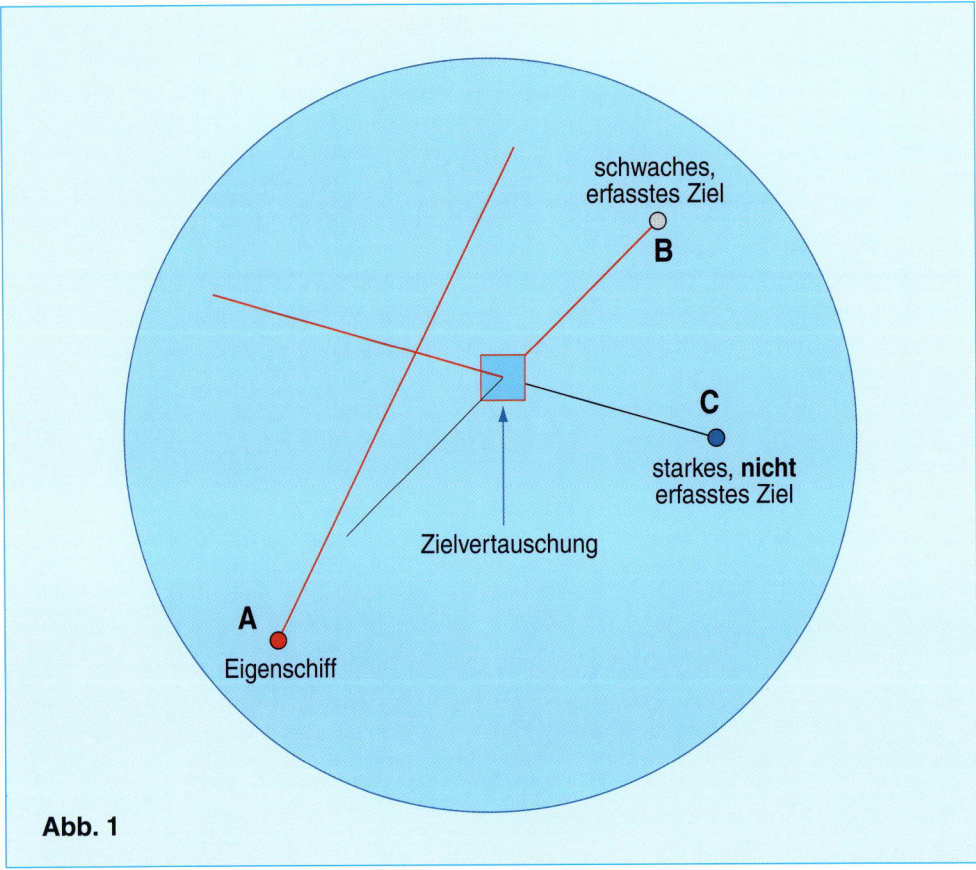

Abb. 1

Der gleiche Effekt würde u. U. natürlich auch eintreten, wenn beide Ziele vorher aquiriert worden wären.

Grundsätzlich kann es zu einer Zielvertauschung immer dann kommen, wenn Radarziele so nahe beieinander stehen, dass sie im selben Erfassungsfenster stehen. Der Computer kann dann keine eindeutige Zuordnung mehr vornehmen, sodass es entweder zu Zielverlusten kommt oder der Vektor vom einen zum anderen überspringt.

Dieses ist leider in verkehrsreichen Gewässern der Fall oder z. B. auch, wenn Fahrzeuge relativ nahe an Tonnen vorbeifahren (Abb. 2, S. 159). Dann werden plötzlich dem/der Beobachter(in) der Vektor und die Daten der Tonne angezeigt, womit es zu gefährlichen Fehleinschätzungen kommen kann.

Ein besonderes Problem kann auch dadurch entstehen, dass eine Tonne (natürlich computererfasst) als stationäres Referenzecho zur Errechnung der Eigenfahrt über Grund (Grund-Stabilisierung) genutzt wird und ein z. B. nicht aquiriertes Fahrzeug sie passiert.

Wenn jetzt die Zielvertauschung auf das stärkere Radarziel, nämlich das Fahrzeug, erfolgt, was z. B. auch durch eine Abschattung möglich ist, wird plötzlich eine un-

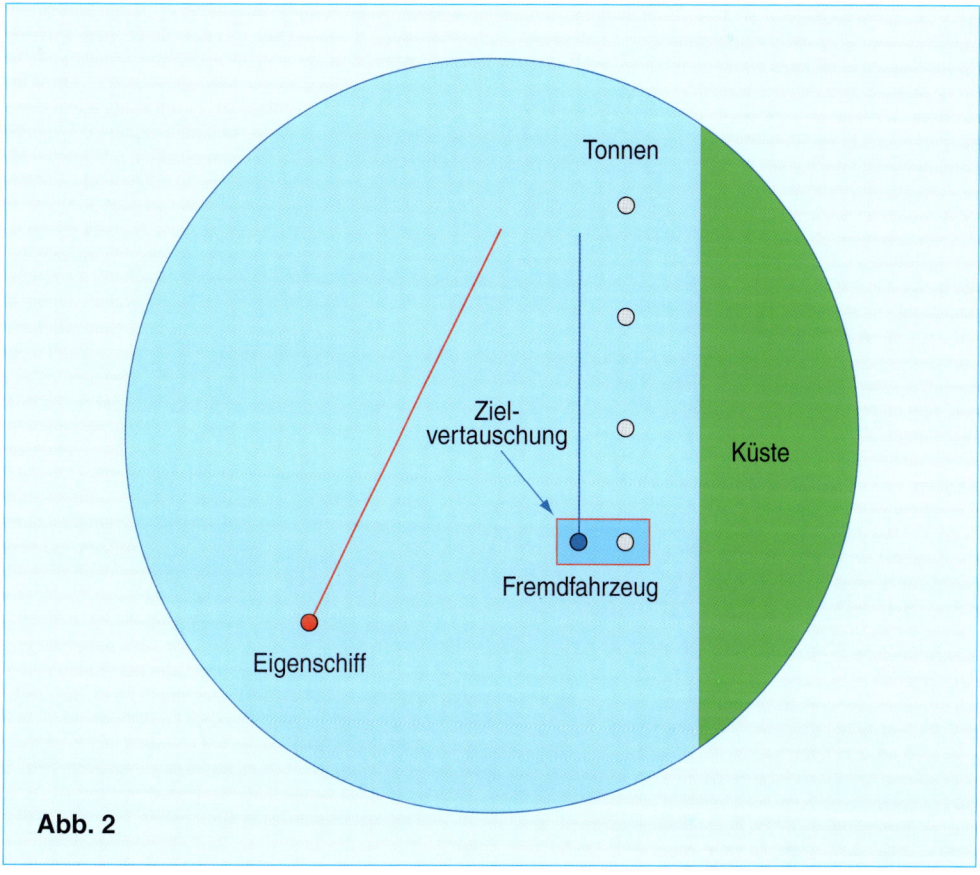

Abb. 2

korrekte Fahrt über Grund für das Eigenschiff errechnet (vektorielle Addition von Eigen- und Gegnerfahrt) und den Berechnungen zugrunde gelegt, d. h., alle absoluten Radarzielvektoren wären in Richtung und Länge falsch.

Probleme mit der Zielverfolgung bestehen auch immer in Bereichen von Seegangs-, Regen- und Schneetrübungen, u. U. auch bei Trübungen durch niedrige Wolken. Insbesondere kleinere Radarziele werden schnell mit diesen „Fehlechos" vertauscht (Vektor springt/Zielverlust).

Die Situation, dass Radarziele sich im Nahechobereich befinden, sollte in der Praxis eigentlich nicht vorkommen, da der Nahbereich gemieden werden bzw. mit ausreichendem Abstand passiert werden soll. Es würden ja Fahrzeuge auch nicht mehr im Nahbereich manuell geplottet werden. Wenn allerdings diese Situation eingetreten ist, wäre es schon von besonderem Interesse, die richtigen Rechenwerte des Gegners abfragen zu können.

Die Trübung kann bis zu einem gewissen Grade manuell bzw. automatisch unterdrückt werden, oder man schaltet auf S-Band um, damit die Nutzzielverfolgung weniger störanfällig ist.

7 Anlagen

7.1 Das Wellenspektrum der Navigation

Wellentyp	λ	f	Bodenwelle
	100 km	3 kHz	
Längstwellen VLF			geringe Dämpfung
	10 km	30 kHz	
Langwellen LF			geringe Dämpfung Reichweite ca. 100 km*
	1 km	300 kHz	
Mittelwellen MF			starke Dämpfung Reichweite ca. 300 km*
	100 m	3 MHz	
Kurzwellen HF			sehr starke Dämpfung Reichweite ca. 100 km*
	10 m	30 MHz	
Ultrakurzwelle VHF			vollständig gedämpft
	1 m	300 MHz	
Dezimeterwelle UHF			vollständig gedämpft
	10 cm	3 GHz	
Zentimeterwelle SHF			vollständig gedämpft
	1 cm	30 GHz	
Millimeterwelle EHF			vollständig gedämpft
	1 mm	300 GHz	
Wärmestrahlung Infrarotstrahlung			
	760 nm	4×10^{14} Hz	
Sichtbares Licht			
	380 nm	8×10^{14} Hz	
UV-Strahlung			
	150 nm		
	13 nm	2×10^{16} Hz	
Röntgenstrahlung			
	0,01 nm	3×10^{19} Hz	
Gammastrahlung			
	0,001 nm	3×10^{20} Hz	

* Die Reichweiten sind Durchschnittswerte für den Rundfunkempfang.

7 Anlagen

Raumwelle	empfangener Typ	Anwendung
geringe Dämpfung	Bodenwelle	
starke Dämpfung (nachts)	Bodenwelle Raumwelle	LoranC 100 kHz
starke Dämpfung starke Reflexion	Bodenwelle Raumwelle	Funkf. 300 kHz
geringe Dämpfung starke Reflexion	Raumwelle	
sehr geringe Dämpfung	horizontal abgestrahlte Raumwelle	Satellitennavigation
sehr geringe Dämpfung	horizontal abgestrahlte Raumwelle	Satellitennavigation
sehr geringe Dämpfung	horizontal abgestrahlte Raumwelle	Radar $3/_{10}$ cm
sehr geringe Dämpfung	horizontal abgestrahlte Raumwelle	

E = extremely, **V** = very, **L** = low, **S** = super,
M = medium, **H** = high, **U** = ultra, **F** = frequency

Radarkunde

7.2 Dezimal- und Binärsystem im Vergleich

Dezimalsystem und Binärsystem im Vergleich an dem Wert „185" dargestellt

Dezimalsystem
Im Dezimalsystem werden Werte mit den Zifferneinheiten 0, 1, 2, 3, 4, 5, 6, 7, 8 und 9 geschrieben. So wird der Wert von „185" aus den drei Ziffern EINS, ACHT und FÜNF auf folgende Art und Weise dargestellt:

	Hunderter	Zehner	Einer
	100	10	1
	10^2	10^1	10^0
	EINS	ACHT	FÜNF

EINS	x	100	=	100
ACHT	x	10	=	80
FÜNF	x	1	=	5
Gesamt			=	185

Binärsystem
Ein Computer, der auch als Rechner bezeichnet wird, kann nicht mit den zehn dezimalen Ziffern 0, 1, 2, 3, 4, 5, 6, 7, 8 und 9 arbeiten, sondern nur mit den Ziffern 0 und 1. Die Einheit „0" entspricht dem Zustand „es fließt kein Strom", die Einheit „1" entspricht der Situation „es fließt Strom".

Die Darstellung des Wertes „185" im vom Rechner verwendeten Binärsystem kann wie folgt charakterisiert werden:

a) als Potenz mit dem Basiswert zwei: $\quad 2^7 \quad 2^6 \quad 2^5 \quad 2^4 \quad 2^3 \quad 2^2 \quad 2^1 \quad 2^0$
b) entsprechend den folgenden Werten: $\quad 128 \quad 64 \quad 32 \quad 16 \quad 8 \quad 4 \quad 2 \quad 1$

Der Wert „185" muss somit im Gegensatz zum Dezimalsystem (nur drei Einheiten) mit insgesamt acht Einheiten geschrieben werden:

(Strom)	–	ein	aus	ein	ein	ein	aus	aus	ein
binär	–	1	0	1	1	1	0	0	1
		EINS	NULL	EINS	EINS	EINS	NULL	NULL	EINS

EINS	x	128	=	128
NULL	x	64	=	0
EINS	x	32	=	32
EINS	x	16	=	16
EINS	x	8	=	8
NULL	x	4	=	0
NULL	x	2	=	0
EINS	x	1	=	1
Gesamt			=	185

7.3 Frequenzbänder

Bandbezeichnung	Frequenz in MHz	Wellenlänge in cm
P	225 – 390	133,3 – 76,900
L	390 – 1 550	76,9 – 19,300
S	1 550 – 5 200	19,3 – 5,770
X	5 200 – 10 900	5,77 – 2,750
K	0 900 – 36 000	2,75 – 0,834
Q	36 000 – 46 000	0,834 – 0,652
V	46 000 – 56 000	0,652 – 0,536

(Die Frequenzen um 5 000 MHz werden auch als C-Band bezeichnet.)

8 Abkürzungen

Verwendete Abkürzungen

A/C	automatic clutter	kn	Knoten (Fahrt des Schiffes)
AFC	automatic frequency control	KpK	Kompasskurs
ARPA	Automatic Radar Plotting Aid	KpN	Kompass-Nord
BRZ	Bruttoraumzahl	Kr	relativer Kurs
c	Lichtgeschwindigkeit	KüG	Kurs über Grund
C	Celsius	kW	Kilowatt
cm	Zentimeter	KVR	Kollisionsverhütungsregeln
CPA	closest point of approach	LAT	Breite/latitude
CRT	Radarbildröhre/ cathode ray tube	LONG	Länge/longitude
d	Distanz	m	Meter
dB	Dezibel	m^3	Kubikmeter
DSC	digital scan converter (conversion)	MHz	Megahertz
		min	Minute
e	(Objekt-)Entfernung	mm	Millimeter
EBL	electronic bearing line	ms	Mikrosekunden
EDV	Elektronische Datenverarbeitung	P	Impulsleistung
		R	receife/empfangen
EEG	Elektroenzephalograf	RACON	radar beacon
EKG	Elektrokardiogramm	RADAR	Radio Detecting and Ranging
f	Frequenz	Radom	radar dome
FdW	Fahrt durchs Wasser	SAR	Search and Rescue
ft	Fuß (engl. Maßeinheit)	sec	Sekunden
FTC	fast time constant (rain clutter control)	sm	Seemeilen
		SOLAS	Safety of Life at Sea
FüG	Fahrt über Grund	SP	Seitenpeilung
g	Gramm	STC	sensitivity time control (sea clutter control)
GHz	Gigahertz		
GZ	Guard zone	STCW	Standards of Training, Certification and Watchkeeping
h	Stunde		
H	Magnetfeld	t	(Impuls-)Laufzeit
Hz	Hertz	T	transmit/senden
IMO	International Maritime Organisation	TCPA	time to closest point of approach
k	Konstante	TM	true-motion
kHz	Kiloherz	U	Umdrehungen
km	Kilometer	ZF	Zwischenfrequenz

9 Stichwortverzeichnis

A

Ablenkspur   35f, **48**, 50f, 68, 104, 106f, 109ff
   Laufzeit   **13**f, 35, 48ff, 57
Ablenksystem   31, **34**
Absorptionsverluste   **16**
Abstimmung   25, 30, 65f, **67**
Alarme   148, **149**
Anode   28f, **30**ff, 37, 68
Antenne   13, 15, 17, 21, 24, **38**ff, 107f, 113, 115,
   Bündelung   14, 17, 25, 38f, 40, 43, 53, 99f, 104f, 108
   Spannweite   15, 17, 25, 40, 42f, 108
   Typen   **38**
   Umdrehungen   24, 43, 51, 60
Antennengewinn   **42**f
Antennenkenndaten   **40**, 43
Antennenhöhe   15, **44**ff, 91, 101, 114
Anticlutter
   auto   **69**
   rain   **69**
   sea   **68**
ARPA   69, 85f, 121, **138**ff
   Ausbildung   **139**f
   Einfluss von Fahrtfehlern   **154**f
   Einfluss von Kursfehlern   **154**f
   Fehler   **150**f, 154f, 157f
   Funktionen   **148**
   Genauigkeitsanforderungen der IMO   **141**f
   Nachlauffehler   **152**
   Zielvertauschung   **157**f
   Target-swop   **157**f
   Test-Szenarien   **144**f
   Zielverlust   **153**f, 158f
ARPA-Kollisionen   9
Auflösung   **99**ff
   azimutal   54, **103**f
   Nah-   **100**f
   radial   **101**f

Aufzipfelung   **18**f, 113
Auslenkdauer   35
Auslenkzeit   35, 48
Azimutale Auflösung   54, **103**f

B

Bedienungssymbole   65
Bilderneuerungsfrequenz   60
Bildgerät   **26**
Bildhelligkeit   32, 56, 59, 66f, **68**
Bildschirm   26, 30, **33**f, 37, 48, 60
Binärsystem   57, **162**
Bodenstabilisierung   85
Brilliance   26, 32, **68**
Bündelung   14, **17**, 25, 38f, 40, 43, 53, 99f, 104f, 108
   horizontal, vertikal   **17**, 25, 43, 55, 105, 108

C

CRT – cathode ray tube   26, 30, **33**f, 37, 48, 60

D

Darstellungsart   **71**ff, 88
   nordstabilisiert/north-up   74, 81
   true motion   **80**ff
   relative motion/moving origin   **84**
   relative motion/fixed origin   **84**
   relative motion   **72**ff
   kursstabilisiert/course-up   76, 82
   vorausbezogen/head-up   72
Deutung von Radarbildern – Zusammenstellung   135
Deutung von Radarbildern   **121**ff
Ducting   119

E

Echoimpuls   **20**, 26, 50f
Echoimpulsleistung   **20**
Echovergrößerungen   58

Echowenigeranzeigen   106, **113**ff
   Interferenz   113
   Radarschatten   113
   Regen- und Wolkenechos   114
   Seegangsreflexe   114
Elektronenröhre   **30**ff
Empfänger   13, 21, 23, **25**f, 28f
Erfassungsreichweiten   93f, 96, 98

F
Fahrteingabe   **84**f, 155f
Farbradar   60
Fehlechos   42, 44, 64, 106
   fremde Radarsender   109
   indirekte   107
   Mehrfach-   106
   Seitenzipfel   107ff
   Überwasser-Stromkabel   111ff
   zweite Ablenkspur   110
Filterung von Zieldaten   **151**f
Fremde Radarsender   64, **109**
Frequenzbänder   14, **163**
FTC – fast time control   **69**, 115

G
Gain   28, **67**, 109
Genauigkeitsanforderungen der IMO
   an ARPA   141
Gitterspannung   26, 99, 102

H
Heizspule   31
Helligkeit   26, 32, **68**
Hochfrequenzstrahlung   **43**
Höhenduct   119
Hohlleiter   **24**f, 38f

I
IMO-Essentials   139
Impulsabstand   24, 35, 48ff, 111
Impulsfolgefrequenz   24, 35, 48ff, 109ff
Impulslänge   24, 47, **52**ff, 99ff
Impulslaufzeit   **13**f, 35, 48ff, 57
Impulsspitzenleistung   50
Indirekte Echoanzeigen   107

Interference Rejection   64, **110**
Interferenz   17ff, 25, 39, **113**
Interswitched Systems   37

K
Kathode   28f, **30**ff, 37, 68
Koaxialleiter   **24**f
Kollisionsschutz   10, 86
Kontrollgitter   31f
Korrelationsverfahren   58, **61**ff, 110
   Line-to-line   **63**f, 110
   Rotation-to-rotation   **62**
Kritische Kursänderungen   **128**ff

L
Laufzeiten   13f, 35, 48ff, 57
Leuchtspur   34
Lichtgeschwindigkeit   13ff

M
Magnetron   24, **28**ff, 34, 37, 66
Manöver zur Meidung
   des Nahbereichs   131
Mehrfachechos   106
Mehrwegeausbreitung   **19**
Messbereich   24, 35f, 44, 49, **52**ff, 63, 67
Mischstufe   25, 67

N
Nachlauffehler – ARPA   **152**
Nachleuchten   33
Nahauflösung   **100**f
Nahechodämpfung   68
Navigationslinien   69
Nebenzipfel   42, **107**f
   Dämpfung   42f

P
Parabolantenne   **38**f, 108
Parallel-Indexing   **70**
Peilauflösung   15
Plotten   121f, 138

R
Racon-Prinzip   98

Radar **21**
  Arbeitsweise 13
  Frequenzen 14, 67, 163
Radarbegriff 13
Radarbild
  Entstehung 48f, **51**
  Störungen **106**ff
Radarbildröhre 26, 30, **33**f, 37, 48, 60
Radarimpulse **28**f, 38, 42
Radarkeule **17**f
Radarkimm 15, **44**ff, 117ff
Radar-Kollisionen 9, 138
Radarreflektoren **94**ff
Radarschatten 113
Radarzeichnen 121f, 138
Radarziel 13
  Speicherung **57**f
  Digitalisierung **56**ff, 60
Radarzielvertauschung – ARPA **157**f
Radiale Auflösung **101**f
Radom-Antenne **40**, 43
Range 24, 35f, 44, 49, **52**ff, 63, 67
Raster-Scan-Bild **56**ff
Reflektoren **94**ff
Regenenttrübung **69**
Reichweiten 92f, 111, **117**ff
Rollbewegungen
  Echo-Falschdarstellung **115**
Rotation 40
  Ablenkspur 51
  Antenne 51
Rückstrahleigenschaften **90**ff

S
Sägezahnstrom 35, **48**f
S-Band **14**f
Schlitzantenne 17, 25, **39**, 107
Schwingungen **28**f
Seegangsenttrübung **68**f
Seegangsreflexe 114
Seestabilisierung 84, **86**
Seitenzipfel 42, 107f
Sende-Empfangs-Umschalter **24**f, 100
Sendeleistung 50
Sendeprinzip **24**ff
Sender 20f, **24**

Signal-Aufbereitung 58
Skip-Effekt **120**
Sperrzeit 50, 111
Spot **30**
Stand-by 30, 38
STC – sensitivety time control **68**
Steuerimpulsgeber 23, **26**, 29
Strahlung
  Gefährdung durch 37
Strahlungsdiagramm 17, **25**, 41f, 107
Streuverluste 16
Stromversorgung **22**, 54
Sub-Refraktion 118
Super-Refraktion 117
Sweep 34
Sweeplaufzeit 48ff, 57
Synthetische Karten **70**

T
Tageslicht-Radar 55, **56**ff, 72
Target-Swop – ARPA **157**f
Tuning 25, 30, 65f, **67**

V
Verstärkung 28, **67**, 109
Video maps **70**
Wärmerauschen 20, **27**f
Wegedreieck **122**ff, 140
Wellenspektrum 160

X
X-Band **14**f

Z
Zentimeterwellen **14**f
Zieldaten-Filterung **151**f
Zielverlust 63, **153**f, 158f
Zweite Ablenkspur 110
Zwischenfrequenz 25, **67**

10 Literaturverzeichnis

Müller/Krauß
„Handbuch für die Schiffsführung"
1. Bd., Teil C
Springer-Verlag Berlin • Heidelberg •
New York • Tokyo 1986

A. G. Bole and W. O. Dineley
„Radar and ARPA-Manual"
Heinemann Newnes, Oxford 1990

Berking, Iffert, Junge
„Navigationsaufgaben"
DSV-Verlag/BusseSeewald 1991

A. Ludloff
„Praxiswissen Radar und
Radarsignalverarbeitung"
2., verbesserte Auflage
Friedr. Vieweg & Sohn
Verlagsgesellschaft mbH,
Braunschweig/Wiesbaden 1998

Meldau-Steppes
„Lehrbuch der Navigation"
Athur Geist Verlag Hamburg 1963

B. Berking
„Moderne Radar- und ARPA-Geräte"
up to date (SfS)-Reihe, Heft Nr. 45

E. Ohlrogge
„Bilderbuch der Radarkunde"
Eigenverlag 1996

J. F. Muhs
„Yachtelektrik", 5. Auflage,
Delius Klasing Verlag GmbH,
Bielefeld 1999

L. Uhlig
„Leitfaden der
Navigation – Funknavigation"
transpress VEB Verlag für
Verkehrswesen, Berlin 1977

GDON
„Radar in der Schiffahrtspraxis"
Schiffahrtsverlag „Hansa" 1980

Wasser- und Schiffahrtsdirektion
Nord
„Das Verkehrssicherungssystem
Elbe"
Weka-Verlagsgesellschaft 1994

IMO-Resolution A422(XI)
Performance Standards for
Automatic Radar Plotting Aids
(ARPA)

Institut zur Erforschung
elektrischer Unfälle
Information 2/96
Wirkung elektromagnetischer Felder
auf den Menschen

IMO-Resolution A222(VII)
IMO-Resolution A277(VIII)
IMO-Resolution A278(VIII)
IMO-Resolution A423(XI)
IMO-Resolution A477(XII)
IMO-SOLAS Convention (1974)
as amended to 1983
Regulation 12, Chapter V